Koen Vergeer

Formel 1 –
Die Geschichte einer
fanatischen Liebe

*Aus dem Niederländischen
von Christiane Kuby
und Herbert Post*

Rütten & Loening
Berlin

Die Originalausgabe unter dem Titel
»De Formule 1-fanaat«
erschien 1999 bei Atlas, Amsterdam.

Die Übersetzung wurde gefördert vom
Nederlands Literair Produktie- en Vertalingenfonds.

ISBN 3-352-00638-5

1. Auflage 2001
© Rütten & Loening Berlin GmbH, 2001
© 1999 Koen Vergeer
Umschlaggestaltung Henkel/Lemme
Druck und Binden Clausen & Bosse, Leck
Printed in Germany

www.ruetten-und-loening.de

Inhalt

Demonstrationsrunden 9

Teil 1 – Helden

Der Ursprung einer Obsession 21
Mit der Rennsaison durchs Jahr 34
Das Turbo-Zeitalter 49

Intermezzo: selber Rennfahren 67

Teil 2 – Superstars

Nigel Mansell: Löwenherz 75
Prost und Senna: der Beste und der Schnellste 91
Ayrton Senna: die äußerste Konsequenz 111

Intermezzo: das Wesen der Geschwindigkeit 137

Teil 3 – Senkrechtstarter

Michael Schumacher: ein Jungenstraum 145
Damon Hill: wie der Vater, so der Sohn 162
Jacques Villeneuve: Mr. Cool 182

Intermezzo: der Sinn der Formel 1 199

Teil 4 – Die Großmächte

Ferrari versus McLaren: 1998–2000 215
Unter Druck: Schumacher und Häkkinen 224

Virtual Reality 259

Kleines Glossar 263
Literatur 270

Wie viel man diesen Menschen auch zu geben versucht, es ist nichts, verglichen mit dem, was sie einem in ihren Gedanken, in ihren Träumen andichten ...

Ayrton Senna

Die Formel 1 muß die größte Herausforderung sein, warum hieße sie sonst Formel 1?

Jacques Villeneuve

Demonstrationsrunden

Es ist wieder soweit. Überfüllte Züge bewegen sich im Schneckentempo Richtung Zandvoort. Jede Viertelstunde ergießt sich eine riesige Menschenmenge auf den Bahnsteig, der alte kleine Bahnhof kann diese Massen kaum bewältigen. Was würde Bernie Ecclestone wohl dazu sagen?

Es ist Sommer. Aber das ist nicht der Hauptgrund für das Gedränge. Fahnen flattern über der bunten Prozession: Ferrari, Ferrari, Villeneuve, Adeus Ayrton.

Natürlich sind auch einige Leute unterwegs zum Meer, man erkennt sie leicht an ihren Picknickkörben und Strandutensilien. Die meisten aber sehen anders aus, gehen nicht geradeaus zum Strand, sondern biegen rechts ab, in Richtung Dünen, wo die Rennstrecke liegt. Ein sonderbarer Haufen. Kein Popkonzert-Publikum, auch keine Fußball-, Eisschnellauf- oder Tennisfans. Es ist ein geradezu schockierender Durchschnitt der Bevölkerung: brave Familien, Papa, Mama, zwei kaum zu bändigende Halbwüchsige weit voraus, schmusende Pärchen, kichernde Teenys, todernste Jungen, Kirchgänger, kleine Unternehmer, Beamte, Rüpel mit Kühltaschen und Weibern, Alt und Jung, Eltern, die alle Hände voll zu tun haben mit den quengelnden, pinkeln müssenden Kleinen, mit Kinderwagen und verschwundenen Schnullern. Aber bei allen herrscht die gleiche freudige, festliche Stimmung, überall wird aufgeregt durcheinander geschwatzt.

Und immer noch wehen die Fahnen im Wind. Ferrari, Ferrari, Villeneuve... Aber wer genau hinsieht, entdeckt, daß die meisten rot-weiß-blau sind und nur eine einzige Aufschrift haben: Jos the Boss.

Still schlendere ich mit der Menge, wandere über die aus den Nähten platzenden Parkplätze, stehe Schlange an einer der Kassen, bei der Kartenkontrolle, und betrachte die echten Fans, die ihre schönsten Klamotten aus dem Kleiderschrank hervorgekramt haben, das Outfit, das ihr Engagement, ihre Begeisterung am besten zum Ausdruck bringt. Der Schweiß wird strömen.

Und wie immer, wenn ich mit vielen Leuten zugleich durch ein Tor muß, frage ich mich, was mich um alles in der Welt hierhergetrieben hat. Ich mag überhaupt keine Autos! Aber darum geht es auch nicht.

4. August 1996. Heute wird das sechste Marlboro Masters der Formel 3 in Zandvoort ausgetragen. Es ist eines der wichtigsten Formel 3-Rennen des Jahres, das größte Meeting der Formel 3-Piloten aus den wichtigsten europäischen Meisterschaften. Alle aufstrebenden Talente treten hier gegeneinander an. Der Sieger, so will es die Tradition, hat große Aussichten, zur Königsklasse, zur Formel 1 vorzustoßen. David Coulthard hat das Masters gewonnen, Norberto Fontana, Pedro Lamy, Jos Verstappen.

Jos. Jos the Boss. 1993, im gleichen Jahr, in dem er deutscher Formel-3-Meister wurde, gewann er auch das Masters. Wie ein Komet stieg er danach auf zur Formel 1. Er machte Furore beim Topteam Benetton. Jos war schnell, holte Punkte, erreichte Podiumsplätze. Okay, er machte auch Fehler und mußte sich nach Benetton mit bescheideneren Teams zufrieden geben, mit Simtek und jetzt Arrows, aber sogar mit minderem Material bewies er, daß er aus dem Holz geschnitzt ist, aus dem man Rennfahrer macht. Und heute fährt er endlich wieder in Zandvoort.

Deshalb strömt das Publikum so massenhaft herbei. Fünfundachtzigtausend Menschen. Nicht etwa, weil das Wetter so schön ist, nicht wegen der vielen Freikarten, nicht wegen der Ferrari-Porsche-Challenge oder dem Rennen zum Citroën Saxo, nicht einmal wegen des Masters. Ein Formel 3-Rennen ist ganz ordentlich und nicht uninteressant, schließlich ist die Konkurrenz in dieser Klasse gnadenlos, die Fahrer schießen einander, wenn es sein muß, von der Piste. Aber die Hauptattraktion kommt erst später, wenn Jos Verstappen in seinem Arrows FA 17 Demonstrationsrunden fährt. Zum ersten Mal seit Jahren wird wieder ein Formel 1-Bolide durch die Dünen rasen. Fünfundachtzigtausend Zuschauer für ein Formel 1-Auto mit Jos am Steuer.

Die Menge verteilt sich über den Automobilia-Markt, ein schmaler Weg, der zur Rennstrecke führt. Ein Großteil bleibt beim Formel 1-Showzelt hängen, beim Boxenstop-Spiel, beim Bierzelt, denn ein Rennen besuchen heißt heutzutage auch, daß man einen Tagesausflug mit allem Drum und Dran unternimmt. Vielleicht bin ich ein Purist, aber es versetzt mir einen Stich ins Herz. Für mich gibt es nur eine Attraktion: die Rennpiste, die Wagen, die Geschwindigkeit.

An den Ständen komme ich allerdings nicht so einfach vorbei. Modellautos, T-Shirts, Mützen, Pullis, Fähnchen ... Fetische gehören nun einmal dazu. Manche kaufen wahllos. Andere, die Kenner, ergänzen ihre Sammlung nach reiflicher Überlegung. Väter kaufen ein Geschenk für den Sohn. Und dann sehe ich auf einmal den Einzelgänger. Ein etwa fünfzehnjähriger Junge, der schweigsam, konzentriert, mit fast religiösem Ernst hin und her überlegt, ob er den Williams FW 17 Nummer 2 mit Ayrton Senna nun kaufen soll oder nicht. Fünfzig Gulden! Die Hälfte seines Taschengelds. Er geht weg, aber ich weiß, er wird zurückkommen. Abgesehen von den Preisen hat sich in zwanzig Jahren wenig geändert.

Ich kaufe ein T-Shirt mit dem Konterfei von Damon Hill.

Dann zieht es mich doch zur Rennstrecke. Vorbei an Promo-Girls, Pommes-Buden, durch einen Tunnel, dahinter liegen die Dünen ...

Doch hinter dem Tunnel erwarten mich weitere lächelnde junge Damen, die alles Mögliche verteilen. Ich brauche aber nicht noch ein *Penthouse* oder einen Marlboro-Sticker, ich will die Dünen sehen, den Wind fühlen, das Meer. Aber irgendwas stimmt nicht so recht. Es ist voll hier und eng, und erst jetzt wird mir klar, daß die alte Rennstrecke gar nicht mehr existiert. Irgendwann Ende der achtziger Jahre wurde sie von gut vier auf zweieinhalb Kilometer verkürzt. Kein Scheivlak mehr, keine Panoramakurve, kein Ost-Tunnel. Die alte Strecke mußte einem Ferienpark weichen. An der Stelle, wo einst Roger Williamson in den Flammen umkam, steht heute ein Ferienbungalow mit allem Komfort: Kabelfernsehen, Badewanne, Kaminfeuer ...

Die Niederlande hatten nie eine richtige Renn-, nie eine richtige Formel 1-Kultur. Weil das Land zu klein sei, wurde oft behauptet. Unsinn, man braucht sich nur Belgien anzuschauen mit seiner einzigartigen Rennsport-Tradition. Zu nüchtern seien die Holländer, zu prüde, zu vorsichtig – nun, diese Erklärung will mir schon eher einleuchten.

Und doch waren die Niederlande mit dabei, als 1950 die erste Weltmeisterschaft der Formel 1 ausgetragen wurde. Ein paar Phantasten, die es immer gegeben hat, hatten aus Verbindungswegen, die die deutschen Besatzer im Zweiten Weltkrieg angelegt hatten, eine Rennstrecke gebaut. Sieger des ersten Grand Prix der Niederlande wurde Louis Rosier in einem Talbot.

Zwei Jahre später fuhren sogar zwei Niederländer mit: Dries van der Lof und Jan Flinterman. Flinterman wurde Neunter in einem Maserati, sieben Runden nach dem Sieger Alberto Ascari.

Zehn Jahre später versuchte sich Ben Pon in der Formel 1 in Zandvoort. Schon nach ein paar Runden flog er von der Piste. Besser erging es Carel Godin de Beaufort. Von 1958 bis 1964 fuhr er sage und schreibe dreißig Grand Prix. Er holte sich vier WM-Punkte und war in seinem orangefarbenen, von Stirling Moss übernommenen Porsche 718 eine auffällige Erscheinung. Er verunglückte 1964 im Training zum Großen Preis von Deutschland auf dem Nürburgring.

Es sollte sieben Jahre dauern, bis wieder ein Niederländer in der Formel 1 auftauchte. Gijs van Lennep fuhr neun Grand Prix und holte sich zwei Punkte. Damals gab es sogar ein niederländisches Formel 1-Team: die Firma »HB-Bewaking« hatte das Team Ensign übernommen. Aber sowohl Van Lennep als auch Roelof Wunderink kamen mit ihren Wagen kaum von der Stelle. Schließlich verschwand das Team in der Versenkung finanzieller Machenschaften.

Erst Ende der siebziger Jahre kündigte sich ein wirkliches Talent an: Jan Lammers. 1978 wurde er Europameister in der Formel 3, und 1979 stieg er beim Shadow-Team in die Formel 1 ein. Vielversprechend war er, aber dabei blieb es. Ebenso schnell wie er angetreten war, verschwand er wieder von der Bildfläche; 1992 hatte er noch einmal ein Comeback bei March, aber nach zwei Rennen war das Team pleite.

1985 erlebte die Rennstrecke von Zandvoort ihren letzten Grand-Prix-Sieger: Niki Lauda. Seitdem war die Strecke allen nur noch ein Dorn im Auge: Er sorgte für Lärmbelästigung, war umweltschädlich, finanziell lohnte er sich nicht, und auch sein kulturhistorischer Wert war zweifelhaft.

Das Feuer, das nie so recht hatte brennen wollen, schien definitiv erloschen. Doch Jos Verstappens Aufstieg infizierte alle wieder mit dem tot geglaubten Formel 1-Virus! Stärker noch: Jos the Boss entfesselte eine wahre Manie: Der kommerzielle Fernsehsender RTL 5 bringt alle Rennen mit dem erforderlichen Schwung auf den Bildschirm, einschließlich des Zeittrainings und des Warm-Up! Formel 1-Zeitschriften schießen wie Pilze aus dem Boden, Jos' Fanclub wächst und wächst, Formel 1-Reisen werden organisiert. »Ihr habt einen potentiellen Weltmeister, warum habt ihr denn keinen Grand Prix?« fragt Ken Tyrrell, der gute Erinnerungen an Zandvoort hat.

Ja, warum eigentlich nicht? Die Zeiten haben sich geändert. Ein Medienspektakel wie die Formel 1 gehört sich einfach für eine wohlhabende Nation. Lärmbelästigung? Der Zandvoorter Mittelstand kann nicht genug davon bekommen! Umweltschädlich? Heutzutage wird doch alles elektronisch geregelt. Kulturhistorisch? Genau das ist es. 1998 feierten die Niederlande das hundertjährige Jubiläum des Autosports. Vor einem Jahrhundert führte das erste Autorennen auf niederländischem Boden von Paris nach Amsterdam und zurück. Und auf einmal ist wieder alles möglich. Die Regierung hat ihren bisherigen Standpunkt aufgeben, die Rennstrecke bekommt allerlei Genehmigungen zurück und darf verlängert werden. Die »Scheivlak« wird wieder aus dem Sand ausgegraben, und durch einige neue Kurven entlang des Bungalowparks bekommt der Dünenkurs wieder eine akzeptable Länge. Die veralteten Tribünen und die altmodischen Boxen sollen abgerissen und durch ultramoderne Anlagen ersetzt werden. Aus den Augenwinkeln sieht Bernie Ecclestone zu.

Und die Fans? Sie lechzen nach einem Neuanfang in Zandvoort. Zigtausende ziehen jedes Jahr über die Grenze, nach Spa, nach Hockenheim und noch weiter. Doch zur Formel 1 in den Dünen:

Jos. Jos ist an der Reihe. Nach dem Formel 3-Rennen gehe ich zur Haupttribüne, die den Boxen gegenüber liegt. Es ist gerappelt voll, aber ganz oben ist noch Platz. Eigentlich ist es eine unglaublich armselige Tribüne. Stein, Gras und Sand, so war es schon bei den Alten Griechen. Aber irgendwie ist es auch vertraut, gemütlich. Vom Meer weht ein sanfter Wind herüber, bis unters Dach füllt erwartungsvolles Stimmengewirr die Reihen. Dies ist Zandvoort, ein Prickeln im Bauch sagt mir, daß es bald losgeht. Ich recke den Hals, um einen Blick von dem zu erhaschen, was alle herbeisehnen.

Vor den Boxen auf der anderen Seite wimmelt es von Fotografen und Funktionären. Aber hinter all den Menschen leuchten immer wieder das Rot, das Blau und die Umrisse des Arrows auf. Jos sitzt schon drin. Ich sehe sogar, wie er mit dem rechten Zeigefinger in der Luft herumwedelt zum Zeichen, daß der Motor gestartet werden kann. Das Geräusch des Motors, eines Hart V8, entfesselt ein Jauchzen auf der Tribüne. Deshalb sind schließlich alle gekommen!

Und sofort weicht die Fotografenhorde auseinander, und Jos verläßt die Garage. O Gott, fast kommen mir die Tränen, als der Arrows durch die Boxengasse flitzt. Flaggen werden geschwenkt, Gehupe, Jauchzen erklingt, und schon stürmt Jos mit Vollgas auf die Strecke, so kennen wir ihn! Elegant rast er durch die Tarzan-, die Gerlachkurve, bremst vor der Hughenholtz-Kurve – der Lärm der Tribüne übertönt fast den des Motors – und dann Vollgas den Hunzerug hoch, wo er mit einem Schwenk dem Blick entschwindet.

Gegenüber der Tribüne steht ein riesiger Monitor, auf dem man Jos' Fahrt auf der Rückseite der Rennstrecke verfolgen kann. Aber das zählt nicht. Das Jauchzen wird leiser. Es ist, als ob alle mit angehaltenem Atem auf das Geräusch des Formel 1-Wagens in den Dünen horchen.

Das Jubelgeschrei schwillt wieder an, sobald Jos bei Bos-uit auf die Gerade kommt. Die Silhouette des Wagens, der frontal in der sandigen, silbrig-salzigen Ferne auftaucht, das ist die Formel 1, wie sie nicht schöner sein könnte ... Doch im selben Augenblick wird es still, Jos biegt nach rechts ab und fährt in die Boxengasse. Natürlich wußten wir das, es war nur eine Aufwärmrunde, um alles am Wagen zu überprüfen. Aber wir können nicht mehr warten.

Endlich ein Formel 1-Bolide in Zandvoort. Ein richtiger, echter. Kein Museumsstück, kein Showmodell oder ausrangiertes Exemplar vom Vorjahr, sondern ein Wagen, der alle zwei Wochen an den Grand Prix um die Weltmeisterschaft teilnimmt, der sich mit Hill, mit Schumacher, Villeneuve und Coulthard mißt.

Nun ja – mißt ... Es ist allgemein bekannt, wie es in diesem Jahr um Jos bestellt ist. Daß der Arrows zu langsam und unberechenbar ist, daß ziemlich häufig Teile abbrechen, daß der Motor eine Katastrophe ist, kurz: daß Jos öfter alles andere als der Boß ist. Aber das ist jetzt völlig egal. Heute erweckt er die Formel 1 zum Leben, all die Fernsehübertragungen aus Monaco, Silverstone und Monza werden endlich Wirklichkeit!

Da ist er wieder, der Hart V8, und als Jos zum zweiten Mal auf die Piste fährt, wird es ernst. Das merkt man sofort. In den Zeitungen hat Jos vorsichtig angekündigt, daß er den Rundenrekord von 1992 brechen will. Er wurde von Jan Lammers in einem March CG911 erzielt, beim letzten Mal, als ein Formel 1-Wagen in Zandvoort gefahren war. Doch Lammers' Auftritt damals wurde bei weitem nicht mit so viel Begeisterung verfolgt wie der von Jos heute. Keiner glaubte so recht an ihn, spektakuläre Erfolge blieben aus und damit auch das Interesse der Medien.

Demonstrationsrunden

Was das betrifft, hat Jos das Glück gehabt, in einem Topteam zu debütieren. Mit einem Schlag sammelte er mehr WM-Punkte als alle seine Vorgänger zusammen. Sofort wußte ein jeder in den Niederlanden, wer Jos Verstappen war. Außerdem verlieh er seinem Benetton-Jahr durch einige spektakuläre Momente den nötigen Glanz, etwa als er sich in Interlagos überschlug, oder als sein Wagen in Hockenheim beim Tanken Feuer fing. Die ganze Welt schaute zu.

Jos war ein Name in der Formel 1. Und da kommt er schon. Bei Bosuit. Driftet nun ganz nach außen, bleibt auf dem Gas diesmal, und kommt näher, immer näher, und flitzt mit Höchstgeschwindigkeit an uns vorbei.

Die Tribüne rast. Das Motorengeräusch durchschneidet den Boden, es erreicht einen nicht nur über das Ohr, sondern auch über die Füße, die Beine, die Knie, den Bauch. Es tut weh, aber der Schmerz ist süß. Das ist das Glück der Formel 1. Durch das Geräusch entsteht ein direkter körperlicher Kontakt zu den Boliden. Deshalb sind Schalldämpfer der Tod des Rennsports, deshalb hilft es nichts, den Fernseher auf volle Lautstärke zu stellen und deshalb sind CDs mit Motorenlärm von der Rennstrecke so enttäuschend: das Geräusch muß durch den Boden gehen.

Jos ist schon wieder über den Hunzerug. Der Versuch, den Rundenrekord zu brechen, ist nicht risikolos. Auf der Piste liegt viel Sand, der Asphalt ist noch wenig eingefahren. Darum will Jos erst testen, wie sich der Wagen auf dem glatten Pflaster benimmt und ob er das richtige Set-Up hat. Denn das letzte, was er jetzt gebrauchen kann, ist ein Dreher während einer Demonstration vor eigenem Publikum.

In dieser Hinsicht schadet ihm das große Interesse der Medien auch wieder. Alle seine Fehler werden erbarmungslos registriert. Es gibt viele Journalisten, die ihn als Bruchpiloten abstempeln. Doch sie vergessen die vielen Zusammenstöße der übereifrigen Laudas, Mansells, ja Schumachers. Und sie vergessen, daß Jos nach Benetton mit minderwertigem Material viel häufiger übers Limit gehen muß, um aufzufallen. Oder soll er das gerade nicht tun? Ist er durch die Erfolge bei Benetton etwa zu ungeduldig geworden? Jackie Stewart meinte, Jos sei zu schnell vor eine zu schwierige Aufgabe gestellt worden, es wäre besser gewesen, er hätte langsam reifen können, zum Beispiel in der Formel 3000.

Ausgerechnet Jackie Stewart wird Jos zwei Jahre später, als seine

15

Karriere nach einer mißglückten Saison bei Tyrrell in eine Sackgasse geraten ist, noch eine letzte Chance geben. Mitten in der Saison 1998 ersetzt er Jan Magnussen, den Stewart als zu schlecht befindet. Jos hält sich gut, aber nicht gut genug – am Ende der Saison zieht Stewart Johnny Herbert vor, und Jos steht zum zweiten Mal am Rand der Piste.

Aber so weit ist es noch nicht. Jetzt sind wir im Jahr 1996, es ist Sommer, August, und Jos saust aufs neue über die Gerade, an der Tribüne entlang, es ist seine erste schnelle Runde, er bleibt einen Bruchteil über den 52,4 Sekunden von Lammers stecken. Neuer Versuch. Näher an den Randsteinen, sogar drüber hinweg. Das Heck des Arrows droht auszubrechen, gleitet weg ... Es wird noch spannend, ein Fehler ist schnell gemacht.

Besorgt verfolgen alle nun Jos' Verrichtungen auf dem Bildschirm. Man sieht, wie er arbeitet, steuert, in der Toyota-Kurve korrigiert, er nimmt die Bos-uit-Kurve weiter. Er ist diesmal schneller, das spürt man. 51,68 Sekunden. Er hat es geschafft! Zweifellos hat das ebenfalls besorgte Team die Zeit über Funk durchgegeben, denn Jos drosselt sofort die Geschwindigkeit.

Aber dann geht es richtig los: Der Rundenrekord ist nur der Auftakt zu einer grandiosen Show. In den nächsten Runden stoppt Jos unmittelbar vor den verschiedenen Tribünen. Die Leute machen Fotos, winken Jos im Cockpit zu. Der blaurote Arrows funkelt in der Sonne. Jos läßt den Motor aufheulen, macht einen Probestart, der Wagen zieht wild nach links, nach rechts, die Räder drehen durch, Rauch, und dann schießt er vorwärts. Auf dem Asphalt bleiben breite schwarze Streifen zurück, wie eine Unterschrift. Die Fans geraten schier aus dem Häuschen: Das ist Formel 1 für sie ganz allein.

Nach etwa zehn Runden stoppt Jos vor der Haupttribüne und steigt aus. Ein Mann mit einem Mikrofon geht auf ihn zu. Und in der Stille nach dem berauschenden Dröhnen folgt ein kurzes Interview. Jos spricht von der gefährlich glatten Fahrbahn und von seiner unsicheren Zukunft: Es werden Verhandlungen mit verschiedenen Teams geführt. »Es sieht gut aus«, sagt er wie immer zum Abschluß. Schließlich taucht auch noch eine Flasche Champagner zur Feier des taufrischen Rundenrekords auf, das Fest kann losgehen.

Und auf einmal ist es ein wenig einsam um ihn, wie er da so mit seiner Flasche neben dem Arrows steht. Der Mensch und seine Maschine. Der Korken knallt, Jos rennt auf die Tribüne zu und der Sekt erreicht gerade noch die ersten Reihen, wo die Fans allzu brav hinter den Zäunen stehen geblieben sind. Als Nigel Mansell 1992 den Grand Prix von England gewann, stürmten seine Fans schon während der Auslaufrunde die Piste. Er wurde aus seinem Wagen gezerrt und wie ein Held auf die Schultern genommen. Stierkämpfer werden so zu ihrem Haus oder Hotel getragen.

Ich habe Jos immer mit einer gewissen Reserve beobachtet. Seine Blitzkarriere kam mir unwirklich vor, viel zu oft wurden seine Leistungen in den Himmel gelobt, und zu viele Journalisten, die wiederum von seinen Erfolgen abhängig waren, kokettierten mit seinem Ruhm. Aber heute habe ich Jos wirklich erlebt. Mit seiner Gegenwart, seinem notorischen Klapperkasten, seinem Rundenrekord auf einer Piste, die es in ein paar Jahren schon nicht mehr geben wird, und dieser herrlichen Extra-Show hat er sich in mein Herz gestohlen, und in das von fünfundachtzigtausend anderer Formel 1-Freaks dazu. Der Glaube an einen Tag wie diesen muß in ihm geschlummert haben, als er am Morgen seiner Erstkommunion im Dorf die Karts rasen hörte und seinen Vater überredete hinzugehen. Trotz seiner großartigen Rennen, seiner Podiumsplätze und WM-Punkte ist dies für mein Gefühl der Höhepunkt seiner Rennsportkarriere: Der Tag, an dem er die Formel 1 wie ein wahrer Held nach Zandvoort, in die Niederlande zurückgebracht hat. Jos the Boss forever!

Teil 1 – Helden

Der Ursprung einer Obsession

Die Vorgeschichte: Eine Rennreportage in einem Schreibheft der dritten Grundschulklasse:
Brmmh, meine Damen und Herren, Sie sind bei meinem selbst gemachten Rennen live dabei. Ickx liegt in Führung, dahinter Stewart vor Oliver. Paff! Bum! Rums! Oliver fliegt von der Piste, jetzt liegt Werben an dritter Stelle. Letzte Runde. Hallo!!! Ickx ist Nummer 1, Stewart 2, Werben 3. Ich gebe zurück ins Studio nach Bussum.

Das Schulheft ist mit allen möglichen Geschichten über Maschinen vollgekritzelt wie Hovercrafts, Roboter und Bagger. Maschinen faszinierten mich anscheinend, ich war etwa acht Jahre alt.

Ich hatte noch nicht viel über die Unsterblichkeit nachgedacht, aber damals ungefähr fing es an. Maschinen sterben nicht. Man kann sie vollständig auseinandernehmen, sie sind durchschaubar, man kann sie reparieren. Aber zusammengesetzt besitzen sie so etwas wie eine Seele, eine Seele, die vor allem in ihrer Funktionalität und Schönheit wohnt, doch auch darüber hatte ich noch nicht viel gegrübelt. Ich war ein ganz normales Kind.

Auch Rennwagen übten eine wenn auch nicht übertriebene Anziehungskraft auf mich aus. Dafür kam ich zu wenig mit ihnen in Berührung. Aber wenn es geschah, dann waren immer Spannung, Aufregung und Dramatik damit verbunden. Ich erinnere mich an den Tag, als Jochen Rindt beim Großen Preis von Italien in Monza verunglückte, es war der 5. September 1970.

An jenem brütend heißen Samstagmittag flog Rindt während der letzten Qualifikationsrunde beim Bremsen vor der Parabolica-Kurve von der Strecke. Gebrochene Bremsachse, wie sich später herausstellte. Der Lotus raste mit über 200 km/h nach links in die Leitplanken. Der Wagen wurde wieder zurückgeschleudert und kam erst im Sandbett neben der Kurve zum Stehen. Panik, gelbe Flaggen, während der Sand noch hoch aufstob. Wie eine leblose Puppe hing Rindt im Wrack seines Autos. Überall Blut. Weinend trug sein Freund und Manager Bernie Ecclestone seinen Helm zurück zur Box. Rindt hatte in der WM-Wertung einen immensen Vorsprung vor Ickx und wurde der erste postume Weltmeister.

Ich war acht Jahre alt. Wahrscheinlich hörte ich die Nachricht im Radio. Sie überstieg mein Fassungsvermögen bei weitem. Ich erinnere mich nur an das Gefühl eines unbekannten, betäubenden Schocks.

Andere Maschinen waren nicht so. Meistens waren es nützliche, reelle Gebrauchsgegenstände; Rennwagen dagegen waren etwas Besonderes, sie bewohnten eine eigene Welt, mit einer eigenen, turbulenten Geschichte, einer eigenen Sprache.

Wie ich zu meiner kleinen Reportage gekommen bin, ist mir ein Rätsel. In den Statistiken findet sich weder ein vergleichbares Resultat noch ein ähnlicher Rennverlauf. Aber mein achtjähriges Ich gibt ja zu, daß das Rennen selbst gemacht, erfunden ist. Dreißig Jahre später bin ich stolz auf mich: damals schon die Komprimierung, die Vereinfachung, das Wesentliche.

So symbolisierte der Name Jack anscheinend Schnelligkeit, Unerschrockenheit und den Geruch von Motoröl, denn alle meine Hauptakteure hießen Jack: Jacky Ickx, Jackie Stewart, Jackie Oliver, Jack Brabham. Die phonetische Verballhornung von Brabham zu Werben deutet auf eine mündliche Überlieferung hin.

Von Jacky Ickx wußte ich wahrscheinlich mehr, auf alle Fälle, wie sein Namen geschrieben wurde. Ickx ist der Held der Geschichte, obwohl ich nicht weiß warum. Wahrscheinlich war der damals junge, vielversprechende Belgier aus Mangel an holländischen Talenten öfter in den Schlagzeilen. 1967 hätte er auf dem Nürburgring mit einem kleineren Formel 2-Wagen beinahe die gesamte Formel 1-Elite blamiert, und noch kein Jahr später gewann er seinen ersten Grand Prix. Doch das Regenrennen von Zandvoort 1971 hatte er noch nicht gewonnen, sonst hätte es in meiner Reportage sicher in Strömen gegossen, und auch den Namen seines Wagens hätte ich erwähnt: Ferrari.

Auffälligerweise kommt in meinem Bericht keine einzige Automarke vor, weder Ferrari, March, Matra noch BRM. Aber natürlich sind die Wagen ostentativ anwesend in dem Dröhnen der Motoren und den Geräuschen, mit denen Oliver sein Auto zu Bruch fährt. Für mich war Ickx erst Ickx, wenn er in seinem Boliden saß. Mensch und Maschine waren eins. Je mehr mit dem Cockpit verwachsen, desto näher der Nicht-Existenz und der Unsterblichkeit.

Ich war ein ganz normales Kind, und natürlich war ich mir all dessen nicht ganz bewußt. Daß es aber durchaus der Erlebniswelt des Kindes entspricht, davon bin ich überzeugt.

Spielen

Schreiben und Spielen unterscheiden sich eigentlich kaum voneinander. Beides sind vermessene Versuche, sich die Wirklichkeit anzueignen.

Natürlich hatte auch ich eine Sammlung Modellautos. Matchbox, Corgi- und Dinky-Toys. Das Übliche: Feuerwehrautos, Krankenwagen und Polizeiwagen, Trecker, Lastwagen, einige Sportwagen und ein paar Dragster, futuristische Autos mit viel Glas und protzigen Motorblöcken. Lächerliche Dinger, aber sie fuhren phantastisch.

Ich besaß einen einzigen Rennwagen. Einen klapprigen Maserati aus den fünfziger Jahren, mit dem Motor vorne, Rädern mit Speichen und einem Fahrer in der verbissenen Haltung eines Nuvolari, wie man sie nur noch von Plakaten von anno dazumal kannte. Während ich mit dem Rest meines Fuhrparks ganz zufrieden war, fand ich an dem Rennwagen keinen Gefallen.

In den Ferien in Italien entdeckte ich auf dem Wochenmarkt ein wunderbares Rennauto. Es war weiß, ohne Werbung und hatte nur vorne einen roten Streifen. Wichtiger war jedoch der realistische Motorblock hinten und vor allem der hohe Heckflügel. Das war ein echter moderner Rennwagen. Ich kam der Sache schon näher.

In Wirklichkeit hinkte ich schon wieder einige Jahre hinterher. Ferrari und Brabham hatten 1968 in Spa-Francorchamps als erste die hochstehenden Flügel verwendet; der Anfang der modernen aerodynamischen Formel 1. Lotus hatte die Idee sofort übernommen und riesige bewegliche Heckflügel über dem Motorblock montiert. Die Kräfte, die auf die Flügel wirkten, waren jedoch so stark, daß diese oft brachen. Ein gebrochener Flügel war auch die Ursache von Rindts furchtbarem Unfall 1969 im Montjuich-Park von Barcelona, den er wie durch ein Wunder überlebte. Danach wurden sie verboten. Sie mußten fortan kleiner sein und fest am Wagen montiert. Aber woher sollte ich das wissen?

Im selben Sommer gewann Ickx im Regen den Großen Preis der Niederlande. Nach Rindts Tod ist dieser Sieg meine erste bewußte Erinnerung an den Autorennsport. Ich erinnere mich an die Schlagzeile: »Ickx Regenmeister«, an den ganzseitigen Bericht, das atemberaubende Duell mit Pedro Rodriguez, »das schwierigste Rennen meiner Karriere«, meinte der Sieger hinterher, und an die Fotos: Ickx, der sich endgültig an die Spitze setzt, Rodriguez' BRM fast unsichtbar in der Regengischt.

Der Regenmeister. Im sommerlichen Italien wirkte der Bericht auf mich, als käme er aus einer unermeßlichen, fast göttlichen Ferne. Ich habe keinen Moment daran gedacht, daß Zandvoort mir eigentlich näher war als Italien, daß Ickx und Rodriguez genauso wirklich waren wie ich selbst.

Am nächsten Markttag kaufte ich meinen weißen, geflügelten Rennwagen. Behutsam trug ich den kostbaren Schatz nach Hause. Tausend Lire, ich hatte mit einem Schlag all mein Geld ausgegeben. In der hintersten Ecke des Zeltes holte ich ihn aus dem Karton und wog ihn auf der Hand. Das Metall fühlte sich schwer und angenehm an, das Auto paßte genau in meine Hand, Maßstab 1:36.

Sofort veranstaltete ich in meinem Kopf die herrlichsten Rennen – erste Anzeichen von Voodoo. Im strömenden Regen haute Ickx die gesamte Konkurrenz in die Pfanne. Nur Rodriguez und Stewart konnten folgen, doch auch sie konnten dem Ferrari letztendlich nicht Paroli bieten. Ich blickte auf die Unterseite meines Wagens: Honda F1. Es kümmerte mich nicht. Ich hatte einen Rennwagen, einen echten, und in Zukunft war dies der Wagen von Ickx, dem Unbesiegbaren.

Fernsehen

Ein paar Sätze in einem Schulheft und ein Ferienandenken: Meine Obsession befand sich noch im Schlummerzustand der gewöhnlichen Neugierde und Phantasie eines Kindes. Es war schließlich das Fernsehen, das alles ins Rollen brachte. Ich war elf Jahre alt, und die Wirklichkeit fing an, sich einen Weg in mein Leben zu bahnen.

An einem Sonntagabend im Sommer 1973 brachte *Studio Sport* am Ende der Sendung eine Zusammenfassung vom Großen Preis von Monaco. Eine glitzernde Meute Rennwagen drängte sich durch ein schwindelerregendes Labyrinth von Leitplanken, Fangzäunen, Balkonen, Zebrastreifen, Verkehrsschildern, flamboyanten Balustraden und sogar einen Tunnel. Namen, die mir mehr oder weniger bekannt vorkamen, flimmerten über den Bildschirm: Peterson, Stewart, Fittipaldi, Lauda, Ickx, Regazzoni, Cevert ... Ein geschlossener, lärmender Pulk, der in einer Kurve verschwand.

1973 gründete Bernie Ecclestone die *Formula One Constructors Association* (FOCA), eine Vereinigung der Teams der Formel 1, die die Formel 1 dank der Fernsehrechte zu dem megalomanischen Zirkus machen sollte, wie wir ihn heute, über fünfundzwanzig Jahre später, kennen. 1973 war zugleich auch das letzte Jahr der Ära Stewart.

Jackie Stewart war zweifellos der beste Formel 1-Pilot seiner Zeit, nur Rindt war schneller, und gegen Ende vielleicht Peterson. Stewart war vernünftig, wußte, wann er beschleunigen mußte, und beging selten Fehler. Trotzdem war er kein Roboter, kein kalkulierender Fahrer, er konnte durchaus waghalsig sein. Legendär ist Stewarts Sieg auf dem Nürburgring 1968, wo er bei Regen und Nebel vier Minuten vor Graham Hill ins Ziel kam. Aber Stewart mochte die Rennstrecke nicht. Viel zu unsicher, lautete sein Urteil. »In sieben Minuten um den Nürburgring, da erlebt jeder Rennfahrer Abenteuer, Spannung, Horror, Naturgefahren und Verbundenheit mit seiner Maschine. Mehr als andere in ihrem ganzen Leben. ... An einer Stelle hebt man tatsächlich vom Boden ab – und dabei fährt man gleichzeitig in eine Kurve! In der *Luft* fährt man diese Kurve aus! Die wüsteste Kurve, vielleicht das schauerlichste Schreckgespenst für jeden Rennfahrer, ist jedoch das sogenannte Karussel. Man nähert sich ihm, indem man mit ungefähr 230 Stundenkilometern einen steilen Anstieg hochjagt. Da man hügelauf fährt und tief in seinem Rennwagen liegt, kann man die Kurve nicht einmal sehen. ... Es ist schwer abzuschätzen, wann man bremsen muß, weil man während des Aufstiegs an einer Hecke entlangfährt und sich keine Orientierungsmarken merken kann außer einigen Fichten, die weit entfernt auf der anderen Seite des Karussels stehen. Man muß den Wagen auf eine dieser Fichten zusteuern. Dan Gurney sagte mir, welche Fichte man anvisieren müsse. Wenn man dann das Loch im Boden erblickt, steckt man auch schon drin, und der Wagen wird durch die eigene Schwerkraft aus der Kurve getragen. Von der Aufhängung ist nichts mehr zu spüren. Der Wagen rammt gegen die Stoßdämpfer, die ganze Maschine stößt und rüttelt, die Erschütterungen verzerren die

Sicht, und da steckt man nun in der Mitte dieses Loches ... Aber wenn man die Kurve zu früh verläßt, kann es einen noch über die Hecke schleudern, ohne daß man etwas tun kann. Es ist schon ein irres Erlebnis, wenn man das mal mitmacht.«

Stewart war der erste, der die miserablen Sicherheitsstandards kritisierte. Er sprach aus eigener Erfahrung. Nach einer Massenkollision in der ersten Kurve in Spa-Francorchamps 1966 saß er im Cockpit seines BRM eingeklemmt, das sich langsam mit Benzin füllte. Graham Hill konnte ihn erst befreien, nachdem er sich auf dem in der Nähe liegenden Besucherparkplatz einen Schraubenzieher geholt hatte. Im medizinischen Zentrum, oder was sich so nannte, lag Stewart auf dem Boden zwischen Zigarettenkippen und leeren Bierdosen ... Doch die Organisatoren waren noch von der alten Garde, sie hatten Fangio noch im Polohemd fahren sehen, sie schoben Stewarts Bedenken beiseite. Das Risiko sei gerade eine der größten Herausforderungen des Sports. Würden außerdem all die zusätzlichen Sicherheitsmaßnahmen nicht viel Geld kosten?

»Nachts«, erzählte Dan Gurney einmal, »kommen sie zurück, die Toten. Die Freunde, die auf der Strecke geblieben sind, du zählst sie, der ist tot ... und der ... und mein Gott, der auch schon ...« Stewart war der Vernünfigste von allen. Während ein Kollege nach dem anderen das Leben ließ, hörte er nach drei Weltmeistertiteln und siebenundzwanzig Grand-Prix-Siegen Ende 1973 auf. An seinem hundertsten und letzten Rennen nahm er nicht mehr teil. Einen Tag zuvor war sein Teamgefährte François Cevert tödlich verunglückt. Kein anderer konnte in so scharfem, hartem Ton bemerken »that's motorracing«, aber mit Tränen in den Augen nahm Stewart Abschied.

Ausgerechnet in Monaco 1973 betrat Stewarts Nachfolger die Bühne. Bereits im verregneten Training war Niki Lauda der Schnellste gewesen, und im Rennen lag er lange an dritter Stelle vor dem Ferrari von Ickx, bis sein BRM ihn wieder einmal im Stich ließ. Doch im fernen Italien saß auch Enzo Ferrari vor seinem Fernseher und telefonierte mit seinem Teamchef: »Wer war das in dem BRM? Wer, sagst du? Ja, laß ihn mal nach Maranello kommen.«

All das wußte ich damals natürlich nicht. Ich erinnere mich kaum noch an den Rennverlauf. Eigentlich nur an ein Bild: Peterson und Stewart, die aus dem Tunnel zum Vorschein kommen. Peterson im schlanken, schwarzgoldenen, keilförmigen Lotus mit dem weit nach hinten montierten Flügel wirkt schneller, doch hinter ihm thront Stewart in seinem viel runderen blauen Tyrrell mit der Selbstsicherheit eines Siegers. Die Farben des Bildschirms sind zu hart, verschwimmen manchmal. Wie flatternde Feen rasen die Wagen über die Hafenstraße, die Zebrastreifen und die Einordnungspfeile. Die Boliden schlechthin. Stewart und Peterson rasen in neue, noch unbeschriebene Räume meines Bewußtseins – und sie sollten nie mehr eingeholt werden. Äußerst konzentriert schaue ich zu, lasse mich durch den Kommentar zu den Bildern mitreißen. Die Stimme von Frans Henrichs verfolgt die beiden Piloten über die Hafenstraße, durch die Tabak-Kurve, am Schwimmbad vorbei, Rascasse, früher der Gazomètre, und dann wieder hinauf zu Start und Ziel Richtung Sainte Dévote ... Es ist, als beteiligte er sich an dem Duell, als hätte er die Hand mit im Spiel. Manchmal ist er ihnen ein Stück voraus. »Es heißt aufgepaßt bei Mirabeau, wenn Peterson nur eine kleine Lücke läßt, ist Stewart an ihm vorbei!« Dann schaut er zurück, zum heranrasenden Fittipaldi, dann zu den Balkonen, »für die man leicht einige Monatsgehälter hinblättern muß«, oder in die Boxengasse, wo Ickx wegen einer defekten Hinterachse aufgeben muß, und wieder zur Strecke, wo Peterson und Stewart zur Loews-Kurve hinabrasen, unter dem Viadukt hindurch, durch die Portier-Kurve und dann in den Tunnel hinein ...

Henrichs erwähnt Zandvoort. Die Rennstrecke, die vom Internationalen Automobilverband wieder genehmigt wurde, »diesen Sommer können Sie die Fahrer also wieder selbst sehen, am 29. Juli, in den Dünen ...« Im dem Augenblick breche auch ich aus einem Tunnel hervor. Der Fernseher zerbricht wie ein Kokon, und ich werde in die Welt geschleudert. Man kann einfach hingehen, man kann sie mit eigenen Augen sehen ... Die funkelnde Welt da auf dem Bildschirm gibt es wirklich.

Der Unfall

Und so befand ich mich plötzlich zwischen Formel 1-Fans. Mit ihren Flaggen, Rennjacken, ihren Schals und T-Shirts. Alles war jetzt echt. Gerappelt volle Züge, lange Schlangen vor den Kassen, Männer mit den offiziellen Programmheften, Heringsbuden, und alles überragend das Dach der Haupttribüne. Über die Lautsprecheranlage schallte eine Stimme durch die Dünen.

Mein Vater kaufte die Eintrittskarten. Während ich auf ihn wartete, kamen drei traumhaft blonde Frauen auf mich zu. Sie trugen glänzende hohe Stiefel, Hotpants und enge schwarze T-Shirts mit John Player Special darauf. Sie lachten und drückten mir ein Streichholzheftchen in die Hand. Erschrocken steckte ich es in die Tasche.

Als ich durch die Kartenkontrolle gelangt war, blieb mir die Spucke weg. Vor mir lag eine lange Reihe von Verkaufsständen, eine wahre Fundgrube. Am ersten Stand gab es wirklich alles von Ferrari: Fotos, Fahnen, Regenschirme, Pullover, Jacken, Krawatten, Aschenbecher ... Der nächste hatte alles von Tyrrell, der nächste von Lotus, McLaren, Surtees, BRM ... Ich schnappte mir überall Sticker. Manchmal entdeckte ich auch prächtige Modellautos. Wunderbare Rennwagen, die ich gleich auf der Strecke sehen würde. Ich geriet völlig aus dem Häuschen, es schwindelte mir bei der Vorstellung, daß meine Spielzeugwelt und die echte, große hier so nahe beieinander waren, einander fast berührten ... Mein Vater rief, wir müßten weiter, sonst kämen wir zu spät.

Durch einen Tunnel unter der Rennstrecke hindurch erreichten wir das Dünengebiet. Sonne, der Wind vom Meer und um uns der Kurs. Ein großes Ereignis stand bevor.

Oben auf einer Düne fanden wir eine prima Stelle, mein Vater schraubte die Kamera auf das Stativ. Wir kamen gerade noch rechtzeitig zum Warm-Up, das letzte Training vor dem Rennen. Im Warm-Up können die Fahrer ein letztes Mal die Streckenbedingungen testen und ihr Auto checken. Außerdem werden so Reifen und Bremsen warmgefahren.

Auf der Piste fuhren Autos vorbei, ganz gewöhnliche Autos. Aus dem letzten wehte eine grüne Flagge: Die Piste wurde freigegeben. Die Stimme des Streckensprechers schallte über die Dünen. Noch wenige Sekunden. Im Hintergrund hörte man das Aufheulen der Motoren, und plötzlich wurde alles von einem Höllenlärm übertönt: Die Wagen waren gestartet.

Sie kommen. Ich starre angestrengt auf ein kleines Stück Asphalt in der Ferne, wo gleich die ersten echten Formel 1-Wagen meines Lebens auftauchen werden. Da sind sie, kurz verschwinden sie in einer tiefer gelegenen Kurve, und dann rasen sie an uns vorbei.

Mit unglaublicher Geschwindigkeit, zu schnell, um zu verstehen, was passiert. Ich kann nicht einmal sehen, welche Fahrer es sind, nur das Gefühl der Geschwindigkeit ist da, eine Geschwindigkeit, die mich selbst mitreißt. Es tut weh, ist aber auch sehr angenehm. Und dann kommen sie schon wieder. Sie rasen vorbei, der Lärm schneidet durch den Boden, durch meine Knochen und Eingeweide. Peterson! Peterson ist dabei! Und da sind die Tyrrells, Stewart, Cevert, und dann nimmt es kein Ende mehr. BRMs, McLarens, Brabhams, und viele viele Autos, die ich nicht einmal erkenne.

Es ist fast zu viel. Der Lärm. Die Geschwindigkeit. Schaudernd lasse ich mich von diesem Strom wahnwitzig dahinbrausender Paradies-vögel mitreißen. Eine Atempause gibt es nicht, sie donnern vorbei, kehren zurück. Wieder Peterson, die Tyrrells, Regazzoni, Fittipaldi, Reutemann … Von nun an gibt es für mich kein Zurück mehr. Ich bin restlos gefangen, die Formel 1 ist in mich gefahren und ich in die Formel 1.

Eine Runde nach der anderen kommen sie vorbei. Doch nach einer Weile sind es immer weniger, es entstehen Lücken, es wird stiller. Schließlich dreht nur noch Mike Hailwood in seinem Surtees ein paar Runden. Und dann ist das Warm-Up zu Ende.

Der Start des Rennens ließ noch etwas auf sich warten. Das Vorprogramm bestand aus einem Rennen für Tourenwagen Klasse 2. Doch schon nach zwei Runden stand es für mich fest, daß das Ganze nur Stückwerk war. Klar, die Autos fuhren Stoßstange an Stoßstange, schiebend und stoßend, der Kampf war gnadenlos, aber Kampf allein besagte gar nichts. Formel 1 war viel mehr als das, das hatte ich gleich gemerkt.

Ich studierte das Programmheft. Eine neue Welt hatte sich mir aufgetan, und sie öffnete sich immer weiter. Ich ging das Teilnehmerfeld durch und las Namen, die ich bisher noch nie gehört hatte: George Follmer, Ricky von Opel, Roger Williamson, Motor Racing Development Ltd. Brooke Bond Oxo – Rob Walker – Team Surtees, LEC Refrigeration Ltd. … Ich war dabei.

Ickx nicht. Zu meinem Schrecken fiel mir auf, daß ich ihn vorhin nicht mal vermißt hatte. Mein Vater las es vor, es stand in einer Zeitung, die er mitgebracht hatte. Ickx, der Sieger vor zwei Jahren, nahm nicht teil. Die Ferraris waren in der Saison so schwach, daß Enzo Ferrari beschlossen hatte, nicht mehr an den Rennen teilzunehmen, bevor der neue Wagen fertig war, vielleicht in Österreich. Ickx, mein Idol, mein Held …

Sein Abstieg sollte mir erspart bleiben. Der Ferrari 312 B3 war in der

Tat ein Flop, und der demotivierte Ickx stritt sich nur noch mit seinem italienischen Arbeitgeber, die Trennung stand kurz bevor.

Rücksichtslos wie der Autorennsport selbst schlug ich mich sofort auf Stewarts Seite. In der WM-Wertung führte Stewart mit einem Punkt vor Fittipaldi. Doch der Brasilianer hatte am Tag zuvor einen Unfall und würde daher mit einem verstauchten Knöchel beim Großen Preis der Niederlande kaum eine Rolle spielen. Konkurrenz wäre höchstens von Lotus zu erwarten, von Peterson, der am Samstag beim Qualifying die schnellste Zeit erzielt hatte, bereits seine sechste Pole-Position der Saison.

Wieder hört man Motorengeräusch, doch verhalten diesmal; nacheinander oder in kleinen Gruppen kommen sie vorbei auf dem Weg zur Startaufstellung. Peterson fährt an der Spitze der leise brummenden Prozession, Revson, den Sieger des Großen Preises von England erkenne ich, und fast am Ende zwei schöne schwarze Wagen, elegant wie Schwäne, die Shadows von Jackie Oliver und George Follmer.

Auf der entgegengesetzten Seite der Rennstrecke stellen sie sich vor der Haupttribüne in Position, doch das grimmige Dröhnen der Motoren ist jetzt überall zu hören, bedrohlich singt ihre Ungeduld durch die Lautsprecheranlage. Und dann gibt die Flagge das Zeichen zum Start.

Alles schreit auf, auch in mir schreit es. Alles, was ich von der Formel 1 weiß, alles, was ich mir vorgestellt, erträumt, erhofft habe, wird in diesem Rennen Wirklichkeit. Sie kommen. Durch die Dünen. Beängstigend ist diese Geschwindigkeit, diese zusammengeballte Raserei, diese schreckliche Meute auf einem so kleinen Stück Asphalt, man weiß nicht, was sie anrichten werden.

Da sind sie. In der Ferne flitzen sie über die Piste. Schwarz vor Blau, Peterson vor Stewart. Im nächsten Augenblick rasen sie an uns vorüber, hinter ihnen Pace, Cevert und die anderen, ein unübersichtlicher Haufen, ein Wirrwarr von Wagen, ganz hinten Hailwood und Fittipaldi.

Ja, dies ist die Formel 1. Es ist der absolute Höhepunkt meines elfjährigen Lebens. Ich bin dabei. Und da kommen sie schon wieder, Peterson, Stewart, Pace mit Cevert im Nacken, dann eine Gruppe weißer Wagen, zwei BRMs und der Rest. Das Feld ist bereits ein Stück auseinandergezogen, es ist eine wogende Lawine von Lärm, Geschwindigkeit, von fast unbezähmbarer Energie. Hierfür bin ich gekommen.

Der Ursprung einer Obsession

Ich denke manchmal, daß jene ersten acht Runden des niederländischen Grand Prix der Höhepunkt meines Lebens gewesen sind. Nie mehr war ich so offen, bewußt und so unbefangen zugleich, nicht mehr ganz unwissend, doch noch nicht gehemmt durch Furcht. Jenes elfjährige Kind mit seinen großen Hoffnungen ist jedenfalls der Grund, warum ich mich nie von der Formel 1 werde losreißen können.

Doch ebenso oft frage ich mich, wie es weiter gegangen wäre, wenn nichts passiert wäre, wenn der Große Preis der Niederlande ein Rennen wie viele andere gewesen wäre. Was wäre aus der Euphorie und der Aufregung geworden? Wäre die Begeisterung nicht erloschen durch das immer gleiche Bild: Peterson verfolgt von Stewart und Clevert? Oder wäre die Ekstase nur noch größer geworden, wäre ich erfüllt von dem Spektakel der Formel 1 nach Hause zurückgekehrt? Ich werde es nie erfahren. Ich kam nach Hause mit einem Toten.

Mit jeder Runde wurde ich aufgeregter, ich lief die Düne hinunter bis zur Absperrung hinter den Leitplanken, um die Wagen aus nächster Nähe beobachten zu können. Da waren sie wieder: Peterson, Stewart und Cevert, Pace inzwischen schon etwas zurück, die weißen Autos, die BRMs und die anderen. Es war, als würde ich durch die Absperrung gezogen, gesaugt; Peterson, Stewart, Cevert, ich konnte sie fast berühren. Pace hatte deutlich Schwierigkeiten, er hatte nur noch einen kleinen Vorsprung vor den Weißen, den BRMs von Regazzoni und Beltoise, und plötzlich tat es einen Schlag.

Auf der Gegenseite der Piste flog ein Wagen bestimmt fünf, sechs Meter hoch durch die Luft. Ich sah ihn, wie er sich gegen den Himmel abhob. Ich schaute geradewegs in das Cockpit.

Leute stürmten die Düne hinab, rannten auf die Stelle zu, wo der Wagen aufgeschlagen sein mußte. In dem Durcheinander wurde ich gegen den Maschendrahtzaun gedrückt. Ich schaute mich um und sah über der Menge meinen Vater, der neben dem Stativ stand und erschrocken in die Ferne zeigte, wo eine dicke schwarze Rauchwolke aufstieg ...

Ich darf froh sein, daß ich den Rest nicht gesehen habe. Der Wagen, es war der March 731 von Roger Williamson, landete hundert Meter weiter kopfüber auf der Piste. Auf dem Überrollbügel schlidderte er noch zweihundert Meter, bis er am Rand der nächsten Kurve zum Stehen kam. Während der Rutschpartie löste sich alles Mögliche: die

Teil 1 – Helden

Verkleidung, der Kühler, die Räder, der Treibstofftank ... Der March fing sofort Feuer. Eingeklemmt, mit dem Kopf nach unten versuchte sich der Fahrer zu befreien. David Purley, der sich mit Williamson ein packendes Duell geliefert hatte, hatte sofort angehalten, einem Streckenposten den Feuerlöscher aus der Hand gerissen und sich verzweifelt bemüht, den Brand zu löschen. Doch der Löschapparat war lächerlich klein, und Purley versuchte nun, den Wagen umzudrehen. Er rief dem schreienden Williamson zu, er werde ihn retten. Grausige Szenen folgten: Außer sich zerrte Purley an einem Hinterrad, das aus dem Flammenmeer herausragte, wütend winkte er den Streckenposten zu, die jedoch keine feuerfeste Kleidung trugen und sich nicht an die Unglücksstelle herantrauten, verzweifelt gab er den vorbeifahrenden Piloten Zeichen. Keiner stoppte.

Die Streckenposten mahnten Purley zur Ruhe. Manche glaubten, Purley selbst hätte am Steuer des brennenden Autos gesessen. Die Feuerwehr kam angezockelt. Als die Flammen endlich gelöscht waren und man das Wrack umdrehte, hing Williamsons Leichnam verkohlt im Cockpit.

Alle Menschen um uns herum waren entsetzt. Die riesige Rauchsäule und die Flammen, die über die Baumkronen hinweg zu sehen waren, verhießen nichts Gutes. Der plötzliche heftige Aufprall hatte alle sprachlos gemacht, niemand wußte, was los war. Ich wußte nicht einmal, wer es gewesen war, ich konnte die Silhouette des Wagens, die ich immer wieder vor mir sah, nicht einordnen. Ich weiß nicht, warum, vielleicht war es eine vage Erinnerung an mein selbst gemachtes Rennen: *Paff! Bum! Rums!* – auf jeden Fall war ich davon überzeugt, daß es sich um Jackie Oliver handelte. Ich beobachtete die vorbeifahrenden Wagen und stellte fest, daß Oliver tatsächlich nicht mehr dabei war.

Tagelang ging ich davon aus, Oliver sei tödlich verunglückt, bis ich später zufällig ein Foto des Wracks sah. Oliver war schon in der zweiten Runde ausgeschieden, auf dem »Hunzerug« von der Piste geflogen.

Das Rennen ging zwar weiter, war jedoch uninteressant geworden. Peterson hatte einen großen Vorsprung herausgefahren. Man warf ihm vor, die Situation ausgenutzt zu haben. Während Stewart langsamer an der Unglücksstelle vorbei gefahren sei, habe Peterson Vollgas gegeben. Die Sonne war verschwunden, ein unangenehmer Wind kam auf, und ich fühlte nur noch den schrecklichen Schlag gegen die Leitplanken in den Knochen.

Gegen Ende des Rennens verringerte sich Petersons Vorsprung. Stewart holte zusehends auf. Ganz kurz noch wurde es spannend. Doch schließlich gab sich Peterson geschlagen. Er wurde resolut überholt, und zwei Runden später mußte er mit Motorschaden aufgeben. Stewart gewann, doch welchen Sinn hatte das noch? Die Euphorie war in Flammen aufgegangen.

Wortlos schob mein Vater das Stativ zusammen, die Kamera hatte er schon eingepackt. Jetzt, da die Motoren verstummt waren, herrschte eine bedrückende Stille. Auch um uns herum. Still, betroffen verließen alle über einen schmalen Pfad und durch einen Tunnel hindurch das Terrain. Hinter dem Maschendraht sahen die Sträucher weiß und grau aus. Da irgendwo hatte sich das Drama abgespielt. In meiner Jackentasche fühlte ich das Streichholzheft. Der Ansager erklärte, daß Stewart durch seinen Sieg nun die ewige Rangliste mit sechundzwanzig Grand Prix anführte, einen mehr als Jim Clark, und daß Gijs van Lennep mit seinem sechsten Platz seine ersten WM-Punkte in der Formel 1 erzielt hatte.

Als wir nach Hause kamen, hielt uns ein Junge aus der Nachbarschaft an. »Mensch, schon wieder jemand hops!« Er bemerkte unsere erstaunten Gesichter. Ja, er habe alles im Fernsehen gesehen: mausetot. Wir gingen ins Haus. Eigentlich hatten wir es die ganze Zeit gewußt. Auch das war die Formel 1.

Mit der Rennsaison durchs Jahr

Der Aufprall des March gegen die Leitplanken wollte mir nicht aus dem Kopf. Noch Wochen, ja Monate war ich wie betäubt von dem dumpfen Schlag, dem Geräusch von scheppperndem Metall, vom Bild des Wagens, der aus meinem Blickfeld verschwand.

Fernsehbilder vom Unfall habe ich nie gesehen, obwohl er sich vor laufenden Kameras ereignete und in Millionen Wohnzimmern live verfolgt wurde. Er entfachte eine erneute Diskussion über den Sinn des Rennsports. Man forderte die Abschaffung der Formel 1, ja des gesamten Automobilsports. Es berührte mich nicht. Ich hätte weinen mögen, konnte es aber nicht. Denn was wußte ich schon von Roger Williamson? Ich kannte ihn ja gar nicht. Außerdem wußten sie doch wohl, was sie taten! Es gehörte einfach dazu. Daß ich um etwas ganz anderes trauerte, ahnte ich damals noch nicht. Ich kaufte mir einen Modellrennwagen und hielt ihn gegen das Licht, nahm die Silhouette in mich auf und ließ die Finger über die Flanken gleiten, die Räder, die Rippen der Kühler, den Benzintank ...

Meine Sammlung wuchs rasch. Mein bestes Stück war der Ferrari 312 B2, mit dem Jacky Ickx 1971 in Zandvoort gewonnen hatte, jetzt besaß ich ihn, sogar die Startnummer stimmte. Und als Corgi Toys eine Serie Wagen aus dem Jahr 1973 herausbrachte, konnte ich mein Glück kaum fassen.

Zuhause auf dem Dachboden baute ich auf selbst bemalten Reklameschildern die Rennstrecken nach und organisierte Rennen, Grand Prix um die Weltmeisterschaft. Es waren phantastische Saisons voller Dramatik, mit packenden Duellen, Runden in sintflutartigem Regen, taktischen Kämpfen, Massenkarambolagen, Neustarts und Aufholjagden. Ich saß in der Mitte, bewegte die Autos und spielte den Kommentator. Unermüdlich zählte ich die Fahrer auf, die an Start und Ziel vorbeirauschten: Ickx, Stewart, Cevert, Fittipaldi ... Allmählich wurde ich mir meiner Berufung bewußt: Kommentator bei Autorennen. Eine allgegenwärtige Stimme, die ganz in dem Rennen aufging, das sie beschrieb oder eigentlich besang und damit gleichsam seinen Ablauf und sein Ergebnis bestimmte. Die schrecklichsten Unfälle gingen glimpflich aus, und Ickx holte sich überlegen den Weltmeistertitel.

Sammeln

Und alles fing wieder von vorne an: 1973 war vorbei, eine neue Saison hatte begonnen. Funkelnagelneue Wagen mit neuen Startnummern, neuen Farben und neuen Namen verließen die Box und fuhren auf die Strecke.

1974. Es hatte sich viel verändert. Stewart hatte aufgehört, Cevert war auf der Strecke in Watkins Glen in den USA tödlich verunglückt. Tyrrell blieb nur der komplette Neubeginn mit Scheckter und Depailler. Petersons neuer Teamkollege wurde Ickx. Fittipaldi verließ Lotus und ging zu McLaren, der mit Marlboro einen großen Sponsor an Land gezogen hatte. Revson wurde bei Shadow Teamkollege des Formel-2-Weltmeisters Jarier. Oliver und Follmer mußten das Feld räumen. Hill fing bei Lola an. Ferrari übernahm sowohl Lauda wie Regazzoni von BRM, der sich ohne Sponsor mit Beltoise zufrieden geben mußte. Merzario entschied sich für ISO-Marlboro, March verpflichtete Stuck und Brambilla, Hunt hielt Hesketh die Treue, Reutemann Brabham, Pace Surtees.

Auch neue Wagen gab es: Der Ferrari 312 B3 war eine komplette Neuentwicklung und sah jetzt wie ein bissiger gieriger Sieger aus. Tyrrell kam mit dem 007, einem im Vergleich zu seinem plumpen Vorgänger fragilen Wagen; der Shadow DN3 war nicht mehr so elegant wie der DN1, und der Lotus 76, das sah man auf den ersten Blick, würde ein Fiasko werden. McLaren setzte sein Vertrauen weiterhin auf den alten M23.

Ich hatte jetzt einen Rennkalender und machte mich mit den Rennstrecken und ihrem festen Platz im Jahr vertraut: Interlagos und Kyalami im März, Monaco im Mai, Zandvoort im Juni, Brands Hatch, das sich brüderlich mit Silverstone abwechselte, im Sommer, dann der Nürburgring im August, Zeltweg und Monza im September, Watkins Glen im Oktober, im Herbst würde die Entscheidung fallen. Lotus und McLaren waren 1974 die Favoriten, vielleicht noch Ferrari ...

Es war überwältigend, das alles zu entdecken, all die Namen mit den Fingerspitzen zu berühren wie Stücke eines Puzzles, eines Puzzles außerdem, das, auch wenn man es anders zusammenlegte, immer paßte. Die Tragödie von Zandvoort schien vergessen, doch ich wußte, daß es zugleich nicht besser bewahrt werden konnte. Zum ersten Mal spürte ich den Halt, den heimlichen Trost, der von der Formel 1 ausging. Der Sport war so viel größer, er hatte eine reiche Geschichte, Traditionen, feste Rituale. Die Formel 1 hatte einen Ursprung, nahm einen auf in einen größeren Zusammenhang, trug einen durch die Zeit, teilte die Zeit ein. Nicht nur die Vergangenheit, sondern auch die Gegenwart, denn immer wieder gab es Rennen, immer wieder aufs neue, es war ein Zeichen der tröstlich fortschreitenden Zeit, des rhythmischen Wechsels der Jahreszeiten.

So gab es Anfang März das traditionelle »Race of Champions«, von dem ich im Fernsehen eine Zusammenfassung sah. Das Rennen, in Brands Hatch, zählte zwar nicht zur WM, dafür lieferten sich Ickx und Lauda im strömenden Regen ein klassisches Duell, einen Prestigekampf. Lauda war mit dem neuen Ferrari auf dem Weg zur Spitze, Lotus dagegen hatte wie Ickx selbst den Höhepunkt überschritten. Auf der hügeligen, kurvenreichen Strecke mit ihren lebensgefährlichen Erdwällen und Bäumen und ihren fast auf der Piste stehenden Zuschauern gab der Regenmeister jedoch noch ein Mal das Letzte, um seinem ehemaligen undankbaren Arbeitgeber eins auszuwischen.

Fortwährend wechselte die Führung zwischen den beiden Kampfhähnen, ein roter und ein schwarzer Schemen, die sich durch die Gischt verfolgten, Irrlichter, die über Clearways, Druids, Portobello Straight tanzten, hintereinander, nebeneinander. Gegen Ende des Rennens schien Lauda das Heft fest in der Hand zu haben. Doch Ickx belauerte ihn Kurve um Kurve, Bottom Bend, South Bank, Dingle Dell. Lauda gab keinen Zollbreit nach. Auf dem Waschbrett von Pilgrims Drop steuerte Ickx seinen Lotus mir nichts, dir nichts neben den Ferrari. Bremsend schlitterte er durch die Hawthorn-Kurve, die Sicht gleich Null, Lauda hielt sich zurück und Ickx war vorbei. Es war das letzte Formel 1-Rennen, das er gewinnen sollte.

Abermals angesteckt von den Fernsehbildern fing ich an, alles zu sammeln, was zur Formel 1 gehörte. Alles, alle Stücke des großen Puzzles wollte ich besitzen, in der Hand halten. Sticker, Plakate, Comics, Kalender, Ausschneidebilder, Fotos aus Fernsehzeitschriften,

Boulevardzeitungen, Zeitungsberichte, wie geringfügig auch immer. Einfach alles.

Das Glanzstück meiner Sammlung war die Serie von Ansichtskarten aller Teams und Fahrer aus der Zeit zwischen 1970 und 1973. Wunderbare Karten, auf denen links der Wagen zwischen zwei schwarz-weiß gewürfelten Rändern zu sehen war und rechts von Lorbeerzweigen gerahmt das ovale Porträt des Fahrers. Andachtsbildchen.

Peinlich genau klebte ich sie in Ringhefte und fügte die wichtigsten Fakten hinzu. Tyrrell 006/2; Reifen: Good Year, Benzin: Elf, Zündkerzen: Champion, Stoßdämpfer: Koni. Auch die Ergebnisse der Fahrer notierte ich. Meine teuren Toten bedachte ich mit einer zusätzlichen Zeile, geschrieben mit den schönsten, verschnörkelten Großbuchstaben. Feierlich hielt ich fest, daß François Cevert und Peter Revson unvergeßlich waren. Offensichtlich verstand ich intuitiv, daß der Kummer – Kummer? Ich kannte die Kerle nicht einmal! –, daß der unaussprechliche Kummer vergoldet, verziert und zelebriert werden mußte. Nur so konnte er seinen Stellenwert bekommen.

Meine Sammelwut war eine Form der Trauer. Ich trauerte um die toten Helden, und gleichzeitig versuchte ich, den Tod zu beschwören. Die Formel 1 war ein so schönes, ein so großartiges und mitreißendes Spektakel. Zwar wußte ich, daß der Tod ein wesentlicher Bestandteil war, doch ich kam damit nicht zurecht. Nur das Sammeln half mir dabei.

Schließlich entdeckte ich die Bücher, die Jahresrückblicke. Auf einmal hielt ich eine ganze Saison, ein ganzes Jahr in Händen. Rennreportagen, Statistiken, Grundrisse, Startaufstellungen, technische Details, Fotos ...

Besonders die Grand-Prix-Serie von Ulrich Schwab hatte es mir angetan. Ab 1968 beschrieb er alle Rennen um die Weltmeisterschaft in einer klaren, unprätentiösen Sprache. Alle Helden aus der mythischen Vorzeit wurden wieder zum Leben erweckt: Ickx, Rindt, Hill, Oliver, Brabham ... Ich erfuhr, daß schon 1970 ein Rennfahrer in Zandvoort in den Flammen seines Wagens umgekommen war, Piers Courage, Fahrer im Rennstall eines gewissen Frank Williams.

Hautnah wurden die Ereignisse beschrieben. Wenn es in Kanada regnete, dann regnete es auch in dem Bericht, und aus dem Nebel und den Gischtschleiern tauchten sie wieder auf: Stewart, Ickx, Peterson, Revson, Fittipaldi, Amon, Hulme, Reutemann ... ich flüsterte ihre Namen.

Mit laut klopfendem Herzen schlug ich eines Nachmittags die Übersicht der Saison 1973 auf, in der meine Formel 1-Weihe auf so schreckliche Weise stattgefunden hatte. Behutsam blätterte ich die Seiten um. Auch diese Saison hatte voller Optimismus angefangen. Ich sah all die wunderbaren Wagen wieder, wie sie sich gelassen in der Boxengasse präsentierten: der Tyrrell 006, der Lotus 72 D und der Shadow DN1. Ich sah Peterson und Stewart über den Kurs von Monte Carlo rasen, sah Ickx in dem klapprigen Ferrari und die Massenkollision in Silverstone – Fahrfehler von Jody Scheckter –, bei der acht Wagen zu Schrott gefahren wurden. Den Start in Zandvoort sah ich und wie es weiter gegangen war. Und zum ersten Mal sah ich, wie der March auf den Asphalt aufschlug, weiter rutschte, auseinanderbrach und zu brennen anfing … Ich erschrak, doch diesmal wendete ich den Blick nicht ab. Ruhig und ehrfurchtsvoll betrachtete ich die Fotos, sie gehörten zu einer Reihe unabwendbarer Ereignisse, zu einer ganzen Saison voller Hoffnungen und voller Dramatik.

Durch Schwabs Bücher bekam meine Obsession ein Ziel, eine Richtung, die ich von Anfang an gesucht hatte: Aufgehen in der Formel 1, der Ekstase eine Stimme und dieser Stimme Dauer verleihen, das heißt: Schreiben.

Schreiben

Ich schrieb nun selbst Rennreportagen. Anfangs waren es nicht mehr als überarbeitete Zeitungsberichte, knappe Notizen oft nur, ohne eine Spur von Begeisterung und noch voller Fehler. Glücklicherweise wurden immer mehr Rennen im Fernsehen übertragen.

Am Mittwoch vor dem Grand Prix fing ich mit einer Vorschau an. Ich zeichnete die Rennstrecke nach und kommentierte sie; manchmal ging ich näher auf die politischen Verhältnisse des Landes ein, etwa wenn das Rennen in Südafrika stattfand. Ich erinnerte an die Toten und kündigte die neuen Wagen an. Nach einem Überblick über die Statistik der letzten Jahre ließ ich die Favoriten Revue passieren. Im Ton eines Kenners stellte ich Prognosen auf. Es machte mir Heidenspaß.

Wenn die Formel 1 in die Niederlande kam, pilgerte ich natürlich nach Zandvoort. Allein. Ich war dreizehn, vierzehn Jahre alt. Ich teilte meine Obsession mit niemandem. Ich ging nur zu den Trainings, das reichte aus, um die Wagen zu sehen, zu hören, zu fühlen. Der Große

Preis selbst war für mich zu teuer. Ich gab mein Geld lieber für Modellautos, Fotos, Broschüren und Sticker aus.

Sonntags saß ich mit Bleistift und Papier im Anschlag vor dem Fernseher. Am Fernseher behielt man den Überblick, man sah alle Zwischenfälle, Karambolagen, Mißverständnisse waren ausgeschlossen, und es war viel einfacher, die Zwischenergebnisse zu notieren. Auf einen Blick erkannte ich leicht zehn, fünfzehn Wagen nacheinander und blitzschnell notierte ich alles auf meine Zettel. Die lange Reihe von Namen, darum ging es.

Ich schrieb Schwab-artige Reportagen, feurig, naiv, intim. Ich war dabei, folgte den Rennen aufmerksam, stand über ihnen und war zugleich mittendrin. Wie herrlich war es, die ersten Seiten in einem neuen Ordner zu beschreiben, in der Gewißheit, daß er am Ende des Jahres wieder überquellen würde. Wenn er voll war, würde er zu einer eindrucksvollen Reihe hinzugefügt. Heilige Bücher waren es. Sie gaben mir Riesenkräfte. Ich war Teil einer unauflöslichen Geschichte. Von der Rennsaison durchs Jahr getragen, fühlte ich mich unverwundbar. Sogar Unfälle akzeptierte ich mit der Selbstverständlichkeit des Eingeweihten.

Und es passierten ziemliche viele Unfälle. Ende 1974 kam der junge Helmuth Koinigg beim Großen Preis der Vereinigten Staaten von der Piste. Sein Surtees raste unter eine Leitplanke, wobei Koinigg regelrecht enthauptet wurde.

Ein Jahr später brach beim umstrittenen Straßenrennen im Montjuich-Park von Barcelona der Heckflügel von Rolf Stommelens Wagen. Genau wie der Lotus von Rindt sechs Jahre zuvor wurde der Embassy-Hill von Stommelen in die Luft katapultiert, durchbrach die Leitplanken und Fangzäune und zerschellte zwischen den Zuschauern. Fünf Menschen fanden den Tod. Stommelen kam noch einmal mit dem Leben davon.

Im gleichen Jahr verunglückte Mark Donohue im verregneten Warm-Up zum österreichischen Grand Prix bei Tempo 240. Als ihn Fahrerkollegen aus dem Wrack hoben, stammelte er: »Keine Ahnung, was los war, es kam wie der Blitz.« Einen Tag später starb er im Krankenhaus an einem Blutgerinnsel im Gehirn. Fassunglos berichtete ich über alle Tragödien. Mit Zusammenfassungen und Statistiken bandagierte und beschwor ich das Schicksal.

Der Ruf nach mehr Sicherheit im Rennsport wurde immer lauter.

Besonders Niki Lauda machte sich über die in seinen Augen unnötigen Unfälle Sorgen. Es sei einfach unintelligent, einen modernen Sport im Steinzeit-Umfeld zu betreiben. »Wenn wirklich nur noch *ein* schwerer katastrophaler Unfall geschieht, weil wir Fahrer die Gefahren nicht rechtzeitig erkannten, können wir die Formel 1 ganz vergessen«, verkündete Lauda Anfang 1976.

Nach Jackie Stewart prägte Lauda wie kein anderer das Gesicht der Formel 1. Stewart selbst hielt ihn für »den intelligentesten aller Formel 1-Fahrer«. Das hatte sich schon während Laudas ersten Testfahrten für March 1972 gezeigt. Während Teamkollege Peterson all sein Können aufbieten mußte, um den Wagen zu bändigen, hielt Lauda den March für unfahrbar. Doch die Techniker schoben die Bedenken mit dem Argument beiseite: Werde erst mal so gut wie Ronnie. Der Verlauf der Saison sollte Lauda Recht geben. »Es gibt keine schlechten Autos, es gibt keine guten Autos. Ein gutes Auto bekommt man nicht, man muß es sich *erarbeiten*. Einige meiner Kollegen vergessen das. Ich bin so gut, sagen viele, das Auto ist ein Dreck. Bitte, dann sollen sie sich bemühen, daß das Auto besser wird, dann wird auch der Erfolg kommen.«

Mit dieser Einstellung kam Lauda 1974 genau im richtigen Moment zu Ferrari. Mit Lauda erlebte Ferrari eine wahre Renaissance. Während in der ersten Saison noch zu viele Defekte am Wagen Lauda den Weg zum Titel versperrten, war er 1975 übermächtig und holte Ferrari zum ersten Mal nach elf Jahren wieder die Weltmeisterschaft.

Aber der neue Champion war durchaus nicht überall beliebt. Er war kein virtuoser, verwegener Draufgänger, wie Clark oder Rindt es gewesen waren. Lauda rechnete. Auch zweite oder dritte Plätze zählten. Sein Spitzname wurde rasch der »Computer« und später sogar die »Ratte«. Zu viel Kalkül, zu wenig Herz. Laudas gepfefferte Äußerungen taten ein übriges, so seine Bemerkung zu einem aufdringlichen Journalisten nach dem Unfall von Williamson in Zandvoort: »Ich werde nicht bezahlt, um zu retten, sondern um zu fahren.« Es wurde ihm noch lange nachgetragen. Doch sein Image war Lauda egal. Er denke nicht darüber nach, er sei nicht romantisch, er sei glücklich.

Wie Stewart konzentrierte Lauda seine Kritik an den Sicherheitsstandards auf den Nürburgring. Doch im Unterschied zu Stewart, aus dessen Beschreibungen der Rennstrecke doch immer noch ein gewisses Flirten mit der Gefahr herauszuhören ist, war Laudas Ablehnung des Nürburgrings kompromißlos, analytisch und abgrundtief. Die

Strecke war zu lang. Eine moderne Piste war etwa fünf Kilometer lang, der Nürburgring dreiundzwanzig. Eine solche Strecke war unmöglich optimal zu sichern, einige Abschnitte waren sogar schwer zu erreichen, schnelle Hilfe war ausgeschlossen. Außerdem herrschten oft ganz unterschiedliche Wetterbedingungen auf den Streckenabschnitten: War es bei Start und Ziel trocken, so konnte die Piste auf der anderen Seite des Rings durchaus naß und spiegelglatt sein. Und dort waren auch die Bäume, die Schluchten, die Felsen, die Erdwälle. Dort vollführten die Wagen manchmal Luftsprünge bei 260 km/h – »Nur Gott hilft dir«, so Lauda.

Die Sponsoren stimmten ihm zu: Die Zuschauer bekämen für ihr gutes Geld zu wenig geboten. Dreiundzwanzig Kilometer bedeutete, daß nur vierzehn Runden lang, nur vierzehn Mal die teuer erkauften Markennamen auf den Boliden zu sehen waren.

Doch den Zuschauern war es egal. Jahr für Jahr strömten etwa 300 000 Fans zum Ring. Ken Tyrrell wußte, warum: »Zeltlager, Bier, eine einzige große Party. Was weißt du besseres für den ersten Sonntag im August?« Außerdem konnte man zwischen den Rennen für wenig Geld mit dem eigenen Auto auf die Strecke, konnte in die Haut der Helden schlüpfen. Siebenundfünfzig Menschen waren dabei bereits ums Leben gekommen. Zählt man die siebenundsiebzig tödlich verunglückten Rennfahrer hinzu, so wird Laudas Abneigung gegen den Nürburgring nur allzu verständlich.

Und trotzdem ... 1975 war Lauda der erste und der einzige, der eine Runde auf dem Nürburgring unter der magischen Grenze von sieben Minuten absolvierte. Er war auch der letzte.

In der Saison 1976 spitzte sich der Konflikt zu. Als amtierender Weltmeister bezeichnete Lauda den Nürburgring als einen falschen Mythos, der in der neuen Formel 1-Ära nicht mehr zeitgemäß sei. »Wenn auf einer modernen Rennstrecke etwas an meinem Auto bricht, ein Flügel oder die Aufhängung, habe ich eine 70:30-Chance zwischen Leben und Sterben. Am Nürburgring, wenn du einen Schaden am Auto hast, hast du 100 Prozent Chancen auf den Tod«, sagte er in einem Interview.

Doch Organisatoren wie Journalisten nannten Lauda einen Feigling, der nur noch des Geldes wegen im Rennwagen sitze. Sogar das Publikum schaltete sich mit Transparenten in die Diskussion ein: »Der Ring ist gut – Lauda nimm den Hut.«

Teil 1 – Helden

Am Tag vor dem Rennen auf der Nordschleife des Eifelkurses fuhr Lauda mit einigen Journalisten die Strecke ab. Er kritisierte alle Abschnitte vernichtend, alle fotogenen Stellen, wo die Boliden ihre berüchtigen Luftsprünge vollführten. Zwischen Exmühle und Bergwerk sagte er: »Jetzt fährst du hier im Vierten runter. Volles Rohr. Ich würd' sagen, 240 bis 250 Sachen. Schau, was da ist, wenn dir ein Reifen platzt! Oder ich fahr' da rauf ... da runter ... da rein. Du bist weg. Schau, was da ist ... nichts. Felsen. Böschung. Das ist eine Ecke, die geht gerade voll zum Beispiel. Schau, da ist nichts! Da köpfelst du ... weißt du, wie weit es da runtergeht?«

Am 1. August 1976 herrscht das typische trügerische Eifelwetter: Es regnet hier und da. Die meisten Fahrer lassen vorsichtshalber Regenreifen aufziehen. Lauda ist schlecht vom Start weggekommen. Nach der ersten Runde liegt er an zehnter Stelle und hat wie alle anderen Fahrer gemerkt, daß die Piste trockener ist als erwartet. Er fährt zum Reifenwechsel an die Boxen. Vom hinteren Feld aus versucht er, wieder Boden gut zu machen. Er fliegt durch Hatzenbach, am Flugplatz vorbei, Schwedenkreuz, durch Aremberg und den Adenauer Forst, die grüne Hölle, Bäume, Felsen, Erdwälle ...

Kurz hinter der Exmühle auf dem Weg zur Berkwerk-Kurve touchiert Lauda in einer schnellen Linkskurve die Randsteine, und urplötzlich bricht der Ferrari nach rechts aus, dreht sich und prallt rückwärts gegen einen Erdwall, rasiert zwanzig Pfähle eines Zaunes ab und wird brennend auf die Piste zurückgeschleudert. Guy Edwards kann dem Zustammenstoß um Haaresbreite entkommen, Brett Lunger jedoch fährt frontal auf den Ferrari. Harald Ertl versucht, rechts auszuweichen, touchiert jedoch das sich drehende Wrack, das noch einmal den Surtees von Lunger rammt.

Lauda hängt vornüber im Cockpit, ohne Helm, der Ferrari brennt lichterloh – Polyester, Gummi, Magnesium, Benzin – die Temperatur beträgt vermutlich acht- bis neunhundert Grad Celsius.

Edwards, Lunger und Ertl rennen auf das Flammenmeer zu, auch Arturo Merzario schließt sich an. »Laudas Schreie waren entsetzlich«, erzählte Merzario. Ertl sucht einen Streckenposten mit einem Feuerlöschgerät. Nirgends ist jemand zu sehen. Dann taucht aus dem Wald ein Streckenposten auf. Doch das Feuer ist überall. Merzario springt in die Flammen, und es gelingt ihm, Laudas Sicherheitsgurt zu lösen. Mit vereinten Kräften zerren die Fahrer Lauda aus dem Cockpit. Lunger steht bis über die Knöchel in der weichen brodelnden Plastikmasse, die Schuhe sind völlig verkohlt.

Lauda liegt im Gras, Gesicht und Hände schwer verbrannt, überall Blut. John Watson hält Laudas Kopf fest. Lauda ist bei Bewußtsein und fragt, wie er aussehe.

»Nicht so schlimm«, lügt Watson.

»Gesicht?«

»Ist okay, Niki ...«

Nach fünf Minuten trifft ein Krankenwagen ein, Bahre, Notverband. Hans-Joachim Stuck muß dem Fahrer den kürzesten Weg zum Krankenhaus zeigen ...

Das gesamte Feld, das sich auf der Höhe der Exmühle staut, fährt zum Start zurück. Die Rennleitung teilt mit, es gehe Lauda gut: »Er flirtet bereits mit den Krankenschwestern.« Das Rennen wird neu gestartet und von James Hunt gewonnen.

Tagelang schwebte Lauda zwischen Leben und Tod. Jochbein und Kiefer waren gebrochen, die Gesichtshaut verbrannt, doch vor allem seine Lungen waren durch die giftigen Kohlenmonoxiddämpfe geschädigt. Er bekam die letzte Ölung; »ich sterbe«, dachte Lauda, und ein Arzt flüsterte seinen Eltern zu, sie müßten damit rechnen, daß er es nicht überleben werde.

Die Welt wartete. Täglich gab es Presseerklärungen, Helikopter kreisten über dem Krankenhaus, Fotografen versuchten, das Personal zu bestechen, um an ein Foto zu kommen. Unter der Flut von Sendungen befand sich auch ein Spielzeugauto: »Weil Dein Ferrari kaputt ist, Niki, kannst Du meinen haben.«

Und Lauda überlebte. Nicht einschlafen, schärfte er sich immer wieder ein, sich nicht in das wohltuende schwarze Loch fallen lassen. Denn er wollte zurück, und zwar so schnell wie möglich, die Weltmeisterschaft war für ihn noch nicht verloren. Und Lauda kam zurück. Von den Verbrennungen gezeichnet, mit nackter Kopfhaut, ohne Haare, das rechte Auge halb zu und das rechte Ohr nur noch ein Stummel meldete Lauda sich wieder bei Ferrari. »Sie alle, inklusive Enzo himself, wußten nichts mit mir anzufangen. Welche Art von Lauda war ich jetzt? Feig geworden? Tollkühn? Übergeschnappt? Komplexbeladen, daher unberechenbar? Wie sollte man mich anschauen?«

Sechs Wochen nach dem Unfall, den Kopf mit Gaze abgedeckt und durch die Erschütterungen des Wagens und das Schwitzen unter

Teil 1 – Helden

dem Helm von Schmerzen gepeinigt, steuerte Lauda seinen Ferrari in Monza auf den vierten Platz. Weinend kletterten seine Mechaniker auf den Wagen. Das größte Comeback seit Lazarus, schrieben die Zeitungen. Doch Lauda konnte Angstgefühle nicht unterdrücken, und so holte Hunt auf. Vor dem Unfall hatte Lauda einen Vorsprung von 35 Punkten, vor dem letzten Rennen in Japan blieben ihm nur noch drei.

In Japan goß es wie aus Kübeln. Hier und da stand das Wasser zehn Zentimeter hoch. Die meisten Fahrer wollten nicht starten, doch die Organisatoren zwangen sie dazu. Nach drei Runden in Regen und Nebel fuhr Lauda an die Boxen und gab auf. »Bei normalen Umständen hätte ich es gerade noch geschafft, aber der Regen hat mich total ruiniert. Das Gefühl war kaum zu ertragen: Panische Angst inmitten dieser Gischt, wir schwammen mit Tempo 150 durch die Gegend, ich konnte kaum was sehen, hockte nur drin und verkrampfte die Schultern, weil ich das Gefühl hatte, jetzt fährt mir jede Sekunde einer rein. Alle haben sich gedreht und sind gekreiselt, es war irr.«

Hunt wurde Dritter und eroberte den WM-Titel mit einem Punkt Vorsprung, doch alle Welt lobte Lauda für seine Weisheit. »Der Mut zum Angsthaben« titelte eine italienische Zeitung. Nur bei Ferrari war man anderer Meinung. »Aus dem Ferrari-Umkreis ließ sich nicht direkt heraushören, daß ich ein Feigling war, aber ein taktischer Versager: Wenn ich doch bloß im Bett geblieben wäre und den Titel kampflos verloren hätte, dann hätte die Sache viel mehr Stil gehabt.«

Innerlich hatte Lauda mit Ferrari bereits abgeschlossen, er wußte jedoch, daß er 1977 nur bei Ferrari Aussicht auf den Titel hatte. Er gewann ihn auch überlegen; noch vor den letzten beiden Rennen stand er als Weltmeister fest. Der alte Enzo Ferrari unterbreitete Lauda ein finanzielles Angebot, wie er es in seinem ganzen Leben noch nie einem Fahrer gemacht hatte, aber Lauda lehnte ab. Wütend brüllte Ferrari seinem »liebsten Sohn« nach, er sei schlimmer als Judas und verkaufe sich für dreißig Stangen Salami an die Konkurrenz. Eine ganze Reihe ehemaliger Ferrari-Piloten lachte schadenfroh. Denn es gab bei Ferrari eigentlich nur zwei Ausgänge: entweder durch die Leichenkammer oder durch die Hintertür. Lauda war der erste, der dem Commendatore überlegen war.

In dem Jahr, als Lauda sich seinen zweiten WM-Titel sicherte, ereignete sich einer der schrecklichsten Unfälle der Formel 1-Geschichte.

In Kyalami fuhr Tom Pryce mit über 300 km/h auf der Start- und Zielgeraden einen Streckenposten an, der die Piste überqueren wollte, um einen eher harmlosen Brand im Wagen von Pryces Teamkollegen Renzo Zorzi zu löschen. Der Shadow schleuderte den Feuerwehrmann durch die Luft. Der Feuerlöscher traf Pryce voll ins Gesicht. Der Wagen mit dem buchstäblich enthaupteten Pryce raste geradeaus auf die Crowthorne-Kurve zu, wich von seiner Linie ab und knallte schließlich in den Ligier des ahnungslosen Jacques Laffit. Beide Wagen kreiselten in die Fangzäune. Wütend sprang Laffit aus seinem Wagen, um Pryce die Leviten zu lesen – bis er in das Cockpit des Shadow blickte …

Wieder mußte die eigenartige, unwirkliche Trauer beschrieben, in kunstvollen Sätzen mit schnörkeligen Buchstaben versehen und mit Statistiken zugeschüttet werden. Zwei Jahre zuvor hatte ich Pryce noch in Zandvoort bewundert, in dem schönsten Formel 1-Wagen, den es je gegeben hatte, dem Shadow DN5.

Es wurde immer schwieriger für mich. Ich konnte niemandem erklären, warum mich diese Extreme so faszinierten, auch mir selbst nicht. Und ich merkte, daß ich meine Besessenheit zu verheimlichen begann. Meine Jahrbücher ließ ich niemanden lesen, sie waren nur für mich, wie ich überhaupt die ganze Formel 1 am liebsten für mich behielt. Dennoch hatte meine Liebe weder mit Autismus noch mit Eskapismus zu tun. Ich hatte normale Schulnoten, ich hatte Freunde, Freundinnen, doch das Beste hob ich mir für die Formel 1 auf. Es waren die ersten Anzeichen von Scham, Scham, weil ich von einer Leidenschaft für etwas besessen war, was im Grunde gar keinen Sinn, keinen Zweck hatte, und auch mit Kunst hatte es nichts zu tun. Ich fühlte, daß sich etwas zu verändern begann. Noch so ein schwerer katastrophaler Unfall und ich könnte die Formel 1 ganz vergessen. Es waren Nachhutgefechte eines Kindes.

Monza, 10. September 1978

Wie gewöhnlich hatte ich den Grand Prix von Italien 1978 mit einer Vorbesprechung angefangen. Es würde ein Rennen wie so viele in dieser Saison werden. Der Lotus 79 war unbesiegbar, und Andretti könnte sich bereits in Monza seinen ersten WM-Titel holen. Auch Andrettis Teamkollege Peterson war theoretisch noch in Reichweite der Weltmeisterschaft, aber vertraglich und nach der Stallorder hatte er sich auf die Nummer-2-Position festgelegt und sich auch musterhaft daran gehalten. Schon mehrmals waren sie wie ein Tandem durchs Ziel gefahren: Andretti vor Peterson, wie zwei Wochen zuvor in Zandvoort. Doch der schnelle Kurs von Monza mit seinen anspruchsvollen Kurven war Peterson wie auf den Leib geschneidert. Bereits drei Mal hatte er dieses Rennen gewinnen können, außerdem hatte Andretti den Titel schon so gut wie sicher in der Tasche. Würde Peterson der Versuchung widerstehen können?

Am Sonntagmorgen beim Warm-Up lassen Peterson die Bremsen im Stich. Der Lotus 78 fliegt mit hoher Geschwindigkeit von der Strecke. Wie durch ein Wunder kommt Peterson fast unverletzt davon, der Wagen ist schrottreif. Mit schmerzenden Beinen steuert Peterson ein paar Stunden später den alten Lotus 78 zur Startaufstellung.

Jetzt folgt eine Reihe verhängnisvoller Ereignisse.

Am Ende der Einführungsrunde rollt das lang gestreckte Feld in Richtung der Startplätze. Andretti auf der Pole-Position steht bereits unter der roten Ampel, während die letzten Wagen noch im Anrollen sind. Der prominente Gelegenheitsstarter, Gianni Restelli, achtet zu sehr auf den Ferrari von Gilles Villeneuve. In dem Augenblick, da dieser seinen Platz neben Andretti einnimmt, schaltet der nervöse Restelli die Ampel auf Grün.

Viel zu früh. Die vordersten Reihen kommen nur mühsam weg, während die hintersten Fahrer einen fliegenden Start machen. Der ganze Haufen schiebt sich wie eine Harmonika ineinander. Mit Vollgas rasen sechsundzwanzig Formel 1-Wagen die lange Gerade auf die erste Schikane zu. Die Piste gabelt sich hier auf halber Strecke. Rechts geht es auf die alte Fahrbahn, links oder eigentlich geradeaus folgt man dem modernen Circuit. Das Resultat ist ein Engpaß, der sich erst jetzt in vollem Umfang bemerkbar macht. Auch Ricardo Patrese sieht das Nadelöhr. Er hat von Restellis Ungeschicklichkeit profitiert und auf der rechten Außenseite einige Plätze gutgemacht. Mit über 200 km/h will er sich wieder nach innen einreihen. Hunt muß ausweichen, um einen Zusammenstoß zu vermeiden und touchiert dabei Petersons Lotus, der in die Leitplanke knallt, auf die Fahrbahn zurückgeschleudert wird und sofort Feuer fängt. Die nachfolgenden Wagen versuchen auszuweichen, überall ist Feuer und Rauch. Regazzoni, Lunger, Depailler und Brambilla müssen mitten durch das Feuermeer. Wer genau mit wem kollidiert, ist nicht auszumachen. Daly und Reutemann kommen gerade noch an Hunts McLaren vorbei. Brambilla wird von einem abgerissenen Rad getroffen, und Pironi rollt in seinem völlig zerstörten Tyrrell von der Unglücksstelle fort.

Wie versteinert sitze ich mit meinen Zetteln vor dem Fernseher. Die folgenden Szenen, aus einem Helikopter aufgenommen, sind mir Bild für Bild unauslöschlich im Gedächtnis geblieben. Mitten zwischen den Autotrümmern steht der brennende Lotus von Peterson, der regungslos im Cockpit sitzt. Zwei Feuerwehrmänner versuchen vergeblich die Flammen zu löschen. Der Rauch wirbelt dicht an der Kamera vorbei. Ich spüre den schmutzigen Ruß in den Augen. Plötzlich springt Hunt halb auf den brennenden Wagen und zieht Peterson mit Merzarios und Regazzonis Hilfe aus dem Wrack. Sie schleppen den Körper in dem hellgelben Overall einige Meter über den Asphalt, sofort stehen und knien vier, fünf Leute um ihn herum. Ich sehe, wie Peterson sich bewegt, den rechten Arm, den Kopf ...

Noch immer herrscht Chaos. Auf der rechten Fahrbahn hängt Brambilla in seinem Surtees wie tot in den Gurten. Petersons Lotus ist vollkommen ausgebrannt. Fahrer laufen ratlos zwischen den Wracks umher. Peterson wird auf einer Krankenbahre davongetragen. Benommen starrt er auf seine Hände und Beine, die an mehreren Stellen gebrochen sind.

Stunden später wird das Rennen neu gestartet, wegen der schlechten Lichtverhältnisse um einige Runden kürzer. Andretti geht vor Villeneuve durchs Ziel, beide bekommen jedoch wegen eines Frühstarts eine Strafminute, so daß schließlich Lauda der Sieg zuerkannt wird. Andretti ist Weltmeister, doch das Lotus-Team ist mehr mit dem Protest gegen die Strafminute beschäftigt und schließlich auch mit Petersons Gesundheitszustand.

Peterson schien anfänglich nicht in Lebensgefahr zu schweben. Professor Sid Watkins, der im Auftrag von Bernie Ecclestone die Sicherheit im Grand-Prix-Zirkus untersuchte, berichtet, Peterson habe im medizinischen Zentrum von Monza deutlich und vernünftig gesprochen. Im Krankenhaus entschloß man sich abends zu einer Operation, um das rechte Bein zu retten. Röntgenaufnahmen hatten siebenundzwanzig Knochenbrüche festgestellt. In der Nacht verschlechterte sich Petersons Zustand und am frühen Morgen starb er an Embolien in Lunge, Nieren und Gehirn.

Wieder entbrannte eine leidenschaftliche Diskussion über Sinn und

Zweck des Motorsports. Von vielen Seiten ertönte der Ruf nach einem Verbot. Dem Kurs von Monza müsse die Lizenz entzogen werden. Die Fahrer selbst forderten professionelle Starter. Manche von ihnen, allen voran Hunt, zeigten mit dem Finger auf Patrese. Niki Lauda meinte, man hätte Peterson nie operieren dürfen, hätte zuerst seinen Zustand stabilisieren müssen, die Ärzte hätten versagt, Peterson Tod sei völlig unnötig gewesen. Bernie Ecclestone beauftragte Professor Watkins, vor jedem Grand Prix ein professionelles medizinisches Team zusammenzustellen.

Weit weg von aller Aufregung trauerte ich in meinem Ringheft über den Verlust eines Helden. Mir wurde klar, daß Peterson von Anfang an dabei gewesen war, alle anderen waren verunglückt, gehörten nicht mehr zur absoluten Spitze oder hatten aufgehört.

»Superschwede«, so begann ich feierlich meinen Bericht, »ist tot.« Doch noch während ich das schrieb und mit einer Gesamtbilanz von Petersons Rennkarriere fortfuhr – »das Supergenie, das seinen Wagen buchstäblich durch die Kurven warf«, »schneller als Stewart, als Fittipaldi«, »der König der Pole-Position, doch nie wurde er Weltmeister«, er, der immer aufs falsche Pferd gesetzt hat« –, während ich all dies aufschrieb, wußte ich, daß es vorbei war. Daß ich keine Reportagen mehr schreiben würde. Petersons Tod bedeutete das Ende meiner unbefangenen, kindlichen Leidenschaft für die Formel 1.

Zum Schluß klebte ich ein Foto ein. Es zeigte den aufgebahrten Fahrer, eine schwach brennende Kerze neben dem unversehrten Gesicht. Eine wahnsinnige Spielerei war es gewesen, eine Traumwelt, reine Fiktion. Der Tod war Wirklichkeit, man notiert ihn nicht einfach unverbindlich in ein Album. Ich wandte mich nicht vom Rennsport ab, nicht der Rennsport selbst war verwerflich. Ich plädierte nicht für die Abschaffung der Formel 1, ich erging mich nicht in Tiraden gegen verantwortungslose Idioten, die sechsundzwanzig Mann hoch mit Vollgas auf eine viel zu enge Kurve zurasten. Ich glaubte einfach nicht mehr an meine Art der Beschäftigung mit der Formel 1. Ich schraubte den Füller zu und räumte das Ringbuch und alle anderen Devotionalien in die hinterste Ecke meines Zimmers. Das Leben sollte jetzt gefälligst mal mit einer echten Begeisterung aufwarten.

Das Turbo-Zeitalter

»Das ist doch die reinste Umweltverschmutzung und Energieverschwendung! Allein schon die Reifen und das Benzin ...« Mit einem triumphierenden Lächeln lehnte sich Christa an das hohe Fenster der Kantine. Sie merkte, daß ich nach Worten suchte, ich murmelte etwas von der Autoindustrie, von technischem Fortschritt und Sicherheit, doch ich wußte, daß ich verloren hatte.

Gestern auf dem Schulhof war Dick auf mich zugekommen. Dick, der bedächtige Guru der Alternativen. Er war eine Klasse über mir. Er musterte die Buttons auf meiner Texaco-Marlboro-Jacke, die ich letzte Woche zum Geburtstag geschenkt bekommen hatte. »Weißt du eigentlich«, er klopfte an die Buttons, »daß das sehr fragwürdige Multis sind?«

Und immer öfter lief Walter hinter mir her. »Glaubst du, daß Patrese bei Ferrari noch einen Vertrag bekommt?« Walter brüllte immer so, außerdem trug er einen Siegelring, eine Lederjacke mit Pelzkragen und hatte Freunde, die über nichts anderes als über Mopeds redeten. Frisierte Kreidlers und Zündapps mit aufgebohrten Zylindern, Vergasern und Scheibenbremsen, die von einer hohe Brücke herunter sechzig fuhren. Ich wehrte ihn ab, indem ich den Experten spielte. In gelassenem Ton analysierte ich das Problem Patrese, zählte andere Optionen auf und schloß mit einer Prise Autosport-Philosophie. Ich ging ihm lieber aus dem Weg. Was kapierte er überhaupt davon?

Niemand begriff es. Ich mochte doch auch die Musik von Yes, ich interessierte mich für den Buddhismus und schrieb heimlich Gedichte – was also hatte ich in dieser Welt der Protzer, des Geldes und der feuerspeienden Motoren zu suchen? Einer Welt des schnöden Kommerzes, in der Frauen allein als Lustobjekte dienten?

»Und dann all die Unfälle ...« Christa spürte, daß sie bis zum Äußersten gehen konnte, »was hat man denn davon, so einen Kerl in seinem Auto verbrennen zu sehen?«

Eigentlich konnte Christa mir gestohlen bleiben, aber sie war fatalerweise Marians beste Freundin. Marian würde mir all diese Fragen nie stellen, jedenfalls nicht so. Marian liebte mich. Wenn sie auch nicht in mich verliebt war, nein, das hatte sie mir noch kürzlich versichert, verliebt war sie nicht.

»Es ist eine Krankheit. Eine Sucht, es läßt sich nicht erklären. Wenn man einmal drin steckt, kommt man nicht mehr davon los.«

Christa lachte verächtlich. Doch ich wußte, daß ich die einzig richtige Antwort gegeben hatte, wenn sie mich auch selbst immer weniger überzeugte.

Schismen

Natürlich lag es an mir, daß die Formel 1 und ich uns zu Anfang der achtziger Jahre auseinanderlebten. Aber es lag auch an der Formel 1.

Der Sport war in eine Krise geraten. Unruhe und Uneinigkeit feierten fröhliche Urständ. Es war ein politisches Spiel. Die Formel 1 änderte sich, doch diese Veränderung hatte zunächst allerei verworrene Schismen zur Folge, die den Glanz des Sports trübten. So war es kein Wunder, daß ich die Formel 1 fast aus den Augen verlor.

Im Nachhinein sind all diese Veränderungen verständlich. Denn was war die Formel 1 bis weit in die Siebziger gewesen? Nicht mehr als ein Haufen Fanatiker, die übereingekommen waren, alle zwei Wochen ein Rennen zu veranstalten. Transport, Einrichtungen für die Presse, die Sicherheitsvorkehrungen sowohl für die Mechaniker wie für die Zuschauer waren völlig unzureichend. So konnte es nicht weitergehen.

Es lag am Zeitgeist. Die Formel 1 war eine Goldgrube. Die Massenmedien, allen voran das Fernsehen, stellten eine ideale Plattform für Sponsoren dar, und das bedeutete Geld, viel Geld, das die Formel 1 endlich einmal auch in die eigene Tasche stecken wollte.

Das Sponsoring im Rennsport hatte 1968 begonnen. Der geniale Lotus-Chef Colin Chapman schloß einen lukrativen Vertrag mit dem Tabak-Konzern Gold Leaf ab. Der Rennstall hieß von nun an Gold Leaf-Team Lotus, Name und Markenzeichen prangten auf den Wagen, die nun dank der Sponsorengelder weiterentwickelt werden konnten und einen Sieg nach dem anderen einheimsten. In kurzer Zeit nahm das Sponsoring einen stürmischen Aufschwung. Fünf Jahre später nutzte Marlboro die Formel 1 als wichtigstes Marketinginstrument, unter dem

Motto: Es gibt noch Abenteuer. Und die Kampagne trug Früchte. Nachdem der Käsehersteller Parmalat Ende der siebziger Jahre den Effekt von Grand-Prix-Sponsoring hatte untersuchen lassen, verwandelte er den persönlichen Vertrag mit Lauda – um die hundertfünfzigtausend DM – in einen langfristigen Vertrag mit Laudas Teamchef Ecclestone für den Betrag von 3,5 Millionen Mark pro Jahr.

Bernie Ecclestone. Er hatte als erster erkannt, welches Potential in der Formel 1 steckte. In längst vergangenen Zeiten hatte er noch – vergeblich – versucht, sich für den Großen Preis von Monaco zu qualifizieren. Dann widmete er sich den Geschäften. Doch der Rennsport ließ ihn nicht los. 1970 wurde er Jochen Rindts Manager. Ein Jahr später kaufte er den Rennstall von Brabham und sah sehr bald, welch bestürzender Dilettantismus dem Aufschwung der Formel 1 im Wege stand.

1973 gründete Ecclestone daher die FOCA, die *Formula One Constructors Association*, die die Interessen der eigentlichen Träger der Formel 1 vertrat, der Rennställe. Die Organisation kümmerte sich um allerlei Dinge, namentlich auf dem Gebiet der Sicherheit und der Medien. Sie begann sich auch in die Vertragsabschlüsse mit den Ausrichtern der Rennen einzumischen und in die Verteilung des Preisgeldes.

Der zunehmende Einfluß der FOCA stieß auf Widerstand seitens der FISA, der Sportabteilung der FIA, der *Fédération Internationale d'Automobile*, der höchsten Instanz in der Welt des Automobilsports. Ende der Siebziger kam es zu einer Konfrontation. Es war ein Kampf um Macht und um Geld, der auf der Piste ausgetragen wurde. Das Ränkespiel um Technik und Reglements schadete dem Sport sehr.

Der Konflikt spitzte sich auf zwei technische Neuerungen zu, die beide 1977 in die Formel 1 Einzug hielten.

1977 führte Renault den Turbo-Motor ein. Im Paragraphendickicht der FIA gab es schon seit längerem einen Passus über Turbo-Motoren, an die sich jedoch noch niemand gewagt hatte. Renaults Neuerung wurde denn auch mitleidig belächelt. Turbo-Motoren waren zwar viel stärker, aber auch viel teurer, störanfälliger, unberechenbarer als die Ford-Saugmotoren. Ein zusätzliches Problem stellte das sogenannte Turbo-Loch dar. Der Motor brachte seine volle Leistung erst, nachdem der Turbo-Druck seine Höchstmarke erreicht hatte, der gewaltige Antrieb setzte also erst eine Sekunde nach dem Gaspedaldruck ein, eine komplizierte und riskante Sache, wenn es um Dreizehntelsekunden ging.

Bei seinem Einstand in England gab der Renault-Turbo sofort seinen Geist auf. Die Kritiker fühlten sich bestätigt. Doch schon in der folgenden Rennsaison blieb das Monstrum immer öfter ganz und ließ regelmäßig seine Muskeln spielen. Und 1979 konnte der erste Grand-Prix-Sieg, ausgerechnet in Frankreich, gefeiert werden.

Allmählich dämmerte es den Teams: Die Zukunft gehörte dem Turbo. Für Rennställe, die ihre Motoren selbst bauten, wie Ferrari und Alfa Romeo, stellte das kein großes Problem dar, sie testeten bereits heimlich die neue Technologie. Doch für die anderen war es eine Tragödie.

Die meisten Formel 1-Teams hatten jahrelang auf den Cosworth-Motor von Ford gesetzt. Und zu Recht. Mit 155 Siegen und zwölf Weltmeisterschaften war er der erfolgreichste Motor der Formel 1-Geschichte. Der Turbo-Motor machte dieser Vormachtstellung ein Ende. Und da Ford selbst anfänglich keine Turbo-Pläne hatte, mußten alle Teams sich nach anderen Motorenlieferanten umsehen. BMW, Porsche, Honda, sie alle waren durchaus dazu bereit, doch die Entwicklung eines Turbo-Motors erforderte viel Geld und Zeit.

In der Zwischenzeit mußten sich die Kunden von Ford auf eine andere Innovation aus dem Jahr 1977 verlassen, den Flügelwagen.

Der Flügelwagen war wiederum eine Idee von Chapman. Der Wagen hatte einen Unterboden in der Form eines umgekehrten Flugzeugflügels, wodurch er durch den Luftstrom darunter stärker auf den Boden gepreßt wurde. Dieser *Ground effect* wurde noch dadurch verstärkt, daß man die Fahrzeugunterseite seitlich mit so genannten Schürzen abdichtete, beweglichen PVC-Leisten.

Förmlich an die Straße gesaugt, waren die Flügelwagen äußerst schnell in den Kurven, sie waren ein durchschlagender Erfolg. 1977 gewann Andretti fünf Rennen, im darauffolgenden Jahr deklassierte Lotus alle seine Konkurrenten. 1979 experimentierte jedes Team mit Flügelwagen.

Die FISA jedoch hielt den *Ground effect* für zu gefährlich und versuchte, die Flügelwagen zu verbieten. Allerdings blieb es bei einem Versuch, denn die meisten Konstrukteure, die sich in der FOCA zusammengeschlossen hatten, lehnten sich dagegen auf. Mit einem Mal standen sich FISA und FOCA gegenüber, mit einem Mal gab es FISA-

Teams und FOCA-Teams. Die Maßnahme der FISA, so sahen es die FOCA-Teams unter Ecclestone, die mit Ford-Motoren fuhren, bezweckte, die aufkommenden Turbos zu begünstigen. Ein nicht unbegründeter Verdacht, denn der Präsident der FISA (und der FIA), der recht diktatorisch auftretende Jean-Marie Balestre, war gleichzeitig auch Vorsitzender des französischen Autosportverbandes, und Renault war ein französisches Staatsunternehmen ...

Wütend beschloß die FOCA daher, die Bestimmungen zu umgehen. Da die FISA, um den *Ground effect* zu reduzieren, eine Mindesthöhe der Boliden vorgeschrieben hatte, erfanden die Formel 1-Designer den hydraulisch absenkbaren Rennwagen. Auf der vorgeschriebenen Höhe bei der Kontrolle, auf der Strecke jedoch wieder so tief, daß der *Ground effect* seine volle Wirkung entfalten konnte. Reine Bauernfängerei.

1982 begannen die FOCA-Teams, mit dem Gewicht zu mogeln. Die Wagen wurden einfach fünfzig Kilo unter dem vorgeschriebenen Gewicht gebaut und mit einem Wassertank versehen, der angeblich die Bremsen kühlen sollte. Er wurde vor dem Rennen entleert. Reiner Betrug.

Die FISA ergriff Maßnahmen, verbot die Tanks und disqualifizierte Nelson Piquet und Keke Rosberg, die beim Großen Preis von Brasilien die ersten beiden Plätze belegt hatten. Das wiederum war unklug, denn zweiundzwanzig Wagen waren mit den Wassertanks auf die Strecke gegangen, also hätten alle zweiundzwanzig disqualifiziert werden müssen. Sofort ins Auge sprang die Tatsache, daß ein Fahrer von dieser Strafmaßnahme profitierte, der Dritte des Rennverlaufs, Alain Prost in einem ... Renault.

Die FOCA-Teams beschlossen daraufhin, den Grand Prix von San Marino zu boykottieren. Das Schisma war da. Nur vierzehn Wagen gingen in Imola an den Start. Da Ecclestone und Balestre jedoch einsahen, daß dies im Interesse keiner der beiden Parteien war, begruben sie das Kriegsbeil. Doch die Trickserei ging weiter. So lange sich die Leistung der Turbo-Motoren unbeschränkt steigern ließ, so lange schummelten die FOCA-Teams mit dem Gewicht. Manche verwendeten besonders schwere Flügel bei der Fahrzeugabnahme, andere eine bleischwere Motorhaube; man legte Blei unter den Fahrersitz oder griff einfach wieder auf die Wassertanks zurück. Es herrschte ein heilloses Durcheinander. Einem auf dem Weg zur Kontrolle stolpernden Mechaniker purzelten mehrere Kilo Blei aus den Händen.

Jackie Stewart schüttelte den Kopf. »Die beste Show der Welt ist drauf und dran, sich selbst den Garaus zu machen. Die Formel 1 hat kein öffentliches, kein finanzielles, kein politisches Image mehr, alles geht vor die Hunde. Es gibt keine Kommunikation, keine Zusammenarbeit mehr. Sie möchten einander am liebsten die Gurgel durchschneiden.«

(Un)Sicherheit

In einem Punkt waren sich FOCA und FISA jedoch einig: mehr Sicherheit an den Strecken. Fahrer wie Stewart und Lauda hatten bereits seit Jahren für eine Verbesserung der Sicherheitsstandards plädiert, Maßnahmen wurden meist jedoch erst getroffen, wenn es zu spät war.

Ecclestone begriff, daß die Formel 1 für Sponsoren erst dann wirklich interessant würde, wenn sie nicht mehr der Schauplatz von Gemetzel, brennenden Wracks und gräßlichen Katastrophen war. Nach Petersons tödlichem Unfall beauftragte Ecclestone Professor Sid Watkins damit, die medizinische Versorgung an den Rennstrecken zu verbessern.

Das war eine Menge Arbeit. Als Watkins auf seiner Inspektionsreise in Brands Hatch nach einer langen Irrfahrt endlich das Streckenhospital erreichte, machten sich zwei Krankenpfleger gerade über einige Flaschen Bier her. Das Beatmungsgerät war nirgends zu finden. In Schweden war das medizinische Zentrum in einem Wohnwagen, in Hockenheim in einem Bus untergebracht. Und in Amerika mußte Jacky Ickx, der nach einem schweren Unfall in die Klinik gebracht werden sollte, dem Chauffeur des Rettungswagens sogar einige Dollar vorschießen, damit er tanken konnte.

Doch allmählich entstanden überall feste, gut ausgerüstete und leicht erreichbare medizinische Zentren. Sachkundige Ärzte wurden angestellt, das heißt: Anästhesisten und Neurologen statt Magen- und Darmspezialisten, die auch Rennfans waren. Alle wurden darin ausgebildet, verwundete Fahrer so schnell wie möglich aus dem Wagen zu befreien, und die Wagen mit den medizinischen Teams erhielten die Erlaubnis, auf der Strecke zu fahren. Legten sich Organisatoren quer, dann stellte Ecclestone sich so lange an das Ende der Boxengasse, bis den Forderungen nachgegeben wurde.

Die Besorgnis um die Sicherheit war bittere Notwendigkeit. Die

Das Turbo-Zeitalter

Turbo-Triebwerke wurden von Jahr zu Jahr stärker. Leisteten die ersten Renaults noch 700 PS, wurde 1986 bereits die Grenze von 1000 PS überschritten, BMW brachte bei Trainingsfahrten sogar 1300 PS auf die Piste. Schon 1982 schrieb der Grand-Prix-Chronist Heinz Prüller: »Turbo-Autos folgen nicht mehr Rennwagengesetzen, sondern fast schon den Formeln der Ballistik.« In jenem Jahr erreichte Patrick Tambay in Zeltweg die magische Grenze von 350 Stundenkilometern: »Ein schreckliches, schauriges, sensationelles Abenteuer. Du fühlst nur die unglaubliche Kraft. Du glaubst auf einer Bombe zu sitzen, die das Chassis mit sich reißt.« 1980 geriet Patrick Depailler bei Testfahrten auf dem Hockenheimring in der schnellen Ostkurve von der Strecke. Er war sofort tot, der Wagen so zusammen gestaucht, daß man die Ursache des Unglücks nie hat feststellen können.

Die Fahrer saßen zudem ganz vorne auf der Bombe, die Füße noch vor der Vorderachse, da Motor, Turbolader und Kühler sehr viel Platz beanspruchten. »Unsere Füße sind die Stoßdämpfer«, klagte Lauda. Nicht selten endete eine Karriere mit zertrümmerten Füßen und Knöcheln: Jabouille, Surer, Pironi ...

Doch noch mehr Sorge bereiteten die Flügelwagen. Die Kurvengeschwindigkeit war ungeheuerlich. Die an den Asphalt festgesaugten Boliden ließen sich eigentlich nicht mehr steuern, man mußte sie durch die Kurven werfen und auf die Zielgenauigkeit vertrauen. Sogar Gilles Villeneuve, der sich wie kein anderer auf solche Kunststücke verstand, klagte: »Früher hatte ich in jeder Kurve meinen Spaß, so fünfzehn Mal pro Runde, jetzt vielleicht ein einziges Mal in fünfzehn Runden. Niemand außerhalb der Formel 1 kann sich vorstellen, wie lausig man in diesen Autos fährt. Es gibt Augenblicke, da man etwa über einen Erhebung springt und gleichzeitig eine Kurve ansteuert, es wird einem schwarz vor Augen. Man sieht alles wie hinter einem Schleier. Die Fliehkräfte sind unerträglich, man wird zur Seite gezogen, das Steuer fühlt sich so schwer wie ein Lastwagen an. Der Rücken, die Beine, der Kopf schlagen gegen die Seite, nach einer Weile tut einem alles weh ...«

Die größte Gefahr der Flügelwagen bestand jedoch darin, daß plötzlich der Unterdruck abriß, wenn die Schürzen beschädigt wurden. Das Auto war dann mit einem Schlag nicht mehr zu steuern und flog augenblicklich von der Piste. Wenn man früher über die Randsteine holperte, meinte Niki Lauda, dann sei das kein Problem gewesen. Heutzutage könnte es einem das Genick brechen.

Einen der spektakulärsten Luftsprünge erlebte René Arnoux, als sein Renault 1982 in Zandvoort vor der Tarzankurve abhob und auf einem Reifenstapel landete. Wie durch ein Wunder blieb Arnoux unverletzt. Die Zuschauer auf der nahe gelegenen Tribüne standen noch Stunden später unter Schock.

Ende 1982 konnten die Formel 1-Piloten aufatmen, der Flügelwagen wurde verboten. Jackie Stewart: »Endlich ist das Auto nicht mehr ›the master of going faster‹, jetzt kommt es wieder auf das fahrerische Können an. Der flache Unterboden gibt dem Fahrer das Gefühl und die Kontrolle zurück. Außerdem: Wer jetzt einen Fehler macht, wird nicht mehr mit einem schlimmen Unfall bestraft, er wird einfach überholt.«

Der Grund für das Verbot war wohl viel banaler: 1983 verfügten die meisten FOCA-Teams endlich über Turbo-Motoren. Aber viel trauriger war, daß das Verbot viel zu spät kam.

Ein von Konflikten und Betrügereien dominierter Sport, Rennwagen wie unkontrollierbare, lebensgefährliche Raketen, die eher die Fertigkeiten eines Stuntmans als eines Steuermanns erforderten – da war es nicht verwunderlich, daß die Formel 1 wenig Helden hervorbrachte, die die Phantasie beflügelten.

Natürlich hatte es in erster Linie damit zu tun, daß Lauda 1979 unerwartet seinen Abschied bekanntgab. Nachdem er Brabham-Chef Bernie Ecclestone einen Millionenvertrag abgeluchst hatte, spürte er bei den ersten Testfahrten, daß er fehl am Platz war: »Ich hatte in einem Rennauto nichts mehr verloren. Keine Liebe, kein Feeling, alles war abgestorben ... Ich will nicht mehr blöd im Kreis herumfahren.«

Ecclestone fand die Entscheidung richtig. Doch auch er wird sich gefragt haben, wer in Gottes Namen noch übrig blieb. Mit Lauda endete die Ära von Jackie Stewarts Nachfolgern. Peterson war tot, Hunt und Andretti hatten aufgehört, und auch Fittipaldi, der mit seinem eigenen Team seit Jahren dem Feld hinterhergefahren war, trat 1980 plötzlich von der Bühne ab, »als ich beim Start um mich schaute und dachte, wen gibt es eigentlich noch, der schon 1970 mit mir im Pulverdampf gestanden hat?« Im gleichen Jahr verunglückte Depailler tödlich, Regazzoni saß nach einem schweren Unfall querschnittgelähmt im Rollstuhl. Mit einem Mal waren der Formel 1 die echten Stars ausgegangen.

Die Erben, die die Nachfolge hätten antreten können, waren entweder zu nett, zu charmant und zu bequem, oder sie waren zu ungehobelt, zu wild, zu ungeduldig.

Zur ersten Kategorie gehörten auf jeden Fall Jacques Laffite und John Watson. Jackie Stewart meinte, Watson sei viel zu brav, um zu gewinnen. Watson selbst: »Ich bin nun einmal ein altmodischer Fahrer. Ich fahre zu meinem eigenen Vergnügen, nicht fürs Geld, und ich hasse Politik.« Doch seine Sponsoren jammerten: »John hat kein Charisma, er läßt sich nicht vermarkten.«

Das gleiche galt für Laffite, der das Ligier-Team als seine Familie betrachtete und sein Leben als einzigen Urlaub: »Rennen fahren, Golfen, Fischen und Ski laufen.« Laffite war wohl 1979 nicht ganz bei der Sache, so daß Jody Scheckter den Titel holen konnte, zum letzten Mal in jenem Jahrhundert für die Scuderia Ferrari. Scheckter war schon lange nicht mehr der Draufgänger, der er bei seinem Einstand Anfang der Siebziger gewesen war. Er galt als fleißiger Punktesammler und verdankte seinen WM-Titel auch dem Pech und der Loyalität von Gilles Villeneuve. Im Jahr darauf konnte der Weltmeister nicht imponieren, er erzielte nur zwei Punkte, und als er beim kanadischen Grand Prix sogar an der Qualifikation scheiterte, zog auch er einen Schlußstrich unter seine Karriere.

1980 ging der WM-Titel an Alan Jones, den Ersten der Hasardeure, der seinen Williams-Flügelwagen superschnell über die Pisten zu steuern verstand. Frank Williams war entzückt von dem australischen Haudegen. Doch Ende 1981 verabschiedete sich auch Jones aus der Formel 1. Er hatte genug von »den Querelen, der ganzen Formel 1-Politik«, er wollte sich »nicht von diesen schlecht gefederten Flügelwagen kaputtmachen lassen«. Lauda urteilte schonungslos über Jones: »Dick, schnell und farblos.«

Doch vielleicht war Jones noch am meisten darüber enttäuscht, daß er 1981 vom Routinier Carlos Reutemann übertrumpft wurde. »Er sieht aus wie ein Indianer und ist völlig plemplem«, schimpfte Rindt, nachdem ihn Reutemann 1970 von der Piste geschossen hatte. Der »Indianer« hatte einen für die Formel 1 lästigen Charakter, er war introvertiert, um nicht zu sagen unwirsch, mißtrauisch, aber auch rasch aus dem Gleichgewicht zu bringen. Reutemann schwieg und fuhr. Doch nach seinen besten Jahren bei Brabham hatte er immer nur das Nachsehen gehabt: bei Ferrari, bei Lotus und schließlich bei Williams. Denn obwohl er 1981 gute Aussichten auf den Titel hatte (unter anderem auch dadurch, daß er die Stallorder zu Gunsten seines Teamkollegen Jones ignorierte), gab das Williams-Team immer Jones das bessere Material. Verkannt, verbittert und von mysteriösen Problemen heimgesucht, blieb er im letzten Rennen der Saison ohne Punkte und wurde noch von Nelson Piquet eingeholt.

Piquet war das Gegenteil von Reutemann. Mr. Nice Guy, »ein ewiges Kind« laut Bernie Ecclestone. Als Piquet 1978 bei seinem Debüt für Brabham an den Start mußte, protestierte er verunsichert, daß er die Strecke gar nicht kenne. »Wenn du die Boxenstraße verläßt, geht die Kurve nach links, also fahr links, wenn du da ankommst«, herrschte Ecclestone ihn an. Unbekümmert, so schien es, wurde er in der Folgezeit dreimal Weltmeister. Er liebte das Rennfahren, aber er liebte auch Flugzeuge, Jachten und Frauen. Er spielte gern den Glamourboy und Lausejungen, den Kopf voller Streiche, Blödeleien, Klatsch und Intrigen. Er nehme die Dinge nicht ernst, hieß es. »Warum sollte er«, antwortete ein Freund, »alle lieben ihn.« Jackie Stewart: »Die Formel 1 kann sich nur *einen* Nelson Piquet leisten, nicht mehrere.« Piquet hatte zwar das Image eines Müßiggängers, fuhr aber, oft heimlich, Tausende von Testkilometern und verstand es, große Sponsoren an Land zu ziehen.

Natürlich war Piquet ein hervorragender Rennfahrer, doch unbestreitbar ist auch, daß er bei seinem Titelgewinn jedes Mal vom Versagen eines anderen profitierte. 1981 war es Reutemann, 1983 Prost und 1987 Nigel Mansell.

1983 wurde Piquet der erste Turbo-Weltmeister. Wiederum brachte das letzte Rennen die Entscheidung. Und während Prost mit defektem Turbolader ausschied, genügte Piquet der dritte Platz für den Titelgewinn.

Bei Renault war die Enttäuschung groß. 1981 hatten Prost sieben Punkte gefehlt, 1982 zehn und jetzt nur zwei. Und das, obwohl er drei Rennen vor Saisonende noch mit vierzehn Zählern in Führung gelegen hatte. Die PR-Abteilung von Renault hatte bereits in aller Welt ganzseitige Anzeigen gebucht, die nun höflich lächelnd von BMW übernommen wurden.

Renault schob die Schuld auf Prost. Er sei der Belastung nicht gewachsen gewesen. Das stimmte, aber er stand auch unter einem gewaltigen Druck. In Frankreich fragte man sich einerseits, warum ein Staatsunternehmen so viele Millionen für einen einzigen Mann ausgab, andererseits wurde Prost zum Idol gemacht, überall hingen riesige

Plakate: »Allez Alain!« Hinzu kamen private Probleme. Gerüchten zufolge liebte Prost die Frauen noch mehr als Piquet. Ob dies seine Leistungen in der Saison 1983 beeinflußt hat, ist natürlich schwer auszumachen, doch Prost erklärte später, gäbe es eine Wiedergeburt, würde er gerne noch einmal als Eunuch auf die Welt kommen.

Insider schoben die Schuld auf Renault. Als man 1983 auf wirkliche Konkurrenz stieß, hätte man den Turbo-Motor weiterentwickeln müssen. Auf jeden Fall war das Turbo-Abenteuer, mit dem Renault Geschichte gemacht hatte, nicht mit einem Lorbeerkranz gekrönt worden. Es war gescheitert. Und Prost wurde entlassen.

Hinterher war dies das Beste, was ihm passieren konnte, denn 1984 wurde Prost bei McLaren Teamkollege von Niki Lauda: der Anfang einer neuen Ära in der Formel 1.

Ja, Lauda. 1982 war er von McLaren in die Formel 1 zurückgeholt worden. Endlich hatte der Zirkus wieder einen Mega-Star. Für einen stolzen Preis, denn Lauda wußte genau, was er wert war. Als der Sponsor bezweifelte, ob er überhaupt noch schnell genug sei, antwortete Lauda: »Fürs Fahren verlange ich nur einen Dollar. Der Rest ist für meinen Public-Relations-Wert.«

1982 gab es noch keinen Turbo-Motor für Lauda, erst im Verlauf der Saison 1983 war es soweit, und prompt wurde Lauda im folgenden Jahr Weltmeister. 1982 fuhr der Flügelwagen seinen letzten Titel ein, mit Keke Rosberg im Williams. Rosberg, laut Lauda »der wildeste Hund in der Formel 1«, holte sich den Titel mit nur einem einzigen Grand-Prix-Sieg, seinem ersten wohlgemerkt. Rosberg wurde denn auch nur deshalb Weltmeister, weil sich das Ferrari-Team buchstäblich selbst in Grund und Boden fuhr. 1982 war ein Katastrophenjahr für die Formel 1.

Der letzte romantische Held

Zu Beginn der Saison 1982 hatte Gilles Villeneuve sich über die Machenschaften und Kungeleien in der Formel 1 empört: »Was am Reglement verändert werden muß? Alles! Positive, klare Regeln müssen her, die dann auch durchgesetzt werden. Nicht solche verdammten Paragraphen, die Manipulationen Tür und Tor öffnen und Betrug geradezu herausfordern. Wahrscheinlich muß erst einer von uns sterben, bevor diese idiotischen Regeln verändert werden.«

Erst nach seinem Tod wurde Villeneuve der Held der Turbo-Ära, ja mehr als ein Held. Zwar hatte er schon zu Lebzeiten zahlreiche Verehrer, aber gerade weil er in einer Periode seine Glanzzeit erlebte, da die Formel 1 sich von Romantik und Mythos verabschiedete und immer mehr zu einem knallharten Geschäft wurde, wuchs sein Ruhm im Kollektivbewußtsein, nahm immer spektakulärere, rührendere Formen an. Villeneuve war der letzte romantische Held des Rennsports.

Er gab sein Debüt 1977 in einem McLaren beim Großen Preis von England, im gleichen Rennen, in dem Renault zum ersten Mal den Turbo-Motor testete. Villeneuve wurde Achter. In Italien hatte Enzo Ferrari einmal mehr zum richtigen Zeitpunkt vor dem Fernseher gesessen. Bereits bei den letzten Rennen der Saison übernahm Villeneuve den Platz von Niki Lauda.

Villeneuve war ein Mann nach Ferraris Geschmack. Der kleine Kanadier erinnerte ihn sofort an Nuvolari, eine Ferrari-Legende der ersten Stunde. Daß Villeneuve seinen Wagen in schöner Regelmäßigkeit zu Schrott fuhr, kümmerte den Boß kaum: »Er stieß uns fortwährend auf unsere Fehler, indem er unsere Autos, wie das nie zuvor geschehen war, einer Belastungsprobe unterzog. Differentiale, Getriebe, Antriebswellen – alles wurde aufs äußerste strapaziert. Er war ein Hohepriester der Zerstörung. Er zeigte uns, wie viel noch zu verbessern war.«

Seine Mechaniker nannten ihn liebevoll den »Flieger«. Doch manchmal faßte Villeneuve das etwas zu wörtlich auf. Bei seinem zweiten Einsatz für Ferrari, beim GP von Japan, kollidierte er wegen Bremsversagens mit Ronnie Peterson. Der Ferrari erhob sich in die Lüfte, landete aufrecht auf der Nase und flog sich überschlagend über die Fangzäune in eine Gruppe von Zuschauern, die sich dort verbotenerweise aufhielten. Zwei Tote und sieben Verletzte waren die grausige Bilanz.

Zwei Rennen später kollidierten die zwei Naturtalente aufs neue – es konnte kein Zufall mehr sein –, und natürlich war Peterson wütend über den ungestümen Neuling: »Der Kerl ist eine Gefahr für die öffentliche Ordnung.«

Doch Villeneuve machte seinem Beinamen auch viel Ehre, gerade wegen seiner ungestümen, glänzenden Auftritte in der Rennarena. 1979 besiegte er den anderen Cowboy, René Arnoux, in einem atemberaubenden Duell auf dem Kurs von Dijon. Im Kampf um den zweiten Platz hinter Jabouille rasten sie die letzten drei Runden Seite an Seite durch die langgezogenen Kurven, driftend, schlitternd auf und manchmal neben der Piste. Mit rauchenden Reifen und fast nicht mehr zu meisternden Boliden erwiderten sie jedes Ausbremsmanöver des anderen. Es war ein Duell am Rand des Erlaubten. »Meine schönste Erinnerung an den Rennsport«, meinte Arnoux anschließend. »So etwas gelingt nur, wenn man dem anderen Fahrer blind vertraut, und das gibt es selten. Er gewann, ja, und dazu noch in Frankreich, aber das machte mir nichts aus, ich wußte, daß mich der beste Rennfahrer der Welt geschlagen hatte.«

Sogar der steinharte Alan Jones empfand ein gewisses Bedauern über seinen Sieg in Kanada 1979. In seinem viel schnelleren Williams gelang es ihm einfach nicht, Villeneuve abzuschütteln. »Jedes Mal sah ich das rote Scheißding im Rückspiegel. Er gab einfach nicht auf, er fuhr auf Teufel komm raus.«

Villeneuve holte das Letzte aus seinem Wagen. Als er 1979 in Zandvoort während einer Aufholjagd in der Tarzankurve von der Piste geriet, schaltete er in den Rückwärtsgang und schoß mit einem lädierten linken Hinterreifen wieder auf die Fahrbahn. Teile des Reifens flogen umher und beschädigten die Radaufhängung, der Wagen hing schief, der rechte Vorderreifen gut zehn Zentimeter über dem Boden. Funken sprühten aus dem hinteren Teil des Ferrari, doch Villeneuve fuhr noch fast eine volle Runde bis an die Box. Enzo Ferrari hatte recht behalten, denn genauso hatte Nuvolari ein halbes Jahrhundert zuvor gehandelt, ebenfalls in Zandvoort. In der Box gab Villeneuve verdattert auf, er war fest davon überzeugt gewesen, nur einen Platten zu haben.

Zwei Jahre später auf dem selben Circuit ermahnte ihn sein Teamchef Forghieri, Ruhe zu bewahren und die Reifen zu schonen: »Du stehst in der fünften Startreihe. Wenn Du vor der ersten Kurve drei überholtst, ist das viel.« Doch Villeneuve wollte an allen vorbei und flog prompt raus. »Sorry«, verteidigte er sich gegenüber dem vor Wut kochenden Forghieri, »glatt vergessen.«

Als er eine Jahresübersicht von 1981 durchblätterte, nickte er zustimmend: »Bißchen viele Crash-Fotos von mir, aber so war es eben.«

Und noch 1982 in Zolder sah Lauda Villeneuve in der allerersten Kurve des Trainings von der Piste fliegen. Zum entgeisterten Österreicher sagte Villeneuve: »Niki, ich kann's nicht anders.«

Natürlich wurde Villeneuve nie Weltmeister. Er wollte Rennen gewinnen. Wenn einem das nur oft genug gelinge, dann werde der Titel von selbst kommen. Punktesammeln war nicht seine Sache. Später hieß es, Villeneuve habe keine Rennen gewinnen wollen, sondern Runden, und noch später, keine Runden, sondern Zeit. Als Villeneuve Professor Watkins zum ersten Mal traf, sagte er: »Ich hoffe, daß ich Sie nie brauchen werde.«

Derselbe Watkins ließ sich einmal in Brasilien von Villeneuve im Auto mitnehmen. Er war überrascht, als er bemerkte, daß sich Madame Villeneuve auf dem Rücksitz zusammenkauerte. Kurze Zeit später war ihm klar, warum. Villeneuve raste durch die Straßen von São Paulo, als befände er sich auf der Rennstrecke. Er ignorierte alle roten Ampeln, schob geparkte Autos aus dem Weg und schaffte es dabei, so Watkins, ununterbrochen zu reden. Villeneuve erzählte ihm von seiner »Lückentheorie«, die auf der Piste, aber auch außerhalb ihre Gültigkeit habe: Es gebe immer eine Ausweichmöglichkeit, um eine Kollision auch bei Höchstgeschwindigkeit zu vermeiden. – Das Angebot einer Rückfahrt lehnte der Professor dankend ab.

Nur seine Kinder wagten es, neben Villeneuve auf dem Vordersitz Platz zu nehmen, sie stachelten ihn an, noch schneller zu fahren. »Schneller, Papi!« Das gleiche hatte er bei seinem Vater getan.

»Es gab Augenblicke, da war die innere Hast verschwunden«, berichtet einer seiner Biographen, »Wenn er über seine Liebe zum Rennsport sprach, wirkte er ruhig, nachdenklich, als spräche er von der großen Liebe seines Lebens. Wahrscheinlich war es auch so.«

Neben dem Rennfahren bedeutete die Familie alles für Villeneuve. Nach Europa brachte er ein großes Wohnmobil mit, in dem die Familie von Rennen zu Rennen fuhr. »Wir mögen keine Hotels«, erklärte Joann Villeneuve, »wir leben lieber wie Zigeuner und essen, was wir selbst zubereiten: Steak und kanadischen Sugar Pie.« In seinen Ferrari-Vertrag ließ Villeneuve einen besonderen Ausgabeposten für die Reisen seiner Familie aufnehmen. Rennfahren war für ihn kein Beruf, es war sein Leben. »Der Motorsport war für ihn etwas Romantisches«, meinte seine Teamkollege Jody Scheckter. Der Mythos wuchs, aber noch fehlte etwas.

1982 mußte das Jahr von Villeneuve werden. Nach zwei mühsamen Saisons hatte Ferrari die technischen Probleme des Turbo-Motors endlich in den Griff bekommen. Die Stallgefährten Villeneuve und Pironi würden das Ding schon schaukeln.

Villeneuves Ruhm stieg, und auch das Glamourleben hatte schließlich die »Rotznase aus Berthierville« eingeholt. Villeneuve und seine

Familie hatten nun ihren Wohnsitz in Monaco aufgeschlagen, und außerhalb der Rennstrecke frönte Villeneuve immer schnelleren Spielzeugen: Autos, Helikopter, Motorboote. »Alles in Gilles' Leben spielte sich mit Tempo 300 ab, ob es nun Rennfahren war, Monopoly spielen, Helikopter fliegen oder Geld ausgeben«, meinte Patrick Tambay. Die Ehe litt unter Villeneuves Staralüren. Hin und wieder fuhr Villeneuve mit Pironi nach Italien, um einen draufzumachen. Wirklich problematisch wurde es, als Villeneuve sich in eine Kanadierin verliebte, die er heimlich zu den Grand-Prix-Wochenenden herüberfliegen ließ. Die Zigeunerromanze neigte sich dem Ende zu.

Nachdem Prost die ersten beiden Rennen der Saison gewonnen und Lauda im Labyrinth von Long Beach die Nase vorn gehabt hatte, war die Reihe an Ferrari. Beim Großen Preis von San Marino in Imola, der von der FOCA boykottiert wurde, zeigte der 126 C2 zum ersten Mal seine wahre Stärke. Villeneuve und Pironi – in dieser Reihenfolge – dominierten das gesamte Wochenende. So war es auch im Rennen selbst, Villeneuve führte bis zur letzten Runde. Es war nichts verabredet, es gab keine deutliche Stallorder. Villeneuve wähnte sich in Sicherheit; schließlich hatte er seinen Stempel auf das Rennen gedrückt, er war schon so lange treuer Fahrer des Ferrari-Teams ... Pironi war jedoch schneller und konnte der Versuchung nicht widerstehen. In einer der letzten Kurven überraschte er Villeneuve und gewann das Rennen. Villeneuve fühlte sich verraten, von Pironi und, was schlimmer war, von Ferrari.

Zeugen berichteten, Villeneuve sei sehr niedergeschlagen und verbittert in den Wochen vor dem nächsten Rennen gewesen, dem Grand Prix von Belgien in Zolder. Seine häuslichen Probleme spitzten sich zu. Joann wollte sich scheiden lassen und begleitete ihn auch nicht nach Belgien.

Während des Abschlußtrainings bestätigte Ferrari seine Vormachtstellung. Pironi erzielte eine Zeit, an die niemand außer Villeneuve noch würde herankommen können. Kurz vor zwei Uhr mittags gegen Ende der Qualifikation verließ Villeneuve die Box, fest entschlossen zu zeigen, wer wirklich der Schnellste war.

Es wurden charakteristische Villeneuve-Runden: der Fahrer ständig im Kampf mit seinem Wagen. Fortwährend korrigierend, gefährlich über die Randsteine holpernd, Sandfontänen hochschleudernd, die Gänge mißhandelnd, wenn irgend möglich mit Vollgas.

Schon nach ein paar Runden war deutlich, daß Pironis Zeit nicht zu schlagen war. Das Team signalisierte Villeneuve, an die Box zu kommen, doch Villeneuve ignorierte die Aufforderung. Er sollte nicht mehr zurückkehren.

Im hinteren Teil der Rennstrecke zwischen den Bäumen steuerte er seinen Ferrari durch die Schikane, nahm die Linkskurve, hinter der sofort hügelab eine Rechtskurve folgte. Villeneuve muß Jochen Mass gesehen haben, aber Gas wegnehmen ... Mass, der langsam auf dem Weg zu den Boxen war, sah Villeneuve erst im allerletzten Augenblick und wich rasch nach rechts aus, um dem heranrasenden Villeneuve Platz zu machen. Doch im gleichen Augenblick hatte Villeneuve sich bereits entschlossen, rechts zu überholen. Die Rechnung, daß es auch bei Höchstgeschwindigkeit immer eine Ausweichmöglichkeit gebe, ging diesmal nicht auf.

Professor Sid Watkins erreichte als einer der ersten die Unfallstelle. Villeneuve war aus seinem Wagen katapultiert worden und lag noch angeschnallt mit Bruchstücken der Karosserie am Sicherheitszaun. Er atmete nicht mehr, seine Augen waren weit aufgerissen. Ich hoffe, daß ich Sie nie brauchen werde. Man begann mit der künstlichen Beatmung, doch der Professor wußte, die Halswirbelsäule war gebrochen.

Der immer noch am ganzen Körper zitternde Mass schickte Pironi fort. Mit Villeneuves Helm auf dem Schoß kam Pironi bei der Ferrari-Garage an. In Italien sollten die Zeitungen von Brudermord sprechen.

Es war ein typischer Formel 1-Unfall. Villeneuve hatte sich die falsche Seite ausgesucht und war in voller Fahrt auf das rechte Hinterrad von Maas' Wagen gefahren. Der Ferrari wurde meterhoch emporgeschleudert, überschlug sich mehrmals, verlor Flügel, Reifen und Fahrer und rutschte schließlich – wie ein ausgeweideter Kadaver – auf die Piste zurück. Eine angstvolle Stille senkte sich über Zolder ...

Polizisten und Streckenposten hielten Pferdedecken als Sichtschutz hoch, und so, vor neugierigen Blicken abgeschirmt, wurde der »Flieger« zum bereitstehenden Krankenwagen getragen und per Hubschrauber in das Hospital von Leuven gebracht. Um zwölf nach neun starb er im Beisein seiner in aller Eile herübergeflogenen Frau.

René Arnoux berichtet, er habe an jenem Samstag geweint. »Und am nächsten Tag auch, obwohl ich fahren mußte. Ich weiß noch genau, daß wir damals alle dachten, jetzt sind wir wieder unter uns. Villeneuve war fort. Wir fühlten alle, daß wir an sein Talent nicht tippen konnten.«

Das Turbo-Zeitalter

Sein Talent. Dennoch war es vor allem sein Tod, der Villeneuve zur Legende werden ließ. Der Mythos des Ferrari mit der Startnummer 27 vergoldete im nachhinein eine wenig ruhmreiche, chaotische und blutrünstige Epoche der Formel 1. Das Unglück von Zolder war ein Wendepunkt. Mit Villeneuve starb die Romantik im Rennsport. Gerade das sichert ihm Unsterblichkeit.

Es ist nicht verwunderlich, daß er in einem Wagen starb, mit dem man noch immer einen letzten Rest von Romantik verbindet: Ferrari. Ferrari und Villeneuve waren wie für einander geschaffen. Ferrari war sein Glück, aber auch sein Schicksal. John Watson, der das Rennen in Belgien gewann, urteilte sehr hart: »Ferrari war das denkbar schlechteste Team für Gilles Villeneuve. Sein Talent wurde von Ferrari mißbraucht, weil sie als Team die Karikatur des Rennfahrers, der Gilles war, anbeteten. Wenn er zu McLaren oder Williams gegangen wäre, wo man den *Ground effect* wirklich verstand, dann hätte er all die Dinge gelernt, von denen er jetzt keinen blassen Schimmer hatte. Gilles' Potential wurde ausgebeutet, Folge der Kriecherei und des Mythos, der um ihn herum wuchs. Es war die Verschwendung eines Rennfahrers, eines Lebens, eines charismatischen Menschen und Vaters. Wenn er für Brabham oder Ligier gefahren wäre, dann hätten sie ihm beigebracht, was ein Grand-Prix-Fahrer ist, statt einfach ins Cockpit zu steigen und zu fahren, bis daß der Tod folgt. Er hätte mehr Grand Prix gewonnen, er wäre sogar Weltmeister geworden, und wahrscheinlich noch am Leben.«

Die Kette der Unfälle sollte nicht abreißen. Zwei Rennen später verunglückte Riccardo Paletti beim Start des Großen Preises von Kanada. Es war Palettis Debüt. Er hatte sich bis zu diesem Zeitpunkt noch nie qualifizieren können. Seine Mutter war speziell aus Italien angereist. Beim Start kam Pironi nicht von der Pole-Position weg. Fast allen Fahrer gelang es, sich am Ferrari vorbeizuschlängeln, außer dem unerfahrenen Paletti. Mit über 180 km/h fuhr er auf den Ferrari auf. Zwar konnten Streckenposten und Pironi, der blitzschnell aus seinem Wagen gesprungen war, den brennenden Osella rasch löschen, doch für Paletti kam jede Hilfe zu spät. Lenkrad und Lenksäule hatten seine Brust eingedrückt. Das Schlimmste war, so Watkins, daß Palettis Mutter, vor Angst und Trauer außer sich, mit ansehen mußte, wie man ihren leblosen Sohn aus dem Wagen hob.

Schließlich erwischte es auch Pironi. Im strömenden Regen auf dem

Hockenheimring fuhr er mit hoher Geschwindigkeit auf den Wagen von Alain Prost auf, den er in der Wasserfontäne des neben ihm fahrenden Williams von Derek Daly nicht gesehen hatte. Der Ferrari wurde in die Luft geschleudert, flog über Prost hinweg und zerschellte auf dem Asphalt. »Ich erinnere mich nur an die Baumwipfel«, erklärte Pironi später. Es dauerte gut zwanzig Minuten, bevor man ihn aus dem Cockpit befreien konnte. Sein Beine waren an verschiedenen Stellen gebrochen, sein rechter Fuß zertrümmert. Pironis Formel 1-Karriere war beendet. Er besaß zwar einen großen Vorsprung im Klassement, aber drei Rennen vor Schluß wurde er von Rosberg eingeholt. Nach vierunddreißig Operationen versuchte Pironi verbissen ein Comeback. Mit schmerzverzerrtem Gesicht fuhr er 1984 wieder in einem Ferrari. Doch es ging nicht mehr. Auch nicht bei AGS und Ligier zwei Jahre später. 1987 verunglückte er bei einem Speedboat-Rennen in der Nähe der Isle of Wight tödlich.

Intermezzo: selber Rennfahren

Anfang der siebziger Jahre besucht ein französischer Möbelmacher, der seinen Urlaub am Mittelmeer verbringt, mit seinem fünfzehnjährigen Sohn ein Vergnügungszentrum am Rand der Schnellstraße Cannes-Monaco. Es ist ein heißer Tag im August. Die Luft über dem Asphalt flimmert. Den ganzen lieben langen Tag rauschen hier die Autos vorbei.

Alles schläft noch, als sie auf den Parkplatz fahren. Zwischen kleinen Palmen und Kakteen stehen ein paar weiße Gebäude. »Disco! Dancing!« prangt über den geschlossenen Türen. Nur das Casino ist geöffnet, doch niemand will zu dieser Tageszeit sein Glück versuchen. Gelangweilt drängen sich die Croupiers und die Türsteher um einen viel zu kleinen Ventilator.

Ein trostloser Anblick, aber man muß einem Jungen ja etwas bieten. Für Mädchen ist er noch zu jung, aber er ist schon begierig auf die Welt.

Hinter den weißen Gebäuden liegt eine Kartbahn. Deswegen sind sie gekommen. Kurz bleiben Vater und Sohn am Rand der Piste stehen. Der Rubikon, doch das wissen sie nicht.

Sie spazieren über knirschenden Kies zum Häuschen des Vermieters, wo die Karts in Reih und Glied aufgestellt sind.

Der Mann ist da, ein Radio läuft. Der Vater spricht ein paar Worte mit ihm, zahlt und während der schweigsame Inhaber sich aus seinem Gehäuse zwängt und zu den Karts läuft, sieht sich der Junge die Fotos an, die hinter dem Schalter hängen: Jack Brabham, Jochen Rindt, Jackie Stewart – er kennt sie nicht, er will Fußballer werden.

Doch in so einem Kart zu fahren, lockt ihn schon. Neugierig setzt er sich hinein, er fühlt das Vibrieren des Motors in seinem Rücken. Der Vermieter, eine Hand am Steuer, zeigt: »Gaz! Freins!« Dann dreht er sich um, nickt dem Vater zu und verschwindet in seinem Häuschen.

Langsam fährt der Junge los, versucht sofort tastend den Kontakt zu der kleinen Maschine herzustellen. Ruhig nimmt er die erste Kurve, fühlt den Grip der kleinen Reifen, probiert in der zweiten Kurve die Bremsen aus und drückt voll aufs Gas.

Fünfundzwanzig Jahre später wird dieser Junge der erfolgreichste Formel 1-Pilot aller Zeiten sein. 199 Grand Prix-Einsätze, 51 Siege, 106 Podiumsplätze, 798,5 WM-Punkte, vier Weltmeistertitel, 41 schnellste Runden. Sein Name: Alain Prost.

Ich war fünfzehn, als mein Vater mich in den Ferien nach »Italia in Miniatura« mitnahm. In den Wochen zuvor hatten wir eine Menge italienischer Duomos, Denkmäler, Gräber und Kolosseen besucht, und jetzt hatten wir sie auf einmal alle in Miniformat beisammen. Es vermittelte uns ein Gefühl der Macht und göttlicher Erhabenheit, fröhlich hallten unsere Stimmen von den Plastik-Alpen und -Apenninen wider.

»Schau mal, Dantes Grab.« Mein Vater zeigte auf ein Häuschen neben einer dicken roten Basilika und seine Stimme senkte sich feierlich: »Laßt, die ihr eingeht, alle Hoffnung fahren ...« Woher sollte ich wissen, wer Dante war. Ich dachte an die Telefonzelle, mit der Dr. Who durch die Zeit reist, und berechnete, daß ein Matchbox-Auto gerade in die Casa Dante hineinpassen würde.

Wahrscheinlich weil es so heiß war, waren wir an jenem Nachmittag die einzigen Besucher. Das Restaurant war geschlossen. Wir liefen um das Gebäude herum, als mein Vater stehenblieb und auf etwas zeigte: »Schau nur, Monza ...«

Etwas abseits lag eine Kartbahn, die tatsächlich die Form der Rennstrecke von Monza hatte, nur ohne Schikanen. Neben Start und Ziel stand ein Holzschuppen, aus dem ein dicker Bauch und zwei Beine herausragten.

»Komm!« Mein Vater stapfte auf die Bahn. Wie ein Blitz schoß es mir durch den Kopf, was hier vor sich ging. Ich wollte nicht, aber es gab kein Zurück. Mit meinem überschwenglichen Interesse für die Rennfahrerei hatte ich mir mein eigenes Grab geschaufelt.

Der Mann brummte, wir hätten ihn um sein Mittagsschläfchen gebracht, er kramte einen orangefarbenen Helm hervor. Ich solle ja den Kinnriemen gut festzurren. Kopfschüttelnd zog er eines der drei Go-Karts, die an einem niedrigen Eisengeländer standen, auf die Fahrbahn. Das Geländer umgab die gesamte Rennstrecke. Ungeduldig sah mich der Mann an. Ich setzte rasch den Helm auf und wurde sofort von einer warmen Beklommenheit eingehüllt und vom Lärm Tausender, Millionen anderer Rennfahrer; ich war nicht mehr von dieser Welt.

Ich kämpfte mit dem Kinnriemen, während ich zu dem bereitstehenden Kart lief. Einen Augenblick lang kam ich mir vor wie mein Comic-Held Michel Vaillant, wie er sich im Album »Verhängnis« zu seinem Rennwagen begibt, um im Großen Preis von Frankreich nach einer schier endlosen Reihe von Mißerfolgen endlich, endlich ... Ich erschrak zu Tode, als plötzlich der Motor ansprang. Dies war kein Comicstrip, ich war nicht in Frankreich, ich war in Italien, in Monza, der Hölle.

Mit weichen Knien nahm ich in der Plastikwanne Platz. In seiner Autobiographie erzählt Nigel Mansell, welche Sensation das Kartfahren für ihn gewesen war: »Für ein Kind sind Karts echte Rennmaschinen. Das Geräusch und der Gestank sind ein betäubender Cocktail, und das Vibrieren des Motors durch den Plastik-Sitz hindurch ließ den Rücken prickeln und die Zähne klappern. Es war die reinste Magie. Ich fühlte mich wie ein Fisch im Wasser.«

Ich nicht.

Ich fühlte nur eine Maschine, die in der Lage war, mich vorwärts zu treiben, dem Tod entgegen. Von dem, was mir der Kartbesitzer erklärte, als er sich über mich beugte und brummend auf die Pedalen zeigte, verstand ich kein Wort.

Und was hieß schon Pedalen ... es waren zwei krumme Eisenstäbe, so schmal, daß man sie mit den Füßen glatt verfehlen konnte.

Ohne sich umzuschauen, verließ der Mann die Bahn. Mein Vater winkte mir aufmunternd zu. Wo war bloß das Gaspedal? Ich blickte geradeaus, vor mir lag die Curva Grande, die Kurve, wo das gesamte Formel 1-Feld so herrlich ausfächert – Laßt, die ihr eingeht, alle Hoffnung fahren. Ich trat auf das rechte Eisending. Ich fühlte einen Stoß im Rücken und schoß vorwärts, instinktiv trat ich aufs Bremspedal und stand abrupt still. Nach anderthalb Metern war meine Rennlaufbahn zu Ende.

Aber der Motor lief noch. Vorsichtig berührte ich noch einmal das rechte Eisending, wieder ein Schlag ... Ich ließ los, das Kart rollte wahrhaftig vorwärts. Noch einmal drückte ich einen halben Zentimeter weiter, und noch mal. Argwöhnisch musterte ich meine weit entfernten Füße, vergaß zu steuern und prallte gegen die Leitplanke der Curva Grande. Bumm. Ich erschrak, gab zu viel Gas und sauste über die Roggia, nahm aufgeregt die erste Lesmo, touchierte in der zweiten die

Leitplanke und kam erst wieder in der Serraglio-Kurve zum Stehen. Die Ascari-Kurve meisterte ich schon besser, wenn auch im Schneckentempo, in der Parabolica ging es jedoch schon wieder schief. Das Kart machte einen Luftsprung, stand nur noch auf einem Rad und landete quer in der weltberühmten Kurve. Es reichte mir, das war nun wirklich nicht, was ich wollte, nichts, wofür ich mich mit Leib und Seele verschreiben würde.

Doch aufzugeben konnte ich mir nicht leisten. Behutsam drückte ich auf das sensible Pedal, drehte mich wieder in Fahrtrichtung und hatte nun die Gerade vor mir; Spitzengeschwindigkeit 300 km/h.

Wo kam das Mädchen auf einmal her? In meiner dritten Runde, in der ich kaum einmal das Geländer berührte, sah ich es im Gespräch mit dem Kartbesitzer. Schwarze Locken, lebhafte Bewegungen. Sie war unzweifelbar von dem Lärm angelockt worden. Lachend holte sie einen silbernen Helm aus dem Schuppen. Ich kam gerade ans Ende der langen Geraden, als der Kartbesitzer einen zweiten Wagen auf die Strecke schob. Mir wurde heiß unter meinem orangefarbenen Topf, der Riemen klebte an meiner Haut.

Noch vor der ersten Lesmo flitzte sie an mir vorbei. Ich schaute ihr nach, rollte so dahin, sah, wie schnell und sicher sie das Kart durch die Kurven lenkte. Und erst nach der Parabolica gab sie richtig Gas.

Die Bahn kam mir auf einmal zehn Mal so schmal vor. Hinter mir hörte ich schon wieder das Brüllen ihres Motors, das mein armseliges Tuckern übertönte. In der Ascari-Kurve überholte sie mich innen. Ihr Kart ruckelte, driftete, stellte sich beinahe quer, sie fing es ab, die Reifen quietschten. Wild steuerte sie die Parabolica-Kurve an, glitt lachend hindurch. Ich sah, daß auch mein Vater ihr mit den Blicken folgte. So mußte man es machen: Sie ließ den Wagen durch die Kurven tanzen, er tat genau das, was sie wollte, und mit Wonne ließ sie sich ihrerseits von der Maschine entführen.

Während ich die Ascari-Kurve holpernd verließ, raste sie über die Ziellinie. Für einen Moment sahen wir uns an. Sie lachte mit schelmisch funkelnden Augen: »Komm, spiel mit mir ...« Aber ich konnte, ich traute mich nicht. Ich traute mich nicht, mich der Geschwindigkeit hinzugeben.

Hinter ihr sah ich meinen Vater gestikulieren: schneller! Er hatte leicht reden. Er saß nicht in diesem Ding, er fühlte nicht dieses unberechenbare Vibrieren, diese albernen Eisenstäbe unter den Füßen, die Beine ungeschützt zwischen allerlei Stangen und Röhren. Er fühlte nicht die Kraft in diesem Fahrzeug, die giftigen Reifen, das Saugen des Asphalts. Und er brauchte nicht an die Leitplanken zu denken, an Purzelbäume, an Schürf- und Schnittwunden, zertrümmerte Knöchel, komplizierte Beinbrüche, Kopfverletzungen und an Feuer ...

Nach neun Runden winkte mir der Kartbesitzer. Erleichtert steuerte ich das Auto an die Seite. Auf eine Auslaufrunde konnte ich verzichten. Ich stieg aus, nahm den Helm ab. Ich war mir sicher, so etwas nie wieder zu versuchen.

Geistesabwesend sah ich mir noch ein paar Runden des Mädchens mit den schwarzen Locken an. Natürlich kam sie täglich, sie kannte den Kartbesitzer, die Strecke, die Maschinen.

»Ich wollte alles wissen. Wie sie funktionierten und was noch wichtiger war, wie man sie dazu brachte, noch schneller zu fahren. Ich wollte ihre Grenzen ausloten, herausfinden, wie man sie durch die Kurven zwingen konnte, kurz bevor sie wegzurutschen drohten. Ich versuchte die richtige Balance zwischen Gasgeben und Bremsen zu finden, um in Kurven noch mehr beschleunigen zu können. Ich wollte jeden Tag fahren, es mit anderen Kindern und ihren Maschinen aufnehmen, mich an ihnen vorbei kämpfen. Ich wollte gewinnen.« Ja, Mansell.

Ich drehte mich um. Hinter den Plastikbergen wartete schon unser Bus.

Teil 2 – Superstars

Nigel Mansell: Löwenherz

Monaco 1984. Der zweiundvierzigste Grand Prix in den Häuserschluchten des Fürstentums wird zu einem Wasserballett. Es heißt Surfen mit Tausend PS. Den Turbos liegt Monaco sowieso nicht. Durch das »Turbo-Loch« kommt die Superleistung bisweilen im ungelegensten Moment zum Tragen und das auf einem Kurs, auf dem es auf Millimeter ankommt.

Vom Start ist wenig zu sehen. Prost und Mansell in der ersten Startreihe schleudern so viel Wasser hoch, daß von den andern Wagen nichts zu sehen ist. Bereits in der engen Rechtskurve Sainte Dévote zerlegen sich die beiden Renaults gegenseitig, nachdem ihnen Arnoux den Weg abgeschnitten hat. Prost lacht sich ins Fäustchen und übernimmt die Führung.

Hinter ihm vergrößert sich der Schrotthaufen. De Cesaris wird touchiert und fällt aus. Fabi rutscht gegen die Leitplanken, das gleiche passiert Hesnault und dem amtierenden Weltmeister Piquet, der Monaco eh auf den Tod nicht leiden kann. Die Sicht ist gleich null, Leitplanken und Straßenschilder tauchen wie Gespenster aus dem Nebel auf. Beim Schwimmbad wird das Ganze zur reinen Lotterie, überall kann plötzlich ein Wagen quer stehen, Rücklichter verschwinden im Nichts hinter einer Kurve.

Die meisten Piloten fahren äußerst vorsichtig, steuern die scharfe Mirabeau-Kurve behutsam an, die Rascasse nehmen sie im Schneckentempo, wer hier schlittert, ist aus dem Rennen. Die meisten Fahrer ... außer Nigel Mansell.

Mansell, der Besessene, der Draufgänger, liegt hinter Prost in zweiter Position und läßt diesen immer wieder die Umrisse seines schwarzgoldenen Lotus sehen. Prost bleibt gelassen, er weiß, Überholen ist in Monaco unmöglich, zumal bei Regen. Mansell ist da ganz anderer Auffassung. In der elften Runde wittert er seine Chance. Am Ausgang der

Portier-Kurve, wo Streckenposten damit beschäftigt sind, Fabis Brabham zur Seite zu schieben, zögert Prost. Mansell verliert keinen Augenblick und schießt als erster in den Tunnel.

Das Arbeitspferd, der Mann, dessen Weg in die Formel 1 lang und steinig war, kann sein Glück nicht fassen. Erstmals in seiner Karriere liegt er bei einem Großen Preis an der Spitze, und das in Monaco! Und er zieht davon, holt sofort einen beträchtlichen Vorsprung vor Prost heraus, der keinen Augenblick mit Mansell mitzuhalten versucht. Prost kennt die Tücken des Regens. Drei, vier Runden lang geht alles gut, dann begeht Mansell einen Fehler beim Anstieg zum Apartmenthaus Beau Rivage.

Lektion eins von Jackie Stewart: »Meide die weißen Linien, wenn es in Monaco regnet!« Die Straßenmarkierungen, die Zebrastreifen, die Richtungspfeile, die Geschwindigkeitshinweise sind spiegelglatt.

In seiner Begeisterung fährt Mansell zu schnell, der Wagen schert aus, berührt mit einem Rad eine weiße Straßenmarkierung und prallt unkontrollierbar rechts und links gegen die Leitplanke. Das Heck des Autos ist abgesackt, der Flügel hängt schief und die Hinterräder zeigen in verschiedene Richtungen. Aus der Traum! Mansell will es nicht wahrhaben, glitscht und schlittert weiter. Prost überholt, Lauda, Arnoux, Senna ... dann stellt Mansell seinen unlenkbaren Boliden auf dem Bürgersteig ab.

Wütend steht Lotus-Teamchef Peter Warr an der Box. Schon vor Saisonbeginn hatte er Mansell gegen Ayrton Senna tauschen wollen, doch der Sponsor, John Player, wollte wegen Mansells Marktwert in England nicht auf ihn verzichten. Und nun hat Mansell selbst in aussichtsreicher Position ein Rennen verschenkt. Noch dazu das von Monaco.

Auf einer Straßenmarkierung ausgerutscht. Ist der Sponsor zufrieden? Sind die britischen Fans zufrieden? »So lange ich ein Loch in meinem Arsch habe«, schnaubt Warr, »wird Mansell nie einen Grand Prix gewinnen!«

Ein Jahr später gewinnt Mansell den ersten von insgesamt dreißig Grand Prix, und er sollte sogar Weltmeister werden, wenn auch nicht mit Lotus.

Ende 1984 bekam Warr seinen Willen: Mansell mußte für Senna das Feld räumen. Denn eines hatte Warr richtig gesehen: Senna war ein geborener Siegertyp, Mansell nicht. Was die britischen Fans, wie der Sponsor akkurat berechnet hatte, allerdings nicht kümmerte. Im Gegenteil: Die meisten Fans, nicht nur in England, genossen Mansells Tollpatschigkeit und Kampflust in vollen Zügen, seine Rückschläge, seine Hartnäckigkeit und sein Durchhaltevermögen. »Against all odds« lautete seine Devise.

Mansell hatte sein Haus verkauft, um in die Formel 3 einsteigen zu können, hatte als Fensterputzer dazuverdienen müssen – kaputter Rücken, erfrorene Hände –, hatte Hunderte Bettelbriefe an Sponsoren geschrieben, hatte sich immer wieder eine Abfuhr geholt, und war, wenn überhaupt möglich, noch öfter nach dem soundsovielten Crash im Krankenhaus gelandet, kurz, Mansell war der Champion des kleinen Mannes. Sieg oder Niederlage spielten da keine Rolle.

Sein grenzenloser Einsatz, seine unbesonnene Kämpfernatur – das war es, was die Fans faszinierte. Es kam regelmäßig vor, daß Mansell, nachdem er in einem Rennen wirklich alles gegeben hatte, aus seinem Wagen gehoben werden mußte, eine Tatsache, die nicht gerade, so meinte Stewart, für Mansell sprach. »Mansell wird für mich erst dann ein wirklich großer Rennfahrer sein, wenn er nach einem Rennen in der Lage ist, von seinem Auto weg zu gehen, ohne über alles zu stolpern oder zusammenzubrechen. Sieh dir Prost und Senna an: Verglichen mit dir sind das zarte Puppen – aber sie besitzen größere Widerstandskraft. Cool it, Nigel.« Denkste! Unvergeßlich ist das Bild von Mansell in Dallas 1984, wo er bei tropischen Temperaturen seinen Wagen, dem das Benzin ausgegangen war, über die Ziellinie zu schieben versuchte, um noch einen WM-Punkt zu holen. Es gelang ihm nicht, die Kräfte versagten, er sank bewußtlos zu Boden.

Das reinste Theater, urteilte Gerhard Berger kühl, der ein Jahr lang Teamkollege des Engländers bei Ferrari war. Hinter Mansells sympathischem, publikumswirksamem Auftreten entdeckte Berger einen extrem mißtrauischen Einzelgänger. Doch, so fügte Berger hinzu, »Mansell hatte schon Leute wie Piquet hinter sich, er war ein vernarbter Elefant«.

Leute wie Piquet – sie gaben Mansells Heldentum noch mehr Glanz. Denn sein Leben lang mußte Mansell es mit gerissenen, durchtriebenen Weltmeistern wie Piquet, Prost und Senna aufnehmen. Auf der Piste behielt er oft genug die Oberhand, doch außerhalb, wenn es auf Kontakte und Kontrakte ankam, war Mansell ihnen nicht gewachsen. Nicht weniger als drei Mal mußte er mit ansehen, wie man ihm einen Wagen, mit dem er seiner Meinung nach Weltmeister hätte werden können, vor der Nase wegschnappte. Und Weltmeister wollte er werden, das Ziel hatte er sich von Anfang an gesteckt. Dieser verbissene Einsatz charakterisierte einmal mehr den Champion des Volks.

Dreizehn Jahre hat er dafür gekämpft, dafür gelitten. Ein paar Mal war er dem Ziel ganz nah, doch immer wieder erwies sich der Titel als eine Stufe zu hoch. Jackie Stewart wußte warum: »Mansells Problem ist, daß er noch immer glaubt, beweisen zu müssen, wie gut er ist. Wenn er auf diese krampfhaften Versuche verzichten könnte, wäre er ein besserer Fahrer. Sein Gehirn sitzt mehr zwischen seinen Füßen als zwischen seinen Schultern. Er regt sich viel zu viel auf, macht Sachen, die er hinterher bereut. Eine Frage der Selbstbeherrschung und Disziplin. Mansell ist noch immer nicht in der Lage, seine Emotionen zu beherrschen – ein Fehler: der Kopf muß das Herz regieren, man kann dem Herzen nicht erlauben, der Chef zu sein.«

Zweifellos hatte der weise Stewart Recht. Doch gerade die Emotionen einschließlich aller Schnitzer und des ganzen Theaters machten das »Löwenherz« so viel echter, so viel authentischer als all die von Anfang an überlegenen Superstars.

Mansell wurde auch mein Held. Als Mansell begann, Rennen zu gewinnen, nahm er mich wieder ganz für die Formel 1 ein. Auch ich kam allmählich dahinter, daß das Erwachsenenleben mehr aus Plackerei als aus Rausch besteht, nichts Schöneres, als wenn ein Malocher einen Sieg davonträgt. Natürlich spielte Mansell manchmal seine Rolle als Clown, als Outcast und Verlierer allzu begeistert, aber lange Zeit sorgte er für die schönsten, aufregendsten und ergreifendsten Momente in der Geschichte der Formel 1. Mansell setzte einen Kontrapunkt in dem stets stärker auf Resultate ausgerichteten, kommerziellen und reibungslos funktionierenden Zirkus des Bernie Ecclestone.

Und schließlich wurde Mansell Weltmeister. Im Jahr 1992. »Als eigentlich schon alles vorbei war«, wie Berger zurecht meinte. Der wahre Mansell-Fan erlebte seine »finest hour« sechs Jahre früher, während des unvergeßlichen Großen Preises von Australien in Adelaide.

Der Malocher und das Sonntagskind

Mansell debütierte 1980 bei Lotus. Bezeichnenderweise fuhr er vierzig Runden lang mit höllischen Rückenschmerzen. Benzin war beim Tanken in das Cockpit geflossen. Er konnte anschließend kaum gehen, und am nächsten Tag mußten die Blasen im Krankenhaus behandelt werden. Colin Chapman sah jedoch etwas in dem Selfmademan. Als Mansell sich 1981 mit der drittschnellsten Zeit für den Grand Prix von Monaco qualifizierte und trotzdem trübsinnig beim Diner saß, fragte ihn Chapman, was ihm fehle. Mansell war das Geld ausgegangen, seine Frau Rosanne konnte ihn nicht mehr zu den restlichen Grand Prix begleiten. Worauf Chapman an ein Glas tickte und verkündete, Mansells Gehalt auf der Stelle zu verdoppeln. Die gute alte Zeit.

Nach Chapmans Tod 1982 waren Mansells Tage bei Lotus gezählt. Peter Warr gab wenig auf Heldentum und Blasen, er wollte hin und wieder ein Rennen gewinnen. Ende 1984 ging Mansell zu Williams, der in ihm einen idealen zweiten Mann sah. Doch auf einmal entpuppte Mansell sich als Siegertyp. Vor eigenem Publikum gewann er auf dem Kurs von Brands Hatch seinen ersten Grand Prix. Weitere Siege folgten 1985 und 1986. Zum großen Ärger seines neuen Teamkollegen Nelson Piquet, der, verwöhnt durch seinen jahrelangen ungefährdeten Nummer-1-Status bei Brabham, auf einmal erleben mußte, daß bei Williams die Uhren anders gingen. »Schießt euch nicht ab«, lautete die einzige Stallorder, die Frank Williams seinen Fahrern erteilte.

So begannen die zwei Jahre dauernden teaminternen Querelen. Es war das klassische Duell zwischen dem Malocher und dem Sonntagskind. Die Unterschiede waren offenkundig: Piquet verdiente bei Williams 3,3 Millionen Dollar pro Jahr und erhielt zusätzlich noch einmal zehntausend Dollar pro Weltmeisterschaftspunkt, Mansell dagegen bekam ein Gehalt von achthunderttausend Dollar und mußte auf eine Prämie verzichten. Auf der einen Seite der Held der Arbeiterklasse, der Familienvater, auf der anderen der Multimillionär, der Flugzeug- und Jachtbesitzer, der Frauenheld. Der zweifache Weltmeister mußte sich jedoch gehörig ins Zeug legen, um Mansell hinter sich zu lassen. Er versorgte Mansell daher ständig mit falschen Informationen, hielt neues Material vor ihm geheim, hörte Mansells Boxenfunk ab und ließ nichts unversucht, um ihm das Leben schwer zu machen: »Mansell ist die reinste Rennfahrerpuppe, er merkt, daß sein Wagen schneller ist, als er denken kann, und das macht ihn zu einem unausstehlichen Kerl.«

Doch im direkten Vergleich war Mansell meistens schneller, agressiver und hartnäckiger, wie auf dem Kurs von Brands Hatch 1986.

Das Rennen begann mit einer Massenkollision, bei der sich Jacques Laffite Beine und Becken brach. Es bedeutete das Ende seiner Karriere.

Mansell hatte Glück im Unglück, sein Williams hatte direkt beim Start den Geist aufgegeben, für den fälligen Neustart durfte Mansell auf das Reserveauto wechseln, das eigentlich Piquet vorbehalten und auch ganz auf dessen Bedürfnisse abgestellt war. Zu spät entdeckte Mansell, daß es im Cockpit keine Wasserflasche gab und daß die Gurte viel zu eng waren. Against all odds. Die beiden Teamkollegen trugen ein packendes Rad-an-Rad-Duell aus. Lange Zeit lag Mansell an zweiter Stelle, nutzte aber, nachdem er sich an den neuen Wagen gewöhnt hatte, einen kleinen Fehler von Piquet und setzte sich an die Spitze. Nach den Boxenstops blockierte Mansell Piquet auf kalten Reifen eine Runde lang auf jede mögliche Art und Weise. Piquet schäumte vor Wut, Mansell siegte, angeschlagen, ausgetrocknet und fünf Kilo leichter. In England wütete die Mansell-Mania.

Enzo Ferrari hatte in Italien das Rennen verfolgt. In den Fußstapfen von Lauda und Villeneuve durfte Mansell zur Audienz nach Maranello. Geschmeichelt und verwirrt unterzeichnete er einige Papiere, auf dem Rückflug fiel ihm jedoch ein, daß er durch einen Vertrag mit Ferrari seine Titelchancen bei Williams aufs Spiel setzen würde. Er rief bei Ferrari an und machte den Deal rückgängig. Er hätte nur eine Absichtserklärung unterzeichnet. Ferrari erklärte später, sich eine stattliche Ablösesumme ausbedungen zu haben.

Wie auch immer, am Ende der Saison schien es das Geld wert gewesen zu sein. Mit einem Vorsprung von sechs Punkten auf Prost und sieben auf Piquet trat Mansell zum entscheidenden Grand Prix der Saison 1986 in Adelaide an.

Endlich wieder ein Rennen, für das ich nachts aufstehe. Die Mansell-Mania hat auch mich gepackt. Zumal, da der Malocher im Begriff ist, Weltmeister zu werden, das will ich nicht verpassen.

Adelaide steht zum zweiten Mal auf dem Rennkalender. Ein Straßenkurs. Piquet haßt Straßenkurse, Mansell liebt sie, obwohl er noch keinen gewonnen hat.

Es wird ein Reifenrennen. Berger feierte in Mexiko seinen ersten Grand-Prix-Sieg überraschenderweise ohne einen einzigen Boxenstop, doch alle bezweifeln, ob dies auch in Australien möglich ist. In Mexiko hatte Mansell im übrigen die Chance auf den frühzeitigen Titelgewinn verpaßt, weil ihn eine böse Magen- und Darminfektion erwischt hatte, »Montezumas Rache«. »Um alles noch schlimmer zu machen«, erzählte Piquet später, »habe ich in der Williams-Box alle Papierrollen versteckt.«

In Adelaide hat Mansell alles wieder unter Kontrolle. Es kann einfach nichts mehr schief gehen: Sowohl Prost als Piquet müssen gewinnen, und sogar dann genügt Mansell ein dritter Platz.

Im Fernsehstudio der BBC sitzt Frank Williams, der sich, querschnittgelähmt nach einem schrecklichen Autounfall Anfang des Jahres, die Reise nach Australien noch nicht zutraut. Der Moderator geht mit ihm schon einmal ein paar Fragen durch, eine Abteilung, falls Piquet, eine andere, falls Mansell Weltmeister wird; eine dritte Möglichkeit schließen sie aus.

Auf der anderen Seite der Erdkugel übernimmt Piquet sofort nach dem Start die Führung, verbraucht jedoch zu viel Benzin und muß den Ladedruck seines Turbomotors drosseln, so daß ihn Rosberg – es ist sein letztes Rennen – an der Spitze ablöst. Mansell liegt an dritter, vierter Stelle. Alles läuft nach Plan, zumal, als Prost nach einem Rempler von Berger wegen einer Reifenpanne an die Box muß. Der Franzose fällt weit zurück; er scheint seine Hoffnung auf den Titel begraben zu können.

Die Techniker des Reifenlieferanten Goodyear inspizieren Prosts Reifen und stellen kaum Abnutzung fest. Die Teams werden informiert, daß sie ohne Boxenstop weiterfahren können. Williams, der anfänglich einen Stop geplant hatte, ändert daraufhin seine Strategie. Piquet stimmt zu: »Leichtes Vibrieren, komme aber nicht rein.« Auch Mansell fährt weiter.

Der Fernseher läuft leise, alle anderen schlafen, ich bin der einzige, der zuschaut, der einzige auf der ganzen Welt anscheinend.

Die 63. Runde, noch neunzehn. Rosberg stellt sein Auto am Pistenrand ab in der irrigen Annahme, der Motor sei kaputt. Der Fernsehzuschauer sieht hier mehr als der Fahrer: In Wirklichkeit ist der Reifen geplatzt. Und dies ist der Auftakt für die aufregendsten, dramatischsten neunzig Sekunden der Saison ... Piquet liegt nun in Führung, und Prost auf neuen Reifen hat inzwischen seinen Rückstand wettgemacht und zieht an Mansell vorbei. Doch der dritte Platz reicht Mansell noch immer. Er hat mehr als eine Minute Vorsprung vor der Nummer vier, Stefan Johansson. »Reifenwechsel«, schreie, flüstere ich verzweifelt, als Mansell ins Bild kommt. »Reifenwechsel!« Eine Minute vor Johansson: Mit einem Reifenwechsel würde Mansell seinen dritten Platz und damit den

Titel sicherhaben! Doch er fährt weiter. Warum wechselt er die Reifen nicht? Williams erklärt später, sie seien bereit gewesen, Mansell widerspricht, das Team habe ihn nicht reinkommen lassen.

Dann folgt der absolute Nigel-Mansell-Moment. Bei über 300 km/h explodiert auf der Jack-Brabham-Geraden der linke Hinterreifen seines Williams-Honda. Funken stieben auf, der zerfetzte Reifen schlägt wie verrückt gegen die Karosserie. Der Wagen gerät ins Schleudern, bockt, touchiert mehrmals die Mauer. Mansell kämpft wie ein Berserker mit dem Steuer. Es ist ein Albtraum. Ich kann nicht schreien, nicht mit den Füßen stampfen, alle schlafen. Der Wagen schießt geradeaus, aber schon bedeutend langsamer, mit 40 km/h kommt er vor einer Betonwand am Ende der Auslaufzone zum Stehen.

Ich stehe da, die Hände vor dem Mund, mit weichen Knien und pochendem Herzen. Sekundenlang bleibt Mansell im Wagen sitzen. Adieu Titel.

Es hätte natürlich viel schlimmer ausgehen können. Wenn der Wagen ausgeschert wäre, sich gedreht oder überschlagen hätte, bei 300 km/h! Es war eine Demonstration von Mansells Fahrzeugbeherrschung. Doch was hat er davon?!

Mühsam, völlig desillusioniert steigt er aus, winkt mit Anstrengung dem Publikum, nimmt den Helm ab. Streckenposten führen den gebrochenen, erschöpften Helden behutsam zu einem sichereren Platz. Mansell, wie er leibt und lebt. Diesmal denkt er noch nicht daran, seine Karriere an den Nagel zu hängen.

Piquet kommt zum Reifenwechsel an die Box, Prost siegt und wird Weltmeister. Im englischen Fernsehstudio herrscht betretenes Schweigen.

Ein Jahr später war Mansell wieder nahe dran. Er gewann sechs Grand Prix, Prost und Piquet je drei. In England spielten sich euphorische Szenen ab, als Mansell auf dem Kurs von Silverstone mit einer furiosen Aufholjagd einen Rückstand von achtundzwanzig Sekunden auf Piquet wettmachte und auf der Hangar-Geraden mit zwei unwahrscheinlichen Finten an ihm vorbeizog.

Mansell war 1987 der absolut Schnellste, aber wieder ging ihm der Titel durch die Lappen, teils weil Piquet wie gewohnt sein schmutziges Spiel trieb, teils durch ein paar grobe Schnitzer. So versuchte er in Spa in der ersten Runde Senna an einer völlig ungeeigneten Stelle zu überholen. Senna: »Ich hätte nie gedacht, daß er so viel riskieren würde. Wir gehen beide voll auf die Bremsen, schalten – Gang sechs, fünf, vier. Während ich auf der Mitte der Piste schon die Kurve anfahre, wird mir plötzlich klar: er wird es tatsächlich versuchen. Es ist, als würden wir in einen Trichter fallen, ich hoffe, daß wir irgendwie wieder auseinander driften, aber als ich schon halb auf dem Gras stehe, hält er einfach die normale Linie. Er wird es nie schaffen, denke ich. Wir berühren einander, und als die Räder wieder freikommen, macht der Lotus einen Riesensprung.«

Senna rutschte von der Piste und gab auf, Mansells Wagen wurde beschädigt, auch er fiel später aus. Nach dem Rennen kam er wutschnaubend in die Lotus-Box, um Senna die Leviten zu lesen. »Wenn ein Mann einem an die Gurgel geht, dann ist er wohl nicht gekommen, um sich zu entschuldigen. Total verrückt.« Nur mit Mühe konnten die Williams- und Lotus-Mechaniker eine Prügelei verhindern. Mansell und Senna, sie waren einander ebenbürtig, genauso schnell, genauso hartnäckig. Magnetisch wurden ihre Wagen voneinander angezogen, ungezählt waren die Kollisionen und Beinahezusammenstöße, doch tat all dies ihrem gegenseitigen Respekt keinen Abbruch, wohl vor allem deshalb, weil sie nie zusammen in einem Rennstall fuhren.

In Ungarn wurde Mansell endgültig zum tragischen Clown. Fünf Runden vor Schluß überholte ihn sein eigenes Hinterrad. Eine Radmutter hatte sich gelöst. »Achse und Radmutter sind aus unterschiedlicher Legierung und können sich bei Wärme lösen«, erzählte Williams, »die Wahrscheinlichkeit, das so etwas passiert, beträgt eins zu hundert. Bei Mansell offenbar etwas mehr.«

Als der Titelkampf sich zuspitzte, machte Piquet seinen raffiniertesten Schachzug. Voller Haß auf seinen Teamkollegen Mansell und von Williams enttäuscht – »Ich hatte bei Williams angeheuert, um Weltmeister zu werden, nicht um mich in einem Duell mit Mansell aufzureiben« – unterschrieb er für die nächste Saison einen Vertrag bei Lotus und sorgte gleichzeitig dafür, daß der Motorenlieferant Honda von Williams zu seinem neuen Rennstall wechselte. (Mit einem Schlag hatte Williams für die Saison 1988 alle Chancen eingebüßt, sie verfügten nicht einmal mehr über einen Turbo-Motor.) Für Mansell war damit auch die Saison 1987 gelaufen, denn Honda war alles daran gelegen, im nächsten Jahr einen Weltmeister Piquet im Lotus-Honda mit der Startnummer 1 fahren zu sehen.

Als Mansell nach dem portugiesischen Grand Prix über die Leistung seines Motors klagte, lächelten die Honda-Ingenieure nur höflich. Und Piquet goß noch Öl ins Feuer. Gefragt, wer der Beste von ihnen sei, antwortete er: »Ich habe zwei WM-Titel gewonnen, Mansell hat einen verloren. Schnell zu sein, ist nicht alles. Oft ist es wichtiger, seinen Wagen einfach auf der Piste zu halten ...«

Schließlich warf Mansell sich selbst aus dem Rennen, ausgerechnet in Japan, der Heimat von Honda. Vermutlich durch schmutzige Reifen geriet der Wagen bei hoher Geschwindigkeit ins Schleudern, knallte rücklings in einen Reifenstapel, drehte sich mehrmals, bis er zum Stehen kam. Mansell gab kein Lebenszeichen von sich. Das Team in der Box erstarrte vor Schreck. Doch Mansell lebte. Als man ihn aus dem Cockpit hob, brüllte er vor Schmerzen. Mit Wirbelverletzungen wurde er ins Krankenhaus eingeliefert, wo er neben einem Mann lag, der die ganze Nacht schrie und jammerte. Am nächsten Morgen stellte sich heraus, daß der Mann gestorben war. Mansell wurde das alles zuviel, und zum ersten Mal dachte er ernsthaft daran aufzuhören.

Doch mit dreizehn Grand-Prix-Siegen und zwei Mal so nah am ersehnten Ziel beschloß er, unterstützt von seiner Frau Rosanne, durchzuhalten. Da er 1988 ohne Turbo-Motor nur um die hinteren Plätze fuhr, wechselte er am Saisonende schließlich doch noch zu Ferrari.

Der Romantiker und der Intrigant

Ferrari war für Mansell wie maßgeschneidert. Der Romantiker, der tragische Held, die unbelohnte Kämpfernatur. Der Zufall wollte es, daß Mansells Wagen die Nummer 27 bekam, und die Tifosi sahen in ihm bereits den neuen Villeneuve, einen Mann, der mit dem Herzen fuhr. Die Italiener liebten ihn, und das war es, was Mansell brauchte.

Der ehemalige Fensterputzer kam aus dem Staunen nicht heraus. In der Ferrari-Fabrik bewunderte er den Ferrari Testarossa, eine Woche später stand der Wagen vor seiner Tür. Das gleiche passierte mit einem Ducati-Motorrad. Nach einem Besuch in der Fabrik mußte Mansell einen Bus mieten, um alle Geschenke mitnehmen zu können. Am Erstaunlichsten war jedoch sein erstes Rennen für Ferrari.

1989 im Training zum Großen Preis von Brasilien ging so gut wie alles kaputt, was kaputtgehen konnte. Die halbautomatische Gangschaltung an der Rückseite des Steuers war neu und eigentlich noch nicht ausgereift. Weder Berger noch Mansell brachten auch nur fünf Runden am Stück zusammen. Kurz erwog Teamchef Fiorio, die Wagen nur halbvoll aufzutanken, so daß sie erst heldenhaft an der Spitze fahren, schließlich aber betrüblicherweise durch unerklärliche technische Defekte – das heißt: ohne Sprit – ausfallen würden. Der Plan wurde verworfen.

In der Anfangsphase des Rennens kollidierten Berger und Senna. Mansell lag an dritter Stelle, überholte Boutsen und in der fünfzehnten Runde auf spektakuläre Weise außen auch Patrese und führte das Feld an. Doch der Sieg fiel ihm natürlich nicht ohne Aufregung und Anstrengung in den Schoß. Zwanzig Runden vor Schluß merkte Mansell, daß das Lenkrad sich löste. Fast eine volle Runde lang mußte er bis zum Boxenstop weiterfahren. Doch das Glück blieb ihm diesmal treu: Prost bekam Probleme mit der Kupplung, und so konnte Mansell das Rennen doch noch gewinnen. Völlig erschöpft stand er auf dem Siegerpodest, in Maranello läuteten die Glocken, und die italienischen Fans bemalten riesengroße Spruchbänder: »Nigel = Gilles«.

Es gab jedoch einen großen Unterschied zwischen Mansell und Gilles Villeneuve. Gewiß, beide waren Vollblut-Rennfahrer. Beide verkauften ihr Haus, um in die Formel 1 einsteigen zu können, beide kämpften mit phänomenalem Einsatz und beide besaßen einen draufgängerischen Fahrstil. Doch bei Mansell war alles eine Spur zu übertrieben. Alle seine Siege waren Heldentaten, schwer errungen gegen zähe Gegner, physische Torturen, diabolische Schicksalsschläge und durchtriebene Teamkollegen. Die Erschöpfung, die Mansell nach jedem Rennen zur Schau trug, mochte man ihm noch durchgehen lassen. Aber sein ständiges Nörgeln über technische Defekte, schreckliche Schmerzen, über Betrug und Hinterlist waren Dinge, die Villeneuve völlig fremd waren. Krampf, Zahnschmerzen, Austrocknung, Durchfall – alles hatte Mansell mindestens einmal mitgemacht. Nach dem Sieg in Österreich 1987 stieß er auf dem Weg zur Siegerehrung mit dem Kopf gegen einen Eisenträger, so daß er mit einer riesigen Beule auf der Pressekonferenz erschien. Und als er 1992 überlegen auf den Titelgewinn zusteuerte, wurde der ganze Spaß nicht nur durch einen Schurken hinter den Kulissen verdorben, sondern obendrein auch durch eine schmerzhafte Fußverletzung: Wenn Mansell Gas gab, hatte er das Gefühl, als würde er in Glas treten. Eine einzige Tortur! Dies war aber auch der größte Unterschied zwischen beiden Fahrern: Mansell wurde »against all odds« Weltmeister, Villeneuve verunglückte tödlich, als er Verrat witterte.

1989 hatte Ferrari mit zu großen Problemen zu kämpfen, nur in Ungarn konnte Mansell noch einmal gewinnen. Beim Großen Preis von Portugal in Estoril gab es wieder eine typische Mansell-Einlage zu bewundern. Auf dem Weg zum Reifenwechsel verfehlte er die Ferrari-Box um etliche Meter und fuhr dann rückwärts tadellos vor. Da dies laut Reglement verboten war, disqualifizierte ihn die Rennleitung. Mansell ignorierte jedoch die schwarze Flagge und bugsierte im weiteren Rennverlauf Senna und sich selbst von der Piste. Trotz Mansells Beteuerung, die schwarze Flagge nicht gesehen zu haben, sperrte ihn die FIA für ein Rennen. Tief entrüstet drohte Mansell wieder einmal mit seinem Rücktritt.

Doch schien der Titelgewinn greifbar nahe. 1990 waren die Kinderkrankheiten behoben, der Ferrari 641/2 war ein potentieller Sieger. Nur saß Mansell nicht im Cockpit. Die Saison, in der »Il Leone« endlich die Ernte einfahren wollte, vergällte ihm sein neuer Stallgefährte Alain Prost. Prost, der Intrigant, fühlte sich bei Ferrari wie die Made im Speck, und schon bald hatte er die Chefetage davon überzeugt, daß die einzige Chance, McLaren, Honda und vor allem Senna zu schlagen, darin bestand, alles auf *einen* Wagen zu setzen, und zwar auf seinen. Prosts Manipulationen war Mansell nicht gewachsen. »Sogar beim Golf schummelt er.« Zum zweiten Mal hatten Intrigen Mansell aufs Abstellgleis geschoben.

Prosts Manipulationen gingen so weit, erzählt Mansell, daß er vor dem Großen Preis von England heimlich die Autos vertauschte, weil Mansell im vorigen Rennen in Frankreich so gut gefahren war. Mansell merkte es sofort, seine Mechaniker mußten es widerwillig einräumen. Prompt sicherte er sich die Pole-Position. Im Rennen ging er zunächst in Führung, mußte aber wegen eines Getriebedefekts aufgeben. Theatralisch warf er seine Handschuhe ins Publikum und kündigte seinen Rücktritt an.

The People's Champion

1991 saß Mansell wieder ganz normal in einem Formel 1-Wagen. Frank Williams hatte ihn mit viel Geld und harten Garantien geködert. Es werde wieder ein Jahr des Aufbaus werden, aber 1992 würde es endlich klappen. Abgemacht. So jedenfalls stellt Mansell es in seiner Autobiographie dar, denn eigentlich hätte er schon 1991 viel mehr erreichen können, wenn er nicht auf seine bekannte Art gestümpert hätte.

So auch beim Großen Preis von Kanada in Montreal, wo er, eine Runde vor Schluß in Führung liegend, ausfiel. Ein mechanischer Defekt, behauptete Mansell, ein kapitaler Bock seine vielen Kritiker. Da Mansell schon vor dem Ziel in die Menge winkte, vergaß er herunterzuschalten, in der Haarnadelkurve starb der Motor mit zu niedriger Drehzahl ab. Während Mansell vor Wut aufs Steuer trommelnd seinen Williams im Gras abstellte, war es ausgerechnet Piquet, der an ihm vorbeiraste und den Sieg einfuhr. »Ich hatte das Tempo schon verringert, um meinen zweiten Rang abzusichern. Da hörte ich plötzlich über Funk aus den Boxen: ›Gib Gas, gib Gas, Nigel bleibt stehen.‹ Da war ich so aufgeregt, daß ich fast die Kontrolle über den Wagen verloren hätte.« Es war Piquets letzter Sieg.

Zum Saisonende war der Williams mit Abstand das beste Auto, Mansells Rückstand auf Senna war jedoch inzwischen zu groß geworden. In Estoril vergab Mansell seine letzte Chance. In Führung liegend fuhr er in der dreißigsten Runde zum Reifenwechsel an die Boxen. Schnell: vier neue Reifen in sieben Sekunden. Zu schnell. Denn beim Anfahren machte sich das rechte Hinterrad selbständig. Hilflos stand der Williams auf drei Rädern in der Boxengasse. Williams und die Radmuttern. Die Mechaniker kamen herbeigerannt und montierten ein neues Rad. Aber Reparaturen außerhalb der Garagenzone waren verboten. Diesmal ignorierte Mansell die schwarze Flagge nicht.

In der Saison 1992 war er der aussichtsreichste Anwärter auf den WM-Titel. Er verfügte über den besten Wagen, den stärksten Motor, die ausgereifteste Elektronik, sogar das Benzin verschaffte ihm noch extra Pferdestärken. Natürlich mußte der Wagen auch noch gesteuert werden.

Nach fünf Rennen hatte er mit fünfzig Zählern die maximale Punktzahl, Senna, sein ernsthaftester Konkurrent, erst acht. Prost, der sich nach einem heftigen Streit von Ferrari getrennt hatte, setzte ein Jahr aus. Keiner ahnte, daß der meisterhafte Intrigant hinter den Kulissen an seinem vierten Weltmeistertitel schmiedete.

Mit Patrese als loyalem Teamkollegen steuerte Mansell überlegen auf den wohlverdienten Titelgewinn zu. Trotzdem konnte er seine Stümpereien nicht lassen. So wiederum in Kanada, als er zum ersten Mal nicht von Anfang an an der Spitze lag und Senna vorlassen mußte. Am Ende der fünfzehnten Runde wagte Mansell ein Überholmanöver und flog von der Piste. Auf seinen Vorwurf, Senna habe ihn abgeschossen, antwortete dieser, daß Mansell einfach zu spät gebremst habe. In einem überlegenen Wagen und die Weltmeisterschaft vor Augen hätte Mansell klüger sein müssen. Fünf Jahre nach Spa-Francorchamps hatte sich nichts geändert.

In Monaco zeigte Mansell sich von seiner besten Seite. Fast während des gesamten Rennens hatte er klar vor Senna geführt. Doch plötzlich war Mansell verschwunden, auch die Regie hatte ihn aus den Augen verloren. Er war an die Boxen gefahren, weil er eine Reifenpanne vermutete. Tatsächlich war es – wie konnte es auch anders sein – eine lockere Radmutter. Aber Senna war vorbei. Noch sechs Runden. Nach einer einzigen Runde hing Mansell Senna wieder am Getriebe. Fünf phantastische, unvergeßliche Runden folgten. Immer wieder, überall, auch da, wo es absolut unmöglich war, versuchte Mansell, Senna zu überholen. Doch Senna ließ sich seinen fünften Sieg in Monaco nicht abluchsen, er wußte genau, wann er sich breit machen, welche Linie er fahren mußte. Immer wieder, bei Mirabeau, bei der Schikane, vor Rascasse, in Rascasse, nach Rascasse schob Mansell die Nase seines Williams links oder rechts, manchmal links und rechts neben den McLaren. »Manchmal sah ich zwei oder drei McLarens vor mir.« Der einzige Weg, Senna zu überholen, war über ihn weg zu fahren. Das war verboten.

Senna gewann. Es war die Formel 1 in Reinform. Senna und Mansell hatten abermals gezeigt, daß sie die besten und vor allem die unterhaltsamsten Kämpfernaturen der Rennbahn waren. Natürlich mußte Mansell nach der Zieldurchfahrt aus dem Cockpit gehoben werden, und auf dem Weg zur Fürstenloge strauchelte er mehrmals. So kannte man ihn.

Die restliche Saison fuhr der »Red Five« so gut wie ungehindert von der Pole-Position zum Sieg. Der Höhepunkt war Silverstone. Mansell eroberte die Pole mit einem Vorsprung von zwei Sekunden auf Patrese und drei auf Senna. Bereits in der zweiten Runde brach Mansell mit vollem Tank den Streckenrekord und gewann schließlich mit vierzig Sekunden Vorsprung vor seinem Teamkollegen. Noch in der Auslaufrunde stürmten die englischen Fans die Piste. Mansell berichtete später, er habe jemand überfahren, doch der Mann habe es großartig gefunden. Eine riesige Menschenmenge hielt schließlich den Williams an, die Fans zerrten ihren Helden aus dem Cockpit und trugen ihn auf den Schultern. The People's Champion. Damon Hill fuhr in seinem Grand-Prix-Debüt zufällig hinter Mansell und hatte Angst, den Ansturm nicht zu überleben. »Sie haben aber auch mir applaudiert, obwohl ich Letzter geworden war.«

Die Mansell-Mania war verständlich. Nicht nur Mansell, sondern auch seine Fans hatten so lange auf diesen Augenblick warten müssen. Wer gönnte es ihm nicht, doch für die Fans war die Saison gelaufen.

Bereits in Ungarn sicherte er sich den Titel, nie zuvor war die Weltmeisterschaft so früh entschieden worden.

Die Freude hielt nicht lange vor, denn die Weltmeisterschaft von 1993 wurde gewissermaßen noch schneller entschieden. Zu Ungunsten von Mansell.

Bereits beim zweiten Grand-Prix-Wochenende von 1992 hatte Frank Williams Mansell gefragt, was er von der Idee hielte, im nächsten Jahr Prost zum Teamkollegen zu haben. Mansell nahm eine abwartende Haltung ein, er kannte Prost noch aus seiner Zeit bei Ferrari. Doch er kannte Prost nicht gut genug, denn er ahnte nicht, daß dieser schon bei Williams unterschrieben hatte. Zum dritten Mal sah sich Mansell mit Hinterzimmer-Politik konfrontiert. Als Williams nicht aufhörte, über Prost zu reden, dämmerte es Mansell. Er erklärte sich einverstanden, stellte jedoch Bedingungen. Nun zögerte Williams, Gerüchte kursierten über ein Angebot an Senna. Zutiefst in seinem Stolz gekränkt traf Mansell schließlich selbst eine Entscheidung. Obwohl man ihm noch im letzten Moment zutrug, daß Williams auf alle seine Bedingungen eingehen würde, berief Mansell in Monza eine Pressekonferenz ein und erklärte zum zweiten Mal seinen Abschied von der Formel 1.

Er fuhr über den großen Teich und holte – eine beispiellose Leistung – gleich im ersten Jahr den Titel bei der IndyCar-Serie. Souverän, aber mit lädiertem Rücken, beinahe tödlichen Unfällen und anderem Ungemach, versteht sich.

Und natürlich kam er zurück. Nach Sennas Tod sorgte Bernie Ecclestone dafür, daß Mansell 1994 noch ein paar Rennen für Williams fuhr, für den Mann, der ihn zwei Jahre zuvor noch so schmählich betrogen hatte.

Im japanischen Suzuka lieferte Mansell sich noch einmal ein heroisches Gefecht mit Jean Alesi um den dritten Platz. Runden lang attackierten sie sich Rad an Rad in der 130R-Kurve. Immer wieder aufs neue setzte Mansell seinen Williams neben den Ferrari, aber Alesi gab nicht nach. Anschließend fielen sich die beiden Matadore in die Arme, sie wußten, daß sie gezeigt hatten, wie aufregend und herrlich der so angefeindete Sport sein konnte. Das abschließende Rennen in Adelaide gewann Mansell sogar. Neben ihm auf dem Podium stand ein säuerlich lächelnder Berger: »So, alter Knacker, bist du wieder da!«

Williams wollte sich jedoch nicht mehr für die gesamte Saison mit Mansell einlassen. Zum soundsovielten Mal schien Mansells Rennfahrerkarriere vorbei, hätte ihn McLaren nicht noch ein Mal für die nächste Saison zu überreden verstanden. Stolz erklärte Mansell, er habe nun für alle großen Formel 1-Teams gefahren: Lotus, Williams, Ferrari und McLaren. Doch das McLaren-Abenteuer war eine einzige Farce. Bei Testfahrten stellte sich heraus, daß Mansell nicht ins Cockpit paßte! Zwei Rennen mußte er auslassen. Die Weltmeisterschaft konnte er abschreiben, und beim nächsten Grand Prix erwies sich der Wagen als unlenkbar. Mansell gab eine kläglich Figur ab und nach insgesamt vier Saisonläufen hörte er auf. Endgültig. Wahrscheinlich.

Prost und Senna: der Beste und der Schnellste

Das Duell Alain Prost gegen Ayrton Senna ist wohl beispiellos nicht nur in der Geschichte des Automobilsports, sondern des Sports überhaupt.

Prost über Senna: »Er hat alles kaputtgemacht ... Ich dachte immer, er sei ein Angehöriger der menschlichen Rasse, zwar hart, aber fair ... Ich bin nicht bereit, auf der Strecke gegen unverantwortliche Menschen zu kämpfen, die sich nicht davor fürchten zu sterben.«

Senna über Prost: »Immer wieder versucht er, Leute zu zerstören. Auch mit mir hat er das in der Vergangenheit bei verschiedenen Gelegenheiten versucht, aber es ist ihm nie gelungen und wird ihm auch nie gelingen, weil ich weiß, was ich wert bin und wohin mein Weg mich führt.«

»Alain Prost und Ayrton Senna haßten einander tief und ehrlich. Abgesehen von allem, was mit Herkunft, Kultur und Charakter zu tun hatte, reichte allein schon die Totalität des Nummer-eins-Anspruchs zu einem Exzeß der Emotionen.« So Gerhard Berger.

Es fing gleich mit dem fünften Rennen an, in dem beide starteten, dem Grand Prix von Monaco 1984, dem Wasserballett.

Nachdem Mansell auf den weißen Wegmarkierungen ins Rutschen gekommen war, übernahm Prost die Führung. Schnell, aber umsichtig bahnte er sich einen Weg durch den Regen. Er hatte keine Eile, er hatte einen komfortablen Vorsprung vor Lauda. Außerdem haßte Prost Regen. Die Erinnerung an das Unglück von Didier Pironi auf dem Hockenheimring 1982 war ihm noch frisch im Gedächtnis.

Pironi hätte sich damals den Weltmeistertitel vorzeitig sichern können. Er hatte sich bereits die Pole-Position geholt, als er an jenem Samstagvormittag während des freien Trainings im strömenden Regen unterwegs war. Fuhr er deshalb mit 280 km/h auf der Geraden zum

Motodrom, weil er neue Regenreifen testen wollte? Im Wasserschleier hinter Dalys Williams übersah Pironi den Renault von Alain Prost. Prost spürte einen Schlag, sah den Ferrari »fast dreißig Meter hoch« über sich hinwegfliegen, sich mehrmals überschlagen und schließlich auf dem Asphalt auseinanderbrechen. Es kostete Pironi nicht das Leben, wohl aber den Titel, die Beine und die Karriere. »Seit jenem Tag«, so Alain Prost, »habe ich warnend dieses Bild vor mir, was es bedeuten kann, bei Regen zu fahren.« Gewinnen ja, aber nicht um jeden Preis.

Wie anders war dagegen Senna. Er hat in seiner ersten Formel 1-Saison in einem kaum wettbewerbsfähigen Wagen nichts zu verlieren und will gewinnen, um jeden Preis.

Senna ist die Entdeckung der Saison. Es ist sein erster Grand Prix von Monaco. Überholen unmöglich? In seinem klapprigen Toleman zieht er an Laffite, Winckelhock und Rosberg vorbei, nicht die Schlechtesten, aber sie haben nicht die Spur einer Chance. Er überholt Arnoux und läßt auch Lauda wie einen blutigen Anfänger hinter sich. Der Rückstand auf Prost ist beträchtlich. Doch das spielt keine Rolle. Das Wetter ist günstig, es wird von Minute zu Minute schlechter.

Prost fühlt Senna näherkommen. Er habe Probleme mit den Bremsen gehabt und mit der Radaufhängung, erklärt er nach dem Rennen. Außerdem findet er inzwischen die Umstände zu gefährlich. Mehrmals gestikuliert er beim Überfahren der Start/Ziellinie, man solle das Rennen doch abbrechen.

Rennleiter in Monaco ist Jacky Ickx. Als ehemaliger Regenmeister weiß er Bescheid. In seinen jungen Jahren meinte er noch gelegentlich, Risiko und Gefahr seien die großen Herausforderungen des Sports. Aber als sich sogar Lauda in der 23. Runde von der Piste dreht, ist das für Ickx ein böses Vorzeichen. »Hier rutscht einer von der Bahn, dort dreht sich ein anderer. Und dann kommt der Moment, in dem man entscheiden soll, ob das Rennen noch gefahrlos weitergehen kann oder nicht. Das ist zwangsläufig eine persönliche Entscheidung, aber dafür hat man ja eben einen Rennleiter.«

Senna holt auf. Drei bis fünf Sekunden ist er pro Runde schneller als Prost. Natürlich geht er Risiken ein, doch Senna weiß, was er tut, Monaco liegt ihm. In der 27. Runde beträgt der Unterschied noch zwanzig Sekunden, eine Runde später nur noch fünfzehn, zwölf, sieben …

Und dann bricht Ickx das Rennen in der 31. Runde ab. Und sofort hagelt es Kritik. Denn eine oder zwei Runden später hätte Senna die

Führung übernommen. Ickx, der 1984 noch immer als Fahrer für Porsche aktiv ist, wehrt sich gegen den Vorwurf, er habe Porsche und Prost absichtlich begünstigen wollen: »Das Wichtigste für einen Rennfahrer ist, glaube ich, daß seine Laufbahn zwanzig Jahre dauern kann, wenn er will. Ich bin dagegen, daß man freizügig zuläßt, daß die Leute Unfälle bauen, sich verletzen oder vielleicht sogar selbst umbringen.«

Wie dem auch sei, Ickx tat gut daran, die Laufbahn von Prost und Senna noch eine Weile fortdauern zu lassen. Denn der Zwischenfall in Monaco sollte erst der Auftakt zu einem zehn Jahre dauernden Epos sein, einem Epos voller Auseinandersetzungen, schlauer Verträge und Vertragsbrüche, harter Zweikämpfe und rücksichtsloser Karambolagen, kurz, ein Duell, das die Formel 1 nachhaltig prägt.

Ironischerweise zogen beide Kampfhähne 1984 den kürzeren. Denn durch Ickxs Entscheidung fiel Prost zwar der Sieg in den Schoß, da jedoch keine 75 Prozent der Renndistanz zurückgelegt worden waren, wurde dem Reglement entsprechend die Punktzahl halbiert. Statt neun Punkten erhielt Prost nur viereinhalb. Am Ende der Saison stand er in Estoril weinend auf dem Podium. Zum dritten Mal in Folge war ihm der Titel durch die Lappen gegangen. Mit einem halben Punkt Vorsprung hatte sein Teamkollege Niki Lauda die Nase vorn.

Jackie Stewart bezeichnete Prost als den Besten und Senna als den Schnellsten. Worin bestand der Unterschied zwischen den beiden? Abgesehen von allem, was mit Herkunft, Kultur und Charakter zu tun hatte, war Prost vier Jahre eher in die Formel 1 eingestiegen, er hatte bereits mehrmals verloren und die schrecklichen Unfälle von 1982 mitgemacht, Villeneuve, Paletti, Pironi ... Alle seine Erfolge kamen vor diesem Hintergrund zustande.

Sennas Siegeszug hingegen schien von Anfang an keine Grenze gesetzt. Niederlage und Schrecken kamen in seinem Vokabular nicht vor. Erst am 30. April 1994 wurde er mit dem höchsten Tribut konfrontiert, den ein Rennfahrer zu zahlen hat; einen Tag später war alles vorbei.

Beinamen charakterisieren oft überspitzt einen Menschen. Prost wurde »der Professor« genannt, Senna »Magic Senna«. Prost und Senna – Kalkül gegenüber Magie, Verstand gegenüber Ekstase. Der Beste und der Schnellste. Der Unterschied: der Tod.

Zirkus Ecclestone

In der zweiten Hälfte der achtziger Jahre gelang es Bernie Ecclestone endgültig, seine Angelegenheiten zu ordnen. Der bereits mehrere Male geschlossene Vertrag mit der FISA hielt stand. Gerüchte zirkulierten, Ecclestone habe die FISA schlichtweg bestochen oder ausgekauft. Auf jeden Fall bekam die FOCA mehr und mehr das Sagen. Die Formel 1 hatte sich von einem nach Motoröl stinkenden Sammelsurium in einen reibungslos funktionierenden Rennzirkus verwandelt. Außerdem hatte die FOCA die Rechte an der Vermarktung der einzelnen Rennen im Bereich Werbung und Fernsehübertragung übernommen, und das legte den Grundstein zu einem beispiellosen finanziellen Erfolg.

Auch im Bereich Sicherheit wurden Fortschritte erzielt, was dem Image des Autosports zugute kam. Riccardo Paletti war auf längere Zeit der Letzte, dessen Tod während eines Grand-Prix-Wochenendes zu beklagen war. Zwar verunglückte Elio de Angelis 1986 tödlich auf dem französischen Rennkurs Paul Ricard, aber das passierte bei Testfahrten, weitab von den Kameras. De Angelis starb, weil es nicht genug Streckenposten gab, die den Fahrer aus dem brennenden Wrack hätten befreien können. Seitdem unterliegen auch Testfahrten strengen Sicherheitsbestimmungen.

Nach De Angelis' Tod blieb die Formel 1 acht Jahre lang sauber. Dank der neuen Sicherheitsmaßnahmen, dank neuer Materialien beim Bau eines F1-Autos, und vor allem dank einer gehörigen Portion Glück.

Seit einigen Jahren wurden beinahe alle Chassis aus Karbonfiber hergestellt, einem sehr teuren Kunststoff aus der Raumfahrtindustrie, der dreimal leichter ist als Aluminium, aber auch viermal so widerstandsfähig. Karbonfiber verformt sich nicht und bricht nur bei extrem harten Schlägen. Nur einer solchen Sicherheitszelle verdankte Nelson Piquet 1987 nach einem schweren Unfall in der Tamburello-Kurve auf dem Kurs von Imola sein Leben. Allerdings ergab sich ein neues Problem: Nun, da der Wagen einen Aufprall unbeschadet überstand, war der Körper des Fahrers enormen Belastungen ausgesetzt. Piquet: »Das Schlimmste ist, daß ein solches Chassis nicht kaputtgeht. Du bist schon längst tot, bevor es bricht – weil der Mensch solche Kräfte einfach nicht aushalten kann.« Piquet war eine halbe Saison lang angeschlagen, doch er hatte überlebt und wurde sogar Weltmeister.

1989 verunglückte Philippe Streiff in Brasilien: Querschnittlähmung.

Und in Imola, wiederum in der Tamburello-Kurve, wurde Berger durch schnelle Streckenposten aus seinem brennenden Ferrari befreit. Feuer kam seitdem kaum noch vor. Die Tanks und Kraftstoffleitungen wurden mit Ventilen ausgestattet, die sich bei Unfällen automatisch schließen. 1990 überschlug sich Derek Warwick in Monza am Ende der Parabolica-Kurve bei einer Geschwindigkeit von 200 km/h. Zum Entsetzen der übervollen Tribünen rutschte der Lotus auf dem Überrollbügel über den Asphalt. Doch Warwick kroch heraus, überquerte die Fahrbahn, rannte zur Box, stieg in den Reservewagen und fuhr rasch noch eine schnelle Runde. Schlechter erging es Martin Donnelly, der in Jerez seinen Lotus völlig zu Schrott fuhr und dabei nur das Glück hatte, daß er aus dem Wrack katapuliert wurde. Fast wäre er im eigenen Blut erstickt, als er bewußtlos und mit mehreren komplizierten Beinbrüchen auf dem Boden lag. Als er in der Streckenklinik wieder zu Bewußtsein kam, erkundigte er sich sofort nach seiner Rundenzeit ...

1992 hatte Patrese in Estoril Glück, als er mit gut 200 km/h durch die Luft kreiselnd um ein Haar die Boxenmauer verfehlte ...

Im Jahr darauf wiederholte Warwick sein Kunststück von Monza auf dem Hockenheimring. Diesmal landete sein Auto kopfüber im Kiesbett. Professor Watkins persönlich holte die Kieselsteine aus Warwicks Ohrkanal. Warwick jedoch meinte: »Der stammt von Monza 1990.« Im gleichen Jahr überlebte Christian Fittipaldi in Monza bei Tempo 300 einen Rückwärtssalto, und in Spa rettete die Robustheit des Wagens Alex Zanardi das Leben, als er mit seinem Lotus am Ausgang der Eau-Rouge-Kurve gegen einen Erdwall raste. Karbonfiber. Das Cockpit des Lotus war noch intakt, alle anderen Teile hatten das Weite gesucht. Durch die Luft fliegende Wrackstücke würden das nächste Problem darstellen.

Aber die Formel 1 galt mit einem Mal als ein sicherer Sport. Die Sponsoren waren zufrieden, daß die mit ihrem Namen versehenen Boliden nicht mehr in einem Danse macabre figurierten. Das Unternehmen florierte, und immer größer wurde die Schar der Begeisterten, die überall auf der Welt alle zwei Wochen die Rennen auf dem Bildschirm verfolgten.

Das sich explosionsartig ausdehnende Medien-Spektakel bot ungeahnte Werbemöglichkeiten. Die erwachsen gewordene Formel 1 ließ die Sponsoren dafür tief in die Tasche greifen. Die Summen schnellten in die Höhe. Konnte ein Sponsor Ende der Siebziger für 4 Millionen seinen Namen überall auf dem Wagen anbringen, so mußte er zehn Jahre später den gleichen Betrag allein für die Werbefläche auf dem Heckflügel hinblättern. Die Teams wußten nicht, wie ihnen geschah. Innerhalb von zehn Jahren verzehnfachte, ja verzwanzigfachte sich ihr Etat. Wodurch sich der Rennsport natürlich tiefgreifend veränderte. Die kleinen Rennställe – einst Steckenpferde von englischen Lords oder italienischen Autowerkstattinhabern – mußten das Feld räumen. Teams, die überleben wollten, mußten sich zu Firmen mit Fabriken, großer Belegschaft, Langzeitplanung und Marktstrategie entwickeln. Williams und McLaren begriffen das als erste und sicherten sich einen deutlichen Vorsprung. Für ehrwürdige Rennställe wie March, Brabham und sogar Lotus, die jahrelang das Gesicht der Formel 1 geprägt hatten, war der Zug abgefahren, sie verloren den Anschluß und machten Pleite. Ferrari rettete sich, indem es sich selbst an Fiat verkaufte. Tyrrell hielt am längsten durch, doch nach über zehn jämmerlichen Jahren sollte auch für »Onkel Ken« Ende 1998 der Vorhang fallen.

Zumindest die Spitzenfahrer bedauerten diese Entwicklung nicht. Ecclestone mochte ein Alleinherrscher sein, aber er war immer für sie da. »Erst durch diesen, sagen wir, marktgerechten Rahmen und die expansive Kraft hat das, was wir auf der Piste und sonstwo aufgeführt haben, seinen Wert gekriegt, und damit meine ich nicht nur die Kohle«, sagt Gerhard Berger. Nicht nur die Kohle, aber angenehm war es schon, daß die Gehälter in die Höhe schnellten.

1981 verdienten Spitzenfahrer wie Piquet und Villeneuve etwa eine Million Dollar im Jahr. Ein Batzen Geld für die damalige Zeit. Doch Lauda, der nicht auf den Kopf gefallen war, begriff als erster, daß viel mehr drin war. Das Medienspektakel Formel 1 brauchte die Superstars. Laudas Comeback 1982 kostete McLaren-Teamchef Ron Dennis denn auch fünf Millionen Dollar pro Jahr.

Lauda eröffnete den Reigen. Piquet folgte. 1987 kassierte er 3,3 Millionen Dollar bei Williams. Mit Prost und Senna gingen die Preise erst richtig in die Höhe. Auf seinem sportlichen Höhepunkt, 1991, betrug Sennas Gehalt bei McLaren zehn Millionen. Zwei Jahre später verlangte Mansell gut das Doppelte von Williams, bekam es aber nicht. Doch 1996 blätterte Ferrari schon fünfundzwanzig Millionen Dollar für Michael Schumacher hin. Auch unter Berücksichtigung der Inflationsrate hatte sich das Gehalt innerhalb von fünfzehn Jahren verfünfzehnfacht. Für die Stars wohlgemerkt. Denn die meisten Fahrer müssen noch immer Geld mitbringen, wenn sie irgendwo fahren wollen.

Viel Geld macht den Siegerkranz überflüssig. In der Periode, als die Etats der Rennställe in schwindelerregende Höhen stiegen, erhoben die Sponsoren Einspruch gegen den Lorbeerkranz, der dem Sieger eines Grand Prix seit Menschengedenken umgehängt wurde. Das sperrige Ding versperrte ja nur den Blick auf die teuer bezahlten Logos. Ecclestone hatte Verständnis dafür, die Formel 1 mußte mit der Zeit gehen, das Ritual zog den kürzeren gegen die Reklame. Schampus statt Lorbeer. Die letzte Verbindung zum Olymp war zerbrochen, die Götter der Geschwindigkeit hatten sich in Geldautomaten verwandelt.

Wen kümmerte es? Der Zirkus Ecclestone war eine Erfolgsstory. Die Formel 1 erreichte eine nie gekannte Perfektion und Professionalität. Der sportliche Einsatz und die wirtschaftlichen Interessen wurden jedoch nicht nur größer, sie verflochten sich auch immer mehr. Die Heroen des Asphalts gerieten in die Klauen der Geldgeber und der Medien; aber Bernie Ecclestone hatte sich die Dienste mehrerer Fahrer gesichert, die das ganze Geschäft zu tragen vermochten, die zu Superstars wurden und perfekt in das megalomane Bild der Formel 1 paßten.

Bis zur ersten Kurve

1985 wurde Prost mit deutlichem Vorsprung endlich Weltmeister, eigentlich nicht mehr als eine Genugtuung für den besten Rennfahrer. Und 1986 profitierte Prost von der Rivalität zwischen Mansell und Piquet, und zum ersten Mal seit Jack Brabham im Jahr 1960 gelang es ihm, seinen Titel zu verteidigen. In der Saison 1987 war die Kombination Williams-Honda mit Nelson Piquet im Cockpit zwar allen anderen überlegen, doch Prost feierte in dem Jahr ein ganz besonderes Fest. In Estoril brach er mit seinem 28. Grand-Prix-Sieg den seit 1973 bestehenden Rekord von Jackie Stewart. Stewart war der erste, der Prost gratulierte: »Alain verdient es. Für mich gibt es keinen Zweifel, daß er der beste Rennfahrer seiner Generation ist.«

Im Jahr 1988 winkte ein weiterer Weltmeistertitel, denn der Motorenlieferant Honda hatte sich Ende 1987 bei Williams Richtung McLaren verabschiedet. Teil des Abkommens war jedoch, daß auch Senna zu McLaren wechseln würde. Teamchef Ron Dennis brauchte keinen Moment Bedenkzeit.

»Setz nie zwei Stiere auf *eine* Weide«, warnte Frank Williams. Daraus sprach Eifersucht, aber auch die Erfahrung, die er mit der Rivalität zwischen Mansell und Piquet gemacht hatte. Doch Dennis war zuversichtlich. Bereits während des Grand Prix von Italien 1987 stellte Dennis sein neues Team für das kommende Jahr der Presse vor. Beide Fahrer sprachen freundliche, professionelle Worte: Prost: »Ich meine, wir von McLaren haben in der Vergangenheit bewiesen, daß wir ohne Schwierigkeiten zwei gleichrangige Spitzenfahrer im Team haben können. Ich weiß, daß Ayrton sehr professionell ist, und ich werde ihm helfen, sich ins Team zu integrieren. Wir müssen zusammenarbeiten, aber natürlich werde ich mein Bestes geben, um ihn im Rennen zu schlagen.« Wir von McLaren – wer genau hinhört, spürt eine gewisse Reserve. Und Senna: »Auf ganz persönlicher Ebene bin ich sehr glücklich, daß ich mit Alain zusammenarbeiten kann. Zwei Topfahrer, die zusammenarbeiten, können ein Team nur stärker machen.«

Rührend. Anfänglich behielt Ron Dennis Recht. In der Saison 1988 waren Senna und Prost mit ihren McLaren der Konkurrenz weit überlegen. Außer einem gewannen sie alle sechzehn Rennen. Nur den GP von Italien überließen sie Ferrari. Ein Fehler von Senna, der zwei Runden vor dem Ziel mit dem Wagen eines überrundeten Fahrers kollidierte. Niemals zuvor und auch niemals danach war ein einziges Team so dominierend.

Prost gewann sieben Rennen, normalerweise genug für den Titel, doch Senna gewann acht. Trotzdem hatte Prost mehr Punkte. Im Stil eines gediegenen Weltmeisters erreichte der Rechner öfter das Ziel als sein Teamkollge, doch rechnen reichte nicht mehr aus. Das Reglement sah vor, daß nur die elf besten Resultate aus sechzehn Rennen gewertet wurden. Prost mußte drei zweite Plätze (hinter Senna) streichen: achtzehn Punkte. Es blieben drei Punkte weniger übrig als bei Senna. Senna wurde Weltmeister. Geschwindigkeit wurde belohnt.

Abgesehen von dieser bizarren Regelung der Streichresultate (die Ende 1990 abgeschafft wurde), schien es eine friedliche Saison. Doch das Duell, die Fehde kündigte sich bereits an. Prost rückblickend: »Schon bevor er zu McLaren kam, wußte ich, wir würden niemals Freunde werden, weil wir zwei völlig unterschiedliche Typen sind. Er ist ein komischer Kerl.«

Merkwürdigerweise war es Ron Dennis, der die Lunte ans Pulverfaß legte. In Monaco hatte Senna einen sicheren Vorsprung verspielt, indem er zehn Runden vor Schluß plötzlich superschnelle Runden drehte. Monaco versetzte Senna an jenem Wochenende in Ekstase. Nach einer überlegenen Qualifikation hatte er über Geschwindigkeit und das höhere Bewußtsein gesprochen, über die absoluten Grenzen und über Gott. Doch ein langes anstrengendes Rennen war doch etwas anderes, allzu menschlich vielleicht. In der Portier-Kurve endete sein Rausch in den Leitplanken. Ein Wendepunkt in seiner Karriere. Der Rechner überholte ihn und feierte seinen vierten (und letzten) Sieg in Monaco.

Auf dem abendlichen Galadiner räumte Prost großzügig ein, daß es eigentlich Sennas Rennen gewesen sei, er hätte den Sieg verdient, aber das gehöre nun einmal zu diesem Geschäft, und natürlich sei er sehr glücklich. Sofort beeilte sich Ron Dennis zu erklären, irgendetwas müsse wohl an Sennas Auto nicht in Ordnung gewesen sein, es sei unmöglich, daß Ayrton einen Fehler gemacht habe. Prost begriff, was die Stunde geschlagen hatte: Senna war auf dem besten Weg, Dennis' Protegé zu werden.

Prost wurde in die Defensive gedrängt, und so sollte es bleiben, auch wenn er im Kampf um den Titel klar in Führung lag. So mußte Prost erklären, warum er den verregneten Grand Prix von England nach 25 Runden vorzeitig aufgab: »Man sah kaum einen Meter weit, fuhr nur nach dem Gehör, man hörte den Vordermann runterschalten und wußte dann, jetzt kommt eine Kurve. Man mußte ständig hoffen, daß der Vordermann nicht abrupt seine Geschwindigkeit verlangsamt.« Zweifellos ging ihm Pironis Unfall in Hockenheim nicht aus dem Kopf ...

Das Rennen gewann Senna, der Regenkönig, zum soundsovielten Mal. Der WM-Lauf in Silverstone war der Auftakt zu seiner unaufhaltsamen Aufholjagd. Prost wurde tatsächlich in die Defensive gedrängt. Eine Erklärung vielleicht für sein merkwürdiges Verhalten in Estoril.

Beim Start des Grand Prix von Portugal weicht Prost deutlich von seiner Linie ab und drängt Sennas Wagen mit zwei Rädern über die weiße Begrenzungslinie. Senna ist wütend, übernimmt aber die Führung. Eine Runde später kommt Prost auf der langen Zielgeraden auf gleiche Höhe, doch jetzt ist es Senna, der Prost bei über 200 km/h gefährlich nahe in Richtung Boxenmauer drängt. Die Wagen berühren einander beinahe, als Prosts McLaren über eine Bodenwelle springt. Prost: »Wir haben uns nicht berührt, aber es hätte leicht dazu kommen können, und dann hätte dies furchtbare Folgen gehabt. Ich kann Manöver dieser Art nicht verstehen. Wenn man sich auf solche Risiken einlassen muß, um die Weltmeisterschaft zu gewinnen, dann verzichte ich ehrlich gesagt lieber darauf.«

Doch warum war er dann beim Start von seiner Ideallinie abgewichen? Keine Antwort. Und gerade deshalb war Senna fuchsteufelswild, denn hatte Prost ihn nicht verschiedene Male dazu überreden wollen, bis zur ersten Kurve einen Nichtangriffsvertrag zu schließen? Oder galt es nur *in* der ersten Kurve? Schwamm drüber. Prost gewann das Rennen in Portugal, Senna die Weltmeisterschaft.

Aber bereits im zweiten Rennen der folgenden Saison platzt die Bombe. Wo befindet sich in Imola die erste Kurve? Ist es die Tamburello, die die meisten Fahrer mit Höchstgeschwindigkeit nehmen? Die Curva Villeneuve, nach Gilles benannt, der dort einmal einen spektakulären Unfall baute? Vollgas, wer Mut hat. Gebremst wird erst vor der Tosa, eine echte Haarnadelkurve, der ersten wirklichen Kurve nach gut anderthalb Kilometern.

Daß die Tamburello eine richtige Kurve ist, beweist Berger, der mit 280 km/h geradeaus schießt und beinahe frontal gegen die Mauer fährt. Berger sitzt bewußtlos im Cockpit, der Bolide fängt Feuer. Das schnelle Eingreifen der Streckenposten verhindert das Schlimmste. Berger wird aus dem Wagen befreit und ins Streckenhospital gebracht.

Rührend, wie sich der offensichtlich angeschlagene Mansell im Krankenhaus nach dem Zustand seines Teamkollegen erkundigt. Später stellt sich heraus, daß er nur wissen will, ob es am Wagen lag, um eventuell vor dem Neustart seinen eigenen noch einmal inspizieren zu lassen. Nicht weniger zynisch ist Berger selbst: »Um ehrlich zu sein, es gibt in unserem Sport nichts Wichtigeres, als den eigenen Teamkollegen zu schlagen. Alles Gerede von ›Hauptsache, unser Team gewinnt‹ ist Lavendel. Du hältst ihm die Daumen für einen möglichst grandiosen Motorschaden oder, noch besser, daß er rausfliegt, natürlich ohne daß er sich weh tut, da ist wirklich die Grenze. Tatsache ist, du lachst übers ganze Gesicht unterm Helm, wenn er im Reifenstapel steckt.« Ohne sich weh zu tun. Berger kommt mit leichten Verbrennungen davon.

Der Schreck sitzt den Fahrern noch in den Knochen, als es zum Neustart kommt, und dann passiert es. Prost erwischt den besten Start und setzt sich an die Spitze. Senna folgt: »Ich fuhr in seinem Windschatten und wurde dadurch schneller und schneller. Ich zog noch weit vor dem Bremspunkt nach außen. Mein Überholmanöver begann also meiner Meinung nach eindeutig *vor* der Kurve, und darauf bezog sich unsere Vereinbarung nicht.«

Prost ist anderer Meinung: »Senna sagte vor dem Start des Rennens in Imola zu mir, wie wir das schon öfter abgesprochen hatten: ›Paß auf, bis zur ersten Kurve werden wir uns nur darauf konzentrieren, den anderen davonzufahren. Keiner von uns beiden wird den jeweils anderen, der in Führung geht, attackieren. Erst nach der ersten Kurve beginnt unser Rennen gegeneinander.‹ Er hat sich nicht an unsere Abmachung gehalten. Ich bestehe darauf, daß er sich entschuldigt.«

Man höre, was Senna dem später hinzuzufügen hat: »Vor langer Zeit machte Prost mir den Vorschlag, einander auf den ersten Metern nicht zu behindern. Wer nach dem Start an der Spitze liege, solle vom andern bis hinter der ersten Kurve nicht angegriffen werden. Ich hielt das für einen merkwürdigen Vorschlag, der meiner Auffassung vom Rennfahren widersprach. Jedesmal habe ich Prost geantwortet: Gut, wir probieren es. Bis er mich voriges Jahr in Estoril hereinlegte. Plötzlich schien er von diesem Nichtangriffspakt nichts mehr wissen zu wollen. In Imola habe ich es ihm mit gleicher Münze heimgezahlt. Ich sehe nicht ein, warum ich mich dort hätte zurückhalten sollen. Ich war schneller. Darum geht es doch in der Formel 1?«

Wer Sennas Aussagen vergleicht, stellt sich unweigerlich die Frage: Gab es tatsächlich eine Abmachung, und bis zu welchem Streckenabschnitt galt sie? Dieses Hin und Her sollte sich als typisch für Sennas Verhalten erweisen. Auf jeden Fall zerstörte es zumindest den Anschein eines Fairplay.

Prost war ein schlechter Verlierer, seine Rechtfertigungen waren oft kindisch und nachtragend; Senna wollte um jeden Preis gewinnen, daher waren seine Attacken auf der Rennstrecke oft riskant und gefährlich.

Imola war schon öfter Anlaß eines Streits zwischen Teamkollegen gewesen. Doch die Gehässigkeit zwischen Pironi und Villeneuve dauerte nur zwei Wochen, Prost und Senna standen aber noch vier Jahre bevor, wiederum bis Imola.

Ron Dennis versuchte, die Gemüter zu beschwichtigen. Bei Testfahrten ein paar Tage später übte er enormen Druck auf Senna aus, die Sache ins reine zu bringen. Im Interesse des Teams entschuldigte sich Senna bei Prost. Der Teamchef atmete erleichtert auf. »Es bleibt unter uns, was wir besprochen haben, und wir reden nicht mehr über die Sache, okay?« Doch eine Woche später las er die ganze Geschichte in *L'Equipe*. Prost plauderte aus der Schule und gab sich auch nicht mit Sennas Entschuldigung zufrieden: »Ich möchte McLaren nicht in Schwierigkeiten hineinziehen, die sich durch Sennas Verhalten ergeben haben. McLaren hat sich immer loyal mir gegenüber verhalten. Soweit es um rein technische Dinge geht, werde ich nicht vollständig die Tür zwischen Senna und mir schließen, aber ansonsten will ich nichts mehr mit ihm zu tun haben. Ich lege Wert auf Ehrlichkeit, und er ist nicht ehrlich.«

Natürlich ging Prost zu weit, doch er wußte, daß seine Tage bei McLaren gezählt waren. Seinen Gegner mit Dreck bewerfen, war das einzige, was ihm übrig blieb. Einen Tag vor dem Großen Preis von Italien in Monza gab Prost seinen Wechsel zu Ferrari bekannt. Die Tifosi jubelten ihm zu, sein Sieg wurde bereits als Triumph für Ferrari gefeiert, und als äußerstes Zeichen der Verachtung für seinen alten Rennstall reichte Prost den Siegerpokal in die Zuschauermenge hinunter. Der Haß wurzelte tief, sehr tief.

Beim nächsten Rennen in Estoril schob Mansell, viele Runden lang die schwarze Flagge negierend, Senna von der Piste. Mansell, Prosts Teamkollege in der nächsten Saison. Sennas Ausscheiden war genau das, was Prost brauchte, mit komfortablem Vorsprung machte er sich nach Japan auf, wo Senna gewinnen mußte, wollte er seine Chance auf den Titelgewinn wahren.

Suzuka. Drama in zwei Akten

Kurz vor dem Grand Prix von Japan erklärt Prost, er habe schon oft die Tür für Senna offen gelassen, um keinen Crash zu riskieren. Für heute könne er dies allerdings nicht garantieren.

Es wird ein unvergeßliches Rennen. Prost übernimmt die Führung. Senna verpatzt den Start und muß das Feld von hinten aufrollen. Doch auf der Hälfte der Strecke liegt er bereits wieder dicht hinter dem Franzosen. Mann gegen Mann, gleichwertige Wagen, keine Nachzügler, keine Mansells oder andere Quertreiber in der Nähe, Runde auf Runde. Senna greift an, fährt wilder in die Kurven hinein, Prost kommt schneller aus ihnen heraus. Kurz nach dem Start die erste Doppelrechtskurve, die Degner-Kurve, die Haarnadelkurve, die Spoon-Kurve – Senna belauert Prost, doch nirgends scheint es eine Möglichkeit zum Überholen zu geben. Die Schikane vielleicht, eine Rechts-, Linkskurve. Vor der Schikane bleibt Prost verdammt lange auf der linke Seite. Vielleicht könnte sich, wenn Senna nah genug herankäme und sehr spät bremste und Prost lange genug auf der linke Seite bliebe, rechts eine Lücke öffnen.

Vor der Schikane liegt die 130R-Kurve, die man beinahe mit Vollgas nehmen kann, wenn man den Wagen ganz nach rechts über die Randsteine steuert. Senna nimmt die Kurve etwas weiter als Prost, sein McLaren hoppelt über die rot-weißen Randsteine, die Nase seines Wagens hängt fast unter dem Getriebekasten seines Gegners, der wieder nach links lenkt, immer weiter und weiter, und Senna schlüpft in die Lücke auf der rechten Seite. Im gleichen Augenblick macht Prost, wie es im Rennfahrerjargon so schön heißt, die Tür zu. Beide bremsen, schliddern, die Wagen verhaken sich ineinander und rollen brüderlich vereint von der Piste. Beide sehen einander an, Prost hebt die Hände: Ist es das, was du wolltest? Natürlich nicht, es ist das, was Prost wollte. Darum fuhr er vor der Schikane so lange auf der linken Seite, und deshalb machte er, als es so weit war, ganz entgegen seiner Gewohnheit die Tür zu. Prost wußte genau, was er tat, das Risiko war kalkulierbar. Auch wenn es zu einem Zusammenstoß gekommen wäre, die Wagen fuhren nicht schneller als 80 km/h. Prost wußte auch, daß Senna nur an dieser Stelle einen Überholversuch wagen würde, und jetzt waren beide aus dem Rennen, und er war Weltmeister.

Wild gestikulierend forderte Senna die Streckenposten auf, den Wagen wieder auf die Piste zu schieben. Das ist zwar verboten, aber Senna wollte und mußte gewinnen. Und er gewann tatsächlich, nachdem er den zwischenzeitlichen Spitzenreiter Alessandro Nannini auf ähnliche Weise – und diesmal erfolgreich – in der Schikane ausgebremst hatte. Wie erwartet wurde Senna disqualifiziert. Prost war Weltmeister. Doch McLaren legte Protest ein. Noch war die Entscheidung nicht gefallen.

Beim australischen Grand Prix zwei Wochen später regnete es in Strömen. Schon nach einer Runde stellte Prost seinen Wagen ab. Pironi. Theoretisch hätte Senna den Titel noch gewinnen können, falls dem Protest von McLaren stattgegeben würde, doch Senna fuhr auf den Brabham von Martin Brunde auf.

Natürlich wurde der Protest von McLaren abgelehnt. Prost später über das Rennen in Suzuka:

»Ich war mir sicher, ich würde gewinnen, sobald ich einmal in Führung läge. Irgendwie war es mir von vornherein klar, daß dieses Rennen auf eine von zwei Arten würde entschieden werden: Entweder würde er vom Start weg führen und gewinnen, oder ich würde führen und es würde auf diese Art entschieden ... Wissen Sie, was Ayrtons Problem ist? Er kann es nicht akzeptieren, nicht zu gewinnen, und deshalb kann er es auch nicht akzeptieren, daß jemand sein Überholmanöver abwehrt ... Schon oft habe ich ihm die Tür aufhalten müssen ... Er ist ein sehr guter Rennfahrer, ja, ich muß sagen, er ist phantastisch, unglaublich schnell, aber meiner Meinung nach fährt er zu aggressiv. Wenn es zwei Fahrer seiner Sorte in der Formel 1 gäbe, dann käme es in jedem Rennen zu einem Unfall. Ich bedaure es sehr, daß meine Zeit bei McLaren auf diese Weise zu Ende gehen muß.«

Ein Jahr später findet an gleicher Stelle das gleiche Duell statt. Diesmal führt Senna zwei Rennen vor Schluß in der WM-Wertung. Senna in einem McLaren auf der Pole-Position, neben ihm in der ersten Startreihe Prost in einem Ferrari. Heute muß Prost gewinnen, nur mit einem Sieg kann er im Titelkampf noch ein Wörtchen mitreden. Es kommt, wie es kommen muß. Die Kontrahenten haben sich in dieser Saison 1990 einen erbitterten Kampf geliefert: sechs Siege für Senna, fünf für Prost. Aber es war vor allem auch ein Kampf außerhalb der Rennstrecke. Ihre Rivalität beherrscht die gesamte Formel 1, und alle tun ihr Bestes, Öl ins Feuer zu gießen. Immer wieder fragen Journalisten, ob sie einander nicht die Hand geben wollen, nicht um des lieben Friedens willen, sondern fürs Foto. Prost ist durchaus bereit, Senna nicht. Erst in Monza willigt er ein: »Es ist nicht leicht zu vergessen, was in der letzten Saison zwischen uns passiert ist. Trotzdem, auch wenn wir nicht viel gemeinsam haben, teilen wir doch die Leidenschaft für die Formel 1, und das ist sehr wichtig für uns. Wenn er in der Lage ist, vor aller Augen und Ohren zu sagen, daß er es ehrlich meint, werde ich ihm die Hand drücken. Damit habe ich keine Probleme.«

Und nun das Rennen in Suzuka. Es kommt, wie es kommen muß. Schon vor der Qualifikation beschwert Senna sich bei der Organisation, daß die Pole-Position auf der rechten Seite des Startfeldes liegt, zwar günstig in bezug auf die erste Kurve, jedoch ungünstig für den

Start, weil die Pistenoberfläche dort schmutziger, weniger griffig ist. Die Rennfunktionäre versprechen, die Startpositionen zu vertauschen. Senna erzielt die schnellste Zeit und erfährt anschließend, daß er doch auf der rechten Seite starten muß.

Es ist ein Uhr mittags in Japan. In Westeuropa ist es fünf Uhr früh. Gerade erst auf und doch sofort hellwach vor dem Bildschirm. Herzklopfen, als die Einführungsrunde vorbei ist, und die Kontrahenten nebeneinander ihre Plätze einnehmen. Der absolute Anspruch auf die Nummer 1, die Ampeln springen auf Rot, dann auf Grün, und es ist Prost, der auf dem saubereren Asphalt den besseren Start hat. Mit einer Wagenlänge Vorsprung fährt Prost auf die erste Rechtskurve zu. Doch er läßt etwas Platz. Genug? Zu wenig? Ohne zu zögern, wählt Senna die Innenseite. Einen winzigen Augenblick später fliegen beide Wagen von der Piste und landen in der Auslaufzone. Vorbei. Senna ist Weltmeister.

Es hat fünfzehn Sekunden gedauert. Die Spannung läßt schlagartig nach, dann folgt die Enttäuschung, die Leere. Er hat ihn regelrecht abgeschossen, denkt man noch, bevor man wieder einschläft.

Die Experten sind sich einig. Senna ist absichtlich in Prosts Auto reingefahren und hat so eine alte Rechnung beglichen. Doch während Prost 1989 in Suzuka sein gefährliches Spiel bei 80 km/h trieb, schreckte Senna nicht vor über 200 km/h zurück.

Manche fragen sich, warum Prost die Tür nicht ganz zugemacht hat, warum er einen Moment zögerte, eine wenn auch kleine Lücke ließ? Eine Dummheit von Prost, urteilen Watson und Stewart, ein Fehler von Senna finden Rosberg und Arnoux. »Suzuka? Ich kann mich nicht erinnern, wer innen fuhr und wer außen«, meint Lauda spitzbübisch.

Die vernünftigsten Worte spricht Jacky Ickx, ehemaliger Rennleiter in Monaco. »Man muß beide Rennen sehen. Suzuka Teil 2 ist die Folge von Suzuka Teil 1. In Teil 1 war deutlich, daß Prost wußte, er würde an der Schikane überholt werden, und daß er deshalb eine vollkommen andere Linie fuhr als in den vierundvierzig Runden davor. Teil 2 war die logische Antwort auf Teil 1, obwohl es schon ein verwegener Überholversuch war. Heute scheint es ein akzeptiertes Verhalten zu sein, daß ein Fahrer eindeutig zur Seite abweicht, um den Weg zu versperren, wenn er merkt, er wird überholt. Ich sage Ihnen, vor zwanzig Jahren wäre das noch undenkbar gewesen. Man fuhr auf seiner Linie, und wenn ein anderer schneller war, dann mußte man ihn eben vorbeiziehen lassen. Von der Linie abzuweichen, auch nur einen halben Meter, wäre uns nicht eingefallen. Heute ist es anscheinend gang und gäbe, jemanden zu blockieren, um ihn am Überholen zu hindern. Das erscheint mir in jeder Hinsicht als nicht akzeptabel. Nicht nur, daß es alles andere als die feine Art ist. Es ist vor allem unheimlich gefährlich, und wenn man dem nicht einen Riegel vorschiebt, wird das in Zukunft eine sehr problematische Sache werden. Irgendwann wird es einmal einen fürchterlichen Unfall geben.«

Ickx hatte recht. Stewart und Fittipaldi, Lauda und Hunt, Villeneuve und Pironi, sogar Mansell und Piquet fuhren einander nicht von der Piste. Wenn Senna und Prost auch die allergrößten Rennfahrer sein mögen – bei ihrem dramatischen Suzuka-Duell in zwei Akten gingen sie über das erträgliche Maß hinaus, brachten sie die Formel 1 in Mißkredit. Denn auch damit sollte Ickx Recht behalten: Suzuka schuf einen gefährlichen Präzedenzfall. In den folgenden Jahren wurden verschiedene Weltmeisterschaften durch einen vorsätzlichen Crash entschieden. Es scheint unmöglich, diese Entwicklung rückgängig zu machen, es ist eng an der Spitze geworden, zu viel steht auf dem Spiel.

Prost gebärdet sich rasend. »Was er getan hat, ist widerwärtig. Ich bin nicht bereit, auf der Strecke gegen unverantwortliche Menschen zu kämpfen, die sich nicht davor fürchten zu sterben. Jeder, der eine Ahnung vom Motorsport hat, weiß genau, was hier vorgegangen ist. Er hat es mit Absicht getan, weil er sah, daß ich einen guten Start hatte. Er wußte, daß mein Auto besser war und daß er keine Chance hatte, zu gewinnen. Deshalb hat er mich einfach rausgeboxt.«

Und dann legt er erst richtig los. Der Haß wurzelt tief. Und Prost ist ein schlechter Verlierer, nicht umsonst fängt er selbst davon an: »Es ist keine Katastrophe für mich, wenn ich die Weltmeisterschaft verliere. Ich habe schon mehr als eine verloren – aber noch keine auf diese Weise. Was hier passiert ist, hat Sennas wahres Gesicht gezeigt. Ich hasse solche Situationen. Er hat alles kaputtgemacht. Ich hoffe, jedermann erkennt, daß er sich hinterlistig verhalten hat. Nie hätte ich erwartet, daß er das tun würde, was er heute getan hat. Ich dachte immer, er sei ein Angehöriger der menschlichen Rasse, zwar hart, aber fair. So etwas hätte ich ihm nicht zugetraut. Für ihn ist es viel wichtiger als für mich, Weltmeister zu werden. Es ist das einzige, was er in seinem Leben hat.« Und dann verliert er gänzlich die Kontrolle: »Im Islam ist für jemanden, der im Begriff ist zu sterben, der Tod ein Spiel. Was wir hier erlebt haben, ist, daß Senna jedes Risiko auf sich zu nehmen bereit ist, um die Weltmeisterschaft zu gewinnen. Bei dieser Art von Spiel mache ich nicht mit.«

Senna reagiert kühl: »Ich kam schneller auf die Kurve zu als er, weil mein Auto besser beschleunigte. In der ersten Kurve, wenn die Reifen noch kalt sind und der Luftdruck deshalb noch niedrig ist, das Auto aber andererseits schwer [wegen des vollen Tanks], bremst jeder Fahrer in der Regel etwas früher, und daraus ergibt sich eine Chance zum Überholen, wenn man hart rangeht. Natürlich ist es schwierig, es ist gewagt, aber in meiner Lage mußte ich es versuchen. Prost hätte das wissen müssen. Ich glaube, es war ein großer Fehler von ihm, die Tür zuzumachen, denn dadurch ist er ein Risiko eingegangen und hat verloren.«

Man merkt, wie er laviert. Und ein Jahr später schiebt er eine andere Erklärung nach: »Es war ein beschissenes Ende der Weltmeisterschaft. Es war das Resultat einer falschen Entscheidung, bei der Balestre seine Finger im Spiel hatte. Ich hatte zwar auch meinen Anteil an dem, was passierte, aber ich war nicht dafür verantwortlich.« Es war der FISA-Präsident Jean-Marie Balestre, ein Franzose, der von Paris aus verfügt hatte, daß die Pole-Position in Suzuka auf der rechte Seite zu bleiben hatte. »Da rackert man sich im Training ab, und dann wird alles von irgendwelchen dummen Menschen kaputtgemacht.« Und das Rennen noch einmal rekapitulierend: »Wenn Prost es schafft, sich am Sonntag beim Start vor mich zu setzen, dann lasse ich es an der ersten Kurve darauf ankommen. Und es wäre besser gewesen, er hätte nicht versucht, vor mir in die Kurve zu gehen, denn das konnte nicht gut gehen. Irgendwie war es wohl unvermeidlich, was passierte. Lieber wäre es mir, es wäre nicht passiert. Ich wünsche mir wirklich, ich hätte mich beim Start an die Spitze setzen können, denn dann wäre es ein harter Zweikampf zwischen uns geworden. Es ist schade, daß es so kommen mußte.«

Eine geschraubte Erklärung. Senna wollte auf Teufel komm raus gewinnen, deshalb ging er zu weit.

Die Vertragsklausel

Und wäre es nur bei Suzuka geblieben. Doch der Zweikampf und die Verbitterung nahmen kein Ende, sogar als Senna in der Saison 1991 die Weltmeisterschaft beherrschte. Nur das Team von Frank Williams mit

Nigel Mansell konnte mithalten, Prosts Ferrari war deutlich unterlegen. Trotzdem gerieten sich die Kampfhähne bei der geringsten Kleinigkeit in die Haare. So etwa in Hockenheim, wo beide hinter den Williams-Renaults um den dritten Platz kämpften. Runde um Runde versuchte Prost an Senna vorbeizuziehen, doch Senna hielt den Angriffen seines Gegners stand. Als Prost schließlich bei einem letzten verzweifelten Versuch in der Ostkurve alles auf eine Karte setzte, drängte Senna ihn von der Piste. Wieder bekam Prost einen Wutanfall: »Ich mußte bei 320 km/h ein- oder zweimal aufs Gras ausweichen. Er bremste ab und zu ohne Grund schon früh vor den Kurven, das war wirklich linkes Verhalten von ihm. Ich habe alles versucht, was möglich war, aber nächstes Mal werde ich es bei ihm auf der Innenseite versuchen, und ich werde ihn rausbugsieren, darauf kann er sich verlassen.« Die FISA war schockiert. Sie verwarnte beide Fahrer und erlegte Prost für seine Äußerung sogar eine Sperre für ein Grand-Prix-Rennen auf Bewährung auf: Es war nun einmal verboten, öffentlich anzukündigen, daß man einen Gegner von der Piste zu bugsieren gedenke.

In Ungarn zwei Wochen später schienen die Wogen sich wieder geglättet zu haben. Senna mußte alles daran setzen, Mansells Aufholjagd zu stoppen, Prost mußte sich mit den Problemen bei Ferrari und mit der wütenden italienischen Presse herumschlagen. Zum ersten Mal seit 1980 gewann er keinen einzigen Grand Prix. Frustriert zog er schließlich über Ferrari her und verglich den Boliden blasphemisch mit einem Lastwagen. Zum zweiten Mal in seiner Karriere wurde Prost gefeuert. »Aber ich höre nicht auf. Ich nehme eine Auszeit«, erklärte der Professor subtil. Prost hatte erkannt, daß die Kombination Williams-Renault dabei war, an den McLaren-Hondas vorbeizuziehen, und Renault war ein französischer Motor ... Für die Rennsaison 1992 gelang es ihm nicht, sich einen Platz in einem Team zu erobern, doch schon im März 1992 hatte er für die kommende Saison einen Vertrag mit Williams in der Tasche. Während Mansell 1992 allzu leicht auf seinen ersten Weltmeistertitel zusteuerte, wußte Prost, daß er selbst im darauf folgenden Jahr genauso leicht seinen vierten Titel gewinnen würde, denn durch eine Vertragsklausel hatte der Taktiker seine Gegner bereits im voraus besiegt.

Eben diese Klausel führte zu einem unerquicklichen Verwirrspiel, bei dem letztlich alle Beteiligten das Gesicht verloren. Zunächst legte Mansell Einspruch dagegen ein, daß Prost sein neuer Teamkollege bei

Williams wurde. Er wußte, daß der Intrigant wie kein anderer ein Team nach seiner Pfeife tanzen lassen konnte. Das war ihm schon einmal bei Ferrari passiert. Erst als es ihm dämmerte, daß Prost den Vertrag längst in der Tasche hatte, fügte er sich ins Unvermeidliche und schraubte seine Forderungen in die Höhe. Williams zögerte. Es kursierte noch ein anderes Gerücht: Auch Senna wolle für Williams fahren, für viel weniger Geld als Mansell, wenn es sein mußte zum Nulltarif.

Mit einem Schlag hatten sich die drei großen Superstars in Muttersöhnchen verwandelt. Verwöhnt durch das große Geld und die zahlreichen Siege wollten sie nur noch in einem Wagen fahren, der ihnen die Weltmeisterschaft garantierte, das heißt in einem Williams.

Als erster schied Mansell aus. Williams Hinhaltetaktik dauerte dem erbosten frischgebackenen Weltmeister zu lange. Und zum soundsovielten Male verließ Mansell mit großem Tamtam die Formel 1. Doch auch Senna hatte das Nachsehen. Denn nun erst kam Prosts geheime Klausel ans Licht. Er hatte sich das Vetorecht über die Wahl des Teamkollegen ausbedungen. Mit anderen Worten: jeder, nur nicht Ayrton Senna. Das war natürlich sehr kindisch. Prost selbst nannte es »eine Frage des geistigen Wohlbefindens«. Auf der Pressekonferenz nach dem Grand Prix von Portugal zog Senna vom Leder. Prost sei ein Feigling. Er wolle den Titel auf dem Präsentierteller. Das sei eine schlechte Sache für den Sport. »Prost will unbedingt einen Materialvorteil. Er kommt mir vor wie ein Leichtathlet, der als einziger mit Spikes antritt – und alle Konkurrenten müssen mit Sandalen laufen.« Neben ihm saß der niedergeschlagene Mansell, der neue Weltmeister, und nickte zustimmend.

Die Saison 1993 war entschieden, bevor ein einziges Rennen gefahren war, Prost gewann durch sein Ränkespiel hinter den Kulissen. Doch auf der Piste demütigte ihn hin und wieder ein verbissen kämpfender Senna. So beim Großen Preis von Europa in Donington Park. Platzregen, Sonne und eine schnell abtrocknende Strecke sorgten für heikle Situationen. Vorsichtig navigierend absolvierte Prost eine Rekordzahl von sieben Boxenstops, um von Regenreifen auf Trockenreifen zu wechseln und umgekehrt. Senna schien ein Wolkenbruch mehr oder weniger kaum etwas auszumachen. Bereits in der ersten Runde überholte er bei schlechtesten Sichtverhältnissen vier Gegner: Schumacher, Wendlinger, Hill und schließlich Prost. Bei einem folgenden Regenschauer raste er unerschrocken auf Trockenreifen über die schmale, gefährliche Piste. Seit Monaco 1984 hatte sich nichts verändert: Prost rechnete, Senna zauberte. Auf der anschließenden Pressekonferenz jammerte Prost über allerlei technische Probleme, worauf Senna ihm süffisant einen Tausch der Wagen vorschlug.

Ende 1993 kündigte Prost seinen Rücktritt an – das Gerücht ging, Senna habe Prost ausgekauft –, und damit hatte die Rivalität ein Ende. Nach ihrem letzten gemeisamen Rennen in Adelaide machte Senna ein Zeichen der Versöhnung: Auf dem Siegerpodest legte er Prost den Arm um die Schulter. Erleichtert, daß es vorbei war, und in dem Bewußtsein, daß er endlich zu Williams wechseln konnte, dem Team, in dem man so einfach Weltmeister werden konnte. Natürlich gab es inzwischen den Bengel Schumacher, und einschneidende Reglementänderungen waren angekündigt worden, doch es gab nur einen Anwärter auf den Titel: Ayrton Senna.

1994 arbeitete Prost für den französischen Fernsehsender TF1 als Kommentator. Als Senna für den gleichen Sender einige Runden aus seinem Cockpit kommentierte, grüßte er seinen Erzrivalen: »I'd like to welcome back my friend Alain – we all miss you ...« Es war der 1. Mai 1994 während der Aufwärmrunde beim Großen Preis von San Marino in Imola.

Ayrton Senna: die äußerste Konsequenz

Er hatte etwas Übernatürliches. Eine Ausstrahlung, als ob er vom anderen Planeten käme und deswegen mehr Überblick hat, mehr Gehirnzellen, mehr Kraft, mehr Energie. (Gerhard Berger)

Sonntagnachmittag. Das Jahr tut nichts zur Sache. Sagen wir: auf dem Kurs von Spa-Francorchamps an einem brütend heißen Tag Ende August. Die Fahnen wehen in der Kurvensenke »Eau Rouge«, flimmernde Hitze in der Mulde von Pouhon. Ein anderes Mal regnet es ununterbrochen, die Wagen sind nur Schemen im Höchstgeschwindigkeitabschnitt »Blanchimont«, üben Aquaplaning in der »Bus-Stop-Schikane«. Meistens bietet Spa von allem etwas. Doch heute Nachmittag ist das Wetter wieder einmal völlig gleichgültig.

Das Rennen ist vorbei. Aufstehen, benommen durch den Flur wanken, an den Jacken vorbei, die nach Regen riechen, Hunger, vor allem aber Durst. Zwei Stunden lang habe ich ohne Pause vor dem Fernseher gesessen, obwohl der Grand Prix nicht besonders interessant war. Und jetzt der Kater, brennende Augen, die ersten Takte der viel zu oft gehörten Nationalhymne im Ohr.

Im Kühlschrank ein kaltes Bier. Das habe ich dringend nötig. Auf der Suche nach Brot. Ende des Sommers. Ach, diese ganze Zeremonie, der Champagner, Beethovens »Freude, schöner Götterfunken« ... Was ist es eigentlich, das man um keinen Preis verpassen will, obwohl man doch eigentlich schon alles kennt?

Von draußen, vom winzigen Rasen (die Sonne scheint also) eine Stimme – sie liest ein Buch, tut zumindest etwas Sinnvolles: »Wer hat gewonnen?«

Matt wie immer die Antwort: »Senna.«

Der Vollblut-Rennfahrer

Der Team-Manager: *Er war der erste seit Ronnie Peterson, der die Leute für das begeisterte, was man mit einem Rennwagen anstellen kann, Dinge, die man einfach nicht für möglich hält.* (Peter Warr)

Der Biograph: *Einfache Leute kamen mit jemandem, der so besessen war, nicht zurecht, so jemanden kannten sie nicht, ihr Mißtrauen war ganz instinktiv.* (Christopher Hilton)

Der Kollege: *Alles kriegte den Senna-Faktor, und wenn er 15 km lief, stand am nächsten Tag in der Zeitung: Senna lief 35 km im Sand bei glühender Hitze. Die Wahrheit war eindrucksvoll genug.* (Gerhard Berger)

Ich war kein Senna-Fan. Ein guter Katholik ist nicht so erpicht auf den lieben Gott, er umringt sich lieber mit all den so dramatisch ums Leben gekommenen Heiligen. Gott ist ihm zu gradlinig. Das gleiche gilt für Senna. Er war mir von Anfang an zu überlegen.

»Er war von Haus aus mental irrsinnig stark, und die Jahre und Jahrzehnte des Erfolgs haben ihn immer stärker werden lassen, ob Kart, ob Formel Ford, Formel 3 oder Formel 1. Dieses Immer-weiter-Wachsen einer mentalen Kraft, die von Anfang an stimmte«, schreibt Gerhard Berger in seinem beeindruckenden Porträt des Freundes in *Zielgerade*. Es ist die einzige Stelle, an der man etwas wie Eifersucht spürt.

Die Erfolge schienen Senna in den Schoß zu fallen. Im Juli 1973 fuhr er als Dreizehnjähriger sein erstes Kart-Rennen und gewann. 1978 kam er nach England und gewann alles, was es zu gewinnen gab. Durch diese Erfolge und durch die Presseinformationen, die er herumschickte – ein Novum für die damalige Zeit: Presseinformationen aus der Formel Ford! –, wußten alle Formel 1-Chefs schon bald von seiner Existenz.

Aber sogar für Senna war es anfangs gar nicht einfach, in die Königsklasse vorzustoßen. Nicht, daß man ihn nicht liebend gern verpflichtet hätte, doch bei Lotus wollte der Sponsor nicht auf den beliebten Mansell verzichten, bei Brabham legte Nelson Piquet, der amtierende Weltmeister, unterstützt von einem großen italienischen Geldgeber, sein Veto ein. Mit Williams kam es nie zu einem richtigen Kontakt – »ein Fehler«, wie Frank Williams später zugab –, und ein Angebot von McLaren hatte Senna wegen allzu einschränkender Bedingungen abgelehnt. (Man stelle sich vor, ein Rennfahrer, der noch keinen einzigen Meter in der Formel 1 gefahren war, lehnt ein Angebot von McLaren ab!) So mußte Senna 1984 ganz unten anfangen, bei Toleman. Mit einem alles andere als konkurrenzfähigen Wagen wurde er in seinem zweiten Rennen bereits Sechster. Nur einmal und zwar in Imola scheiterte er wegen eines Konflikts mit dem Reifenlieferanten an der Qualifikation. Einen Monat später, auf anderen Reifen, hätte er um ein Haar den Grand Prix von Monaco gewonnen. Lotus-Manager Peter Warr sah es sofort: »Die Frage ist nicht, ob Senna Weltmeister wird, die Frage ist, wann er es wird.«

Und mit welchem Rennstall, hätte Warr hinzufügen können. Auf jeden Fall nicht mit Lotus, für den Senna in den folgenden drei Jahren ins Cockpit stieg. Es waren seine Lehrjahre. Lotus gehörte damals schon nicht mehr zu den Topteams, Senna konnte eigentlich nur gewinnen. Und schon beim zweiten WM-Lauf der Saison 1985, am 21. April, gewann er mit seinem Lotus 97 T-Renault im strömenden Regen den portugiesischen Grand Prix in Estoril.

Hierin lag der große Unterschied zu seinen Altersgenossen: Alle seine wichtigsten Konkurrenten hatten Rückschläge einstecken müssen. Prost verspielte drei Weltmeistertitel, zwei von ihnen im allerletzten Rennen, bevor er endlich den Thron besteigen konnte. Mansell scheiterte zweimal und fuhr danach jahrelang nur noch um hintere Plätze. Die anderen Grand-Prix-Sieger aus der Ära Senna – es sind nur wenige: Patrese, Boutsen, Nannini – waren zwar schnell, aber zu menschlich, zu nett, zu gutherzig, besaßen nicht den unbedingten Siegeswillen. Das gleiche galt auch für Berger, der anfänglich bei Benetton und Ferrari zur absoluten Spitze vorzustoßen schien, sich dann aber als Sennas Teamkollege bei McLaren nur mehr mit seinen eigenen Unzulänglichkeiten konfrontiert sah.

Nachdem Berger zwei Saisons lang Senna hinterhergefahren war, gewann er 1991 in Suzuka endlich wieder einmal einen WM-Lauf. Es war ein bitterer Sieg, der ihm auf die demütigendste Weise in den Schoß geworfen wurde. Klar in Führung liegend, bremste Senna kurz vor dem Ziel ab und ließ Berger vorbei.

Es sollte eine Ausnahme bleiben. Senna mußte gewinnen, jemandem einen Sieg zu schenken, ging ihm gegen den Strich. Das war schon in den unteren Fahrzeugklassen so gewesen. Einer seiner Gegner in der Formel Ford 2000 erinnert sich: »Er fühlte sich allen anderen überlegen. Als führe er in einer anderen Klasse. Eine drohende Niederlage konnte er nicht akzeptieren. Entweder drückte er einen von der Strecke, oder er flog beim Versuch zu überholen selber von der Piste.«

Berger bestätigt dies: »Er konnte überhaupt nicht akzeptieren, daß man wegen eines unterlegenen Autos langsamer sein sollte als der andere, in seinem Kopf existiert das nicht, da gibt's nur den Senna, und alle anderen haben hinter ihm zu sein.«

Legendär ist die Bemerkung, die Senna gegenüber Nigel Mansell machte, als dieser 1992 in Ungarn Weltmeister geworden war: »Gut gemacht, Nigel. Ein gutes Gefühl, nicht? Jetzt weißt du, warum ich so ein Scheißkerl bin. Ich muß dieses Gefühl haben, ich und kein anderer.«

Natürlich sind alle Formel 1-Fahrer Egoisten, die nur eines wollen, nämlich der Beste und Schnellste sein, sonst hätten sie die höchste Klasse nie erreicht. Doch Sennas Besessenheit drückte sich auch in einem außergewöhnlichen Sachverstand aus.

»Vielleicht ist es ein Tick, der mit meinem Beruf zusammenhängt«, sagte er, »aber ich kann nichts tun, ohne an technische Dinge zu denken. Geschwindigkeit allein, oder sogar der Sieg allein, haben als solches wenig Bedeutung für mich.«

Sogar der Sieg? Ich glaube, daß Technik, Geschwindigkeit und Sieg für Senna nahezu identisch waren, unzertrennliche Bestandteile einer Obsession.

Berger: »Niki Lauda hatte als erster kapiert, daß man Supertalente wie Ronnie Peterson nur mit Hirn schlagen konnte. So hat er sich mehr mit den Zusammenhängen der Dinge beschäftigt und genau nachgedacht, warum etwas so ist, und dadurch auch viel mehr erreicht. Und Prost war der erste gewesen, der bei Lauda in die Lehre ging und kapierte, wie die Dinge funktionieren. Senna wiederum kam 1988 zu Prost ins McLaren-Team und profitierte also noch vom wichtigsten Know-how-Transfer der Formel 1.«

Das ist zwar nicht unrichtig, aber schon bei Lotus zeigten sich Sennas Akribie und analytischen Fähigkeiten. Bernard Dudot, Chef von Renault, der damals die Motoren für Lotus lieferte, meinte: »Ayrton stellte an alle, die mit ihm zusammenarbeiteten, hohe Ansprüche. Ihm entging nichts. Wenn er etwas nicht begriff, dann ließ er es sich erklären, ein Mal, zwei Mal, vier Mal, manchmal war das schon unerträglich. Ich erinnere mich, daß ich in Spa am Tag vor seinem zweiten Grand-Prix-Sieg drei Viertelstunden mit ihm diskutierte. Ich mußte ihm genau erklären, wie sich der Motor bei jeder einzelnen Kurve der Strecke verhielt, und zwar beim Kurveneingang, in der Mitte und beim Kurvenausgang. Es verschlug mir die Sprache, als er herunterspulte, was er an der und der Stelle gefühlt hatte. Alles stimmte vollkommen mit den Computerdaten überein. Er war manchmal ermüdend, aber was für ein Gedächtnis!«

Der Computer. Mehr oder weniger gleichzeitig mit Senna hielt auch die High-Tech-Elektronik ihren Einzug in die Formel 1. Das Lotus-Team verfügte als erstes über die aktive Radaufhängung, ein computergesteuertes System, das dafür sorgte, daß der Bolide immer den idealen Abstand zur Straßenoberfläche einhielt.

Trotzdem ließ Senna sich nicht von der Elektronik bestimmen. Sein eigener Beitrag war sicher ebenso groß. Steve Nichols von McLaren erinnert sich, daß Senna den Benzinverbrauch jeder einzelnen Runde noch Stunden später bis auf drei Stellen hinter dem Komma wiedergeben konnte. Senna selbst: »Man muß alles genau im Kopf haben. Es ist eine Art geistiger radiographischer Kontrolle.«

Diese Übertragung der Motor- und Fahrwerksdaten in die Boxen, die sogenannte Telemetrie, revolutionierte die Formel 1. Und Senna zog wie kein anderer daraus die Konsequenzen. Mit dem Computerausdruck in der Hand wurde es möglich, alle Parameter des Wagens zu durchleuchten. Berger erlebte es aus nächster Nähe: »Nach dem Training war ich gewohnt gewesen, bei Ferrari meinem Ingenieur zu sagen, du, mein Auto übersteuert hier und untersteuert dort, und ein bißl zu hart ist es auch, dann hab ich ihm auf die Schulter geklopft und gesagt, das ist jetzt dein Job, und morgen in der Früh sollt's nimmer übersteuern und nimmer untersteuern, und dann bin ich Schmäh führen gegangen. Plötzlich bedeuteten diese Tage an der Rennstrecke volle Arbeit von der Früh bis sieben am Abend, endlose Analysen der Computerwerte, endlose Diskussionen mit den Ingenieuren. Senna wußte von jeder Schraube das Anziehmoment, er wollte einfach alles wissen und überall mitdenken können, und einen Stabilisator drehte er zehnmal hin und her, bevor er ihn einbauen ließ.«

Computerdaten waren für Senna keine Abstraktion. Er verstand es, sie auf der Strecke umzusetzen. Er wußte bis in kleinste Einzelheiten, was er tat. Gerard Ducarouge, Chefkonstrukteur bei Lotus: »Ayrton wußte genau, wo die Grenze des Machbaren lag. Sagte er: Heute nachmittag habe ich acht Zehntel verspielt, dann konnte man sicher sein, daß er die am nächsten Tag wieder aufholte. Acht Zehntel, nicht mehr und nicht weniger.«

Es fällt auf, wie viele dieser und ähnlicher Lobsprüche – wobei man natürlich den Senna-Faktor berücksichtigen muß – sich auf das Training beziehen, auf das Abstimmen des Fahrzeugs und das Erzielen rasanter Rundenzeiten. Besonders im Qualifying unterstrich Senna seine Extraklasse. Sein Rekord von 65 Pole-Positions ist unerreicht. Es folgen Jim Clark und – wie kann es auch anders sein – Alain Prost mit 33. Fünfundsechzig – beinahe doppelt so viele Pole-Positions als sein größter Konkurrent. Der Senna-Faktor spielt hier keine Rolle. Die Statistik beweist unmißverständlich, daß Senna der schnellste Fahrer aller Zeiten war.

Seine Versessenheit auf die pure Geschwindigkeit konnte er am besten in den kurzen Qualifikationsrunden ausleben. Niki Lauda spricht von den »Chaos-Runden der Qualifikation«, für die man »eine Portion Extra-Wahnsinn« aufbringen müsse. Doch für Senna war es kein Wahnsinn, er wußte genau, was er tat. Lee Gaug vom Reifenlieferanten Goodyear: »Senna wußte immer noch etwas mehr aus einem Satz Qualifikationsreifen herauszuholen. Das ist eine Gabe, eine von Gott verliehene Gabe. Viele Rennfahrer machen gefährliche Sachen, aber sie denken nicht darüber nach, wenn sie unterwegs sind. Das Adrenalin schäumt in den Adern, sie sind verdammt schnell, wissen aber absolut nicht, was passiert. Senna wohl, Senna wußte genau, was passierte.«

Im Qualifikationstraining stieß Senna in neue Dimensionen vor, in den Rennen selbst war er viel verwundbarer. In der direkten Auseinandersetzung zog seine Besessenheit bisweilen den kürzeren gegen das Kalkül und die Zähigkeit seiner Gegner. In den Statistiken – die Zahl der schnellsten Runden, Grand-Prix-Siege und WM-Titel – hat der »Professor« die Nase vorn. Prost selbst erkannte als erster, daß sein Ruhm auf den Statistiken beruht: »Wenn ich einmal aufgehört habe, wird man sich an mich erinnern, weil ich alle Rekorde brach, nicht wegen meiner Persönlichkeit, die ist nicht meine stärkster Punkt.«

Wenn auch vielen Sennas Persönlichkeit ein Rätsel bleibt, so wird man sich an ihn wegen seiner Schnelligkeit, seiner Besessenheit, seiner Suche nach Perfektion, seinem Siegeswillen erinnern; Senna, der Vollblut-Rennfahrer, der wie kein anderer das Wesen des Autorennsports verkörperte, den Tod inbegriffen.

Gott

Sennas Persönlichkeit. Vor allem seit seinem Tod ist das Interesse an der Person Senna stetig gewachsen. Freunde, Freundinnen, Biographen, Kollegen und Journalisten setzen alles daran, die andere Seite des Genies, den Menschen hinter dem Fahrer zu zeigen.

Und von einem Toten natürlich nur Gutes. Und auch hier grassiert der Senna-Faktor: Zugegeben wird, es sei Senna schwer gefallen, sein Inneres zu zeigen, es hätte nicht zu seinem Image gepaßt, doch wer ihn besser kennenlernte, der entdeckte, daß seine Wärme, sein Charme, seine Hilfsbereitschaft, seine Wohltätigkeit, seine Güte keine Grenzen kannten. Seine Demut, sein Humor. Und er glaubte sogar an Gott.

Human-interest-Geschichten sind die Reaktion auf eine kalte, sinnlose und gleichgültige Welt. Doch die Bequemlichkeit und Kleinkariertheit, die sich in der Regel dahinter verbergen, führen zu noch größerer Gleichgültigkeit. Eine solche Einstellung versperrt die Sicht auf das, was Menschen wirklich bewegt, was sie tun, was sie erreichen wollen und wofür sie leben.

Ayrton Senna war Rennfahrer. Sein ganzes Leben stand im Zeichen des Rennsports, der Geschwindigkeit, der Perfektion und des Sieges. Sennas Leben hat keinen doppelten Boden, das ist gerade das Besondere an ihm. Wie sehr sich seine Bewunderer auch ins Zeug legen, aus ihm ist kein tragischer Held zu machen. Nichts Tragisches umgibt ihn, er wußte, wer er war, was er tat und was er erreichen wollte.

Natürlich war Senna ein Mensch wie jeder andere mit seinen Schwächen, Fehlern, seinen Ängsten und seinen Scherzen. Einmal verteilte er Bonbons an die Lotus-Boxencrew und hatte seinen kindlichen Spaß an den blauen Zungen und Lippen ...

Senna war ein Formel 1-Star, der überall verfolgt, begafft, belauert und bewundert wurde. An seinem Fahrstil, seinen Leistungen als Rennfahrer muß er gemessen werden. Senna selbst kultivierte gerne das Image des Mönchs, seine Hingabe und Besessenheit waren alles andere als ein Spiel. Senna lebte für die Formel 1, darüber sind sich Freund und Feind einig. Alain Prost (Feind): »Er hat nichts anderes.« Paolo Casseb (Freund): »Er konzentriert sich fast jeden Tag 24 Stunden auf das Rennfahren, und wenn er dann zu sich selbst als Mensch zurückkehrt, fühlt er nichts als Leere um sich.« Man beachte den Senna-Faktor.

Martin Brundle, einst Sennas größter Gegner in der Formel 3, formulierte es so: »Er hat sich vollständig zur Formel 1 bekehrt. Wir haben zwei Leben, er nur eins.«

Bekehrt. Brundle hätte es treffender nicht sagen können. Senna selbst betrachtete seine totale Hinwendung zur Formel 1 als eine religiöse, fast mystische Angelegenheit. Er war ein gläubiger Mensch. Religion und Formel 1 waren für ihn untrennbar miteinander verbunden. Es ist ein Wesenszug von Senna, von Senna, dem Formel 1-Rennfahrer.

Berger, der ihn jahrelang aus nächster Nähe erlebte und beobachtete, stieß schließlich auch auf Sennas Religiosität: »Natürlich habe ich ihn belauert und immer wieder drüber nachgedacht, worin das Geheimnis liegen und wie ein pfiffiger Tiroler Bursch es nachvollziehen könnte. Da war höchstens seine Religiosität, aber mit der konnte ich nichts anfangen.«

Das war auch nicht so einfach. Senna hat sich darüber nur sehr zurückhaltend geäußert, zu oft hatte man ihm das Wort im Mund verdreht: »Man fragt mich oft über den Glauben, und oft zitiert man mich falsch oder will mich nicht begreifen. Manchmal aus Versehen, manchmal mit der Absicht, mich zu verletzen. Trotzdem ist es gut, darüber zu reden, denn in dieser gottlosen Welt suchen sehr viele Menschen nach dem Glauben. Sie sehnen sich danach. Ich sage nur die Wahrheit. Ich sage, was ich glaube und erlebe. Der Glaube ist für die, die sich ihm öffnen. Wer kein Bedürfnis danach hat, wird nichts daran finden. Manche werden es nicht begreifen oder haben keine Meinung dazu. Andere begreifen es, weil sie empfänglich sind. Für sie lohnt es sich.«

Es ist jedoch nicht immer eindeutig, was Senna über seinen Glauben und vor allem über seinen Glauben im Zusammenhang mit dem Rennsport gesagt hat. Oft sucht er noch nach den richtigen Worten: »Ich stehe erst noch am Anfang, bin sozusagen ein Baby. Man muß daran arbeiten. Es ist eine komplizierte Angelegenheit. Ob man nun rational ist oder ein Idiot, man kann nicht alles im Leben kontrollieren.«

Senna, der alles fest im Griff hatte, der immer und überall genau wußte, was er tat, hat nicht alles unter Kontrolle. Haben wir es hier mit der Portion Extra-Wahnsinn zu tun, von der Lauda spricht?

Senna: »Es ist eine Frage des Glaubens, des Wollens, der Bereitschaft. Es gibt einen Bereich, auf den die Logik anwendbar ist, aber es gibt auch einen Bereich, wo sie versagt. Es spielt keine Rolle, wie weit man auf dem Pfad des Glaubens vorangekommen ist, es gibt Dinge, die man nicht logisch erklären kann. Wir neigen dazu, nur dem Bedeutung beizumessen, was wir sehen, fühlen, riechen. Aber ist deshalb alles andere Wahnsinn? Solche Erfahrungen waren mir vergönnt. Und wer so etwas erlebt hat, muß es auch anderen mitzuteilen versuchen.« Jenseits der Logik. Jenseits des Wissens um den Benzinverbrauch bis auf drei Stellen hinter dem Komma, jenseits des Anziehmoments der Schrauben in einem McLaren? Was hat Religion mit dem Rennsport zu tun? »Alles«, lautet Sennas Antwort. Mehrmals hat er sich auf dem Zenit seiner Laufbahn auf seinen Glauben bezogen, um seine Erfahrungen in Worte zu fassen. Nicht nur in Momenten der Euphorie, sondern auch in Momenten tiefer Enttäuschung.

Um mit letzterem anzufangen: Monaco, 14. Mai 1988. Senna, der bereits im Training der Schnellste gewesen war, diktierte auch das Rennen und hatte einen komfortablen Vorsprung vor Prost. Im letzten Renndrittel verbesserte Senna die Rundenzeiten kontinuierlich. Ron Dennis mahnte seinen Fahrer per Funk zur Vorsicht, aber es war zu spät. Senna fuhr viel zu schnell in die Portier-Kurve und landete in den Leitplanken. Er flüchtete sofort in seine Wohnung, die sich keine 200 Meter von der Rennstrecke befand. Als ihn sein Ingenieur Stunden später endlich telefonisch erreichte, war Senna immer noch ganz aufgelöst.

»Das hatte nichts mit dem Auto, nichts mit dem Material zu tun. Der Fehler, den ich machte, veränderte mich psychisch und mental. Innerlich gab mir das einen enormen Ruck. Es gab mir die Stärke und die Kraft, in entscheidenden Momenten zu kämpfen. Es war der größte Schritt in meiner Karriere: sowohl als Rennfahrer, als auch als Mensch. Es brachte mich näher zu Gott, als ich jemals zuvor war. Es veränderte mein Leben.«

Später im gleichen Jahr, um genau zu sein beim großen Preis von Japan in Suzuka, als Senna nach einer furiosen Aufholjagd die Weltmeisterschaft gewann, war seine Stimmung eine ganz andere. Sennas Euphorie gipfelte in einer Vision: »In der letzten Kurve hatte ich plötzlich eine Erscheinung von Jesus.« Auch dieses Mal war Senna noch Stunden später den Tränen nahe.

Es war unvermeidlich, daß man auf solche Überspanntheit mit Unverständnis, mit Spott und Hohn reagierte, daß man seine Worte böswillig verdrehte. Eine der gemeinsten Fehlinterpretationen geht auf Alain Prosts Konto. Durch die Kollision in der Schikane ein Jahr später auf dem gleichen Kurs sah Prost Sennas Religiosität in einem ganz anderen Licht: »Ayrton hat ein kleines Problem. Er meint, er kann sich nicht selbst ins Grab bringen, weil er an Gott glaubt, und ich glaube, das ist sehr gefährlich für die anderen Fahrer.«

»Das sind seine eigenen Gedanken, seine eigenen Schlußfolgerungen und Worte. Sie geben überhaupt nicht das wieder, was ich denke und glaube«, konterte Senna später. Doch auch Senna konnte Gott sehr abgeschmackt im Munde führen, so etwa 1989 in Portugal, nachdem alle Querelen zu Prosts Weggang geführt hatten: »Wenn man Gott auf seiner Seite hat, wird alles deutlich: Weiß wird wieder weiß, schwarz wieder schwarz, und man erkennt, was im Leben wirklich wichtig ist.« Natürlich gaben solche Banalitäten Anlaß zu Mißverständnissen, zumal wenn Senna bei einer anderen Gelegenheit genau das Gegenteil zu verkünden schien: »Alles, was der Glaube mir bringt, will ich mir zu eigen machen und auch anderen weitergeben. Vielen Menschen gelingt es nicht, Ruhe zu finden, weil in unserer Welt weiß immer weiß und schwarz immer schwarz ist.«

Nach Sennas tragischem Tod in Imola machten immer fantastischere Geschichten über seine christliche Nächstenliebe die Runde. Sennas Geschäftsimperium war ein Gottesgeschenk für die Armen in Brasilien gewesen, Senna hatte liebe alte Damen in ihren Rollstühlen über den Zebrastreifen geschoben, Senna hatte sich lang und sehr angeregt mit einem Bischof unterhalten (daß Jesus lieber mit Huren und Sündern sprach, wird vergessen). Die Geschichte vom Wunder übertrifft jedoch alle anderen. Bei Testfahrten in Imola Jahre zuvor bat man Senna, für einen seiner Fans, der nach einem Motorradunfall in Koma lag, etwas auf Band zu sprechen. Der Gutmensch tat dies selbstredend. Die Eltern des sechzehnjährigen Jungen spielten die Kassette immer wieder ab, und wirklich und wahrhaftig erwachte der Junge. Er blieb zwar gelähmt, konnte jedoch wieder kommunizieren. Wann immer Senna in Imola war und Zeit hatte, besuchte er den Jungen und unterhielt sich mit ihm.

Es würde mich nicht wundern, wenn es bereits eine Lobby gäbe, die sich für Sennas Heiligsprechung einsetzt. Doch seien wir ehrlich: Ein Heiliger fegt seinen Gegner nicht von der Strecke, auch wenn es sich um einen solchen Heiden wie Alain Prost handelt, der hochmütig erklärte, er habe alles in seinem Leben sich selbst zu verdanken, da Gott Besseres zu tun habe, als ihm zu Siegen zu verhelfen.

Zweifellos tat Senna sein Möglichstes, sich an das christliche Gebot der Nächstenliebe zu halten, doch wenn es ums Rennfahren ging, beruhte seine Religiosität mehr auf einer persönlichen, mystischen Erfahrung, die er immer wieder betonte. Über ethische Aspekte sprach er in diesem Zusammenhang nicht.

Kehren wir noch einmal zu jenem magischen Wochenende im Mai 1988 in Monaco zurück. Während der letzten Qualifikationsrunden zeigte Senna sein ganzes Können. Immer schneller, immer makelloser raste er zum Staunen aller durch das Labyrinth der Häuserschluchten. Doch Senna hatte auch sich selbst, wie er später eingestand, hinter sich gelassen: »Manchmal weiß ich, warum ich bestimmte Dinge mit dem Auto so und nicht anders mache. Manchmal weiß ich das aber auch nicht. Es gibt Momente, in denen wohl der natürliche Instinkt in mir bestimmt, was ich mache. Ob dies angeboren ist, oder ob sich dieses Gefühl bei mir mehr als bei anderen Menschen entwickelt hat, weiß ich nicht. Auf jeden Fall ist es aber in mir, und es kann mich manchmal absolut beherrschen. Ich kann Ihnen ein gutes Beispiel dafür geben.

Monte Carlo '88, letzter Teil der Qualifikation. Ich hatte schon die Pole-Position, aber ich fuhr eine Runde nach der anderen immer noch schneller und schneller. Zuerst war ich knapp der Schnellste gewesen, dann war ich eine halbe Sekunde, eine Sekunde, zwei Sekunden schneller, einschließlich meines Teamkollegen im gleichen Auto. Plötzlich bemerkte ich, daß ich das Auto nicht mehr bewußt fuhr. Ich fuhr gewissermaßen instinktiv und war dabei in einer ganz anderen Welt. Es war, als ob ich in einem Tunnel fuhr – der ganze Rennkurs war ein Tunnel.

Ich fuhr und fuhr und holte mehr und mehr aus mir heraus. Ich war eigentlich schon weit jenseits der Leistungsgrenze, aber ich war in der Lage, mich immer noch mehr zu steigern. Und dann war es plötzlich, als ob ich in einer ganz anderen Welt gewesen war. Meine sofortige Reaktion war, den Fuß vom Gas zu nehmen und langsamer zu machen. Ich fuhr an die Boxen zurück und wollte an jenem Tag nicht mehr auf die Strecke gehen. Es erschreckte mich, weil ich erkannte, daß ich die Schwelle des bewußten Handelns deutlich überschritten hatte. Das passiert selten, aber ich halte diese Erlebnisse in mir sehr lebendig, weil dies für die Selbsterhaltung wichtig ist.«

Senna spricht an dieser Stelle nirgends von Gott. Er versucht, den rauschhaften Zustand, in den ihn Geschwindigkeit und Perfektion versetzen, in Worte zu fassen. Dabei greift er auf die Mystik zurück, von der für ihn eine gerade Linie zu Gott führt: »Meine Motivation ist die Suche nach der Perfektion, der Versuch, mich immer weiter zu verbessern, Grenzen zu überschreiten, Probleme zu lösen. Vielleicht kann man die absolute Perfektion nie erreichen, aber ihr so nahe wie möglich zu kommen, das ist das Ziel. Ich will besser sein als die anderen. Und gleichzeitig fühle ich, daß ich eine Kraft besitze, die mich näher zu Gott bringt. Es ist schwierig zu erklären, aber das ist es, was ich fühle. Ich habe das Glück, diesen Weg zur Harmonie gefunden zu haben. Ich möchte den Beweis liefern, daß wir unsere Grenzen überschreiten können, daß die Kraft, die wir in uns haben, uns befähigt, weiter zu kommen.«

Mit Nächstenliebe hat dies nichts zu tun. Senna wollte seine Grenzen höher und höher setzen. In Monaco hatte er dies am eigenen Leib erfahren.

Senna war kein Heiliger, kein Prophet, kein frommer Narr. »Ich habe nie behauptet, daß Gott mich unbesiegbar oder unsterblich macht. Ich fühle ein persönliches Band zu ihm, aber ich habe meinen eigenen Moralkodex.«

Senna erlebte Gott sehr persönlich, in Momenten der Perfektion, der Ekstase, Augenblicke, die auch er mit seiner großen Konzentration nicht zu ergründen vermochte. Um sie halbwegs begreifen zu können, bediente er sich religiöser Begriffe. Er hätte sich genauso gut einer poetischen Sprache bedienen können, wie John Watson 1985 in Brands Hatch:

»In der Qualifikation kam ich ans ›Westfield Bend‹ und fuhr gerade eine Auslaufrunde, um an die Boxen zurückzukehren. Auf dem Gefällestück vor der ›Dingle-Dell-Kurve‹ sah ich Sennas Auto sehr schnell hinter mir herkommen. Genau am Ende des Gefälles kam Ayrton an der Innenseite an mir vorbei – ich hatte ihm Platz gelassen. Ich wurde Zeuge von Dingen, die ich vorher noch nie jemanden in einem Auto hatte machen sehen. Es war, als ob er vier Hände und vier Beine hätte. Er bremste, schaltete runter, lenkte, gab wieder Gas, und das Auto schien gerade noch messerscharf an der Grenze des Beherrschbaren zu sein. Das dauerte vielleicht zwei Sekunden. Nachdem das Auto die richtige Geschwindigkeit mit dem richtigen Gang hatte, versuchte er den Ladedruck zu halten. Wenn man in einem Turbolader-Auto vom Gas geht, bremst der Motor sofort stark ab. Er kam an den Punkt der Piste, an dem er die Kurve ansteuern mußte. Er legte das Auto mit einer solchen Vermessenheit hinein, daß ich ganz große Augen bekam. Dann ging er wieder hart aufs Gaspedal, und das Ding flog förmlich durch die Kurve. Es war wirklich ein Meister, der da eine Maschine bediente. Ich hatte noch nie vorher jemanden so in einem Turbo-Auto fahren sehen.

Die Fähigkeit des Gehirns, die einzelnen Komponenten zuerst säuberlich zu trennen und sie dann mit diesem Rhythmus und dieser Koordination wieder zusammenzufügen – für mich war das eine bemerkenswerte Erfahrung, ein Erlebnis es zu sehen.

Ich war so bewegt, daß ich zur Lotus-Box ging und zu Peter Warr und Gerard Ducarouge sagte: ›Also gerade habe ich etwas Tolles gesehen.‹ Und sie sagten: ›Ja, ja, wir wissen schon.‹«

Den Tod inbegriffen

»Diese Saison wird gefährlich«, orakelte Senna Anfang 1994 düster, »wir können froh sein, wenn es keine schrecklichen Unfälle gibt.« Senna sprach diese Worte nicht in einer Anwandlung von Hellseherei oder aus Angst, sondern weil die FIA 1994 ein paar elektronische Hilfsmittel verboten hatte. Das Vorprogrammieren und sogar die Abstimmung über den Bord-Computer der Boliden hatten überhand genommen. Der Computer dachte immer mehr voraus und korrigierte notfalls den Fahrer, den Wagen und den Motor. Die Technik drohte den Menschen überflüssig zu machen, von Heroik und Romantik blieb wenig übrig.

Doch es ging nicht nur um Heroik. Es ging auch um die Kosten, die von den kleineren Teams kaum mehr aufzubringen waren. Und es ging um Sicherheit. Elektronische Hilfsmittel wie Traktionskontrolle, ABS und aktive Radaufhängung machten das Fahren zwar komfortabler und zunächst durchaus auch sicherer, aber die Wagen fuhren dadurch zumal in den Kurven auch schneller. Außerdem hatte sich im Jahr zuvor in Estoril gezeigt, wie riskant es sein konnte, den Menschen der Elektronik auszuliefern.

Estoril 1993, Mitte des Rennens. Nach einem schnellen Reifenwechsel verläßt Gerhard Berger die Box – eine Höchstgeschwindigkeit in der Boxengasse gibt es noch nicht –, bei der Boxenausfahrt fährt er gut 200 km/h. Auf einmal bricht der Ferrari nach links aus und schießt mit Vollgas quer über die Fahrbahn, genau zwischen zwei Wagen hindurch, die an dieser Stelle auf 300 km/h beschleunigen. Berger nimmt sie nicht einmal wahr. Erst abends, als er sich das Video anschaut, wird ihm richtig schlecht. »Der Zufall, daß es hier keinen alles zerfetzenden explosionsmäßigen Unfall gegeben hatte, war in seinem Wahrscheinlichkeitsverhältnis überhaupt nicht auszudrücken. Da brauchst du einen NASA-Computer, um das auszurechnen.«

Die Experten und Zuschauer wundern sich. Hatte der alte Hase Gerhard Berger auf neuen Reifen beim Verlassen der Boxengasse seinen Wagen nicht mehr im Griff? Nein, meinte Berger später, schuld waren nicht die Reifen, sondern der Computer und die aktive Radaufhängung. Man hatte schlichtweg vergessen, die wellige Boxenstraße zu programmieren. Der Computer nahm an, daß der Wagen sich auf dem glatten Asphalt der Start/Ziel-Geraden befand und gab Befehl zum Absenken des Fahrwerks. Der Ferrari bockte und flog unlenkbar über die Piste.

Das Verbot solcher computergestützten Fahrhilfen bedeutete einen gehörigen Schritt zurück, besonders für Williams, dessen fortgeschrittener Computertechnologie Mansell und Prost ihre Weltmeistertitel zu verdanken hatten. Nun, da Senna endlich an der Reihe war, konnte er nicht mehr davon profitieren.

Im Juli 1983 war Senna einmal auf dem Kurs von Donington in einem Formel 1-Wagen von Williams gefahren. Frank Williams erinnert sich, »wie schnell Senna den Dreh raushatte. Er hatte noch nie etwas so Schnelles wie einen Formel 1-Wagen gesteuert, aber das war nicht zu merken. Schließlich stieg er mit einer Ausrede aus, mit dem Motor sei etwas nicht in Ordnung. Aber er drohte einfach zu schnell zu fahren.« Der Kontakt führte allerdings nicht zu einem Vertrag mit Williams. Später kam es immer wieder zu Besprechungen, die wahrscheinlich nur dazu dienten, den Preis bei McLaren in die Höhe zu treiben. Als Senna 1993 wirklich zu Williams wechseln wollte, stieß er auf Prosts Veto. Für die Saison 1994 gelang es Senna jedoch, Prost auszubooten. Endlich war es so weit. Dies war das Dream-Team: der schnellste Fahrer im besten Wagen und mit Damon Hill ein loyaler und ungefährlicher Teamkollege. Experten wollten nicht ausschließen, daß Senna alle sechzehn Rennen gewinnen würde. Senna suchte die hochgespannten Erwartungen zu dämpfen; der Williams FW 16 sei übernervös, unzuverlässig, es würde eine gefährliche Saison werden ...

Die ersten beiden Rennen gewann Senna auf jeden Fall nicht. Er verbuchte keinen einzigen WM-Punkt. Zwar fuhr er beide Male von der Pole-Position, schied jedoch beide Male vorzeitig aus. Gewonnen wurden diese Grand Prix vom Jungstar Michael Schumacher. Schlimmer noch: Beim Versuch, in Brasilien mit dem Rotzbengel Schritt zu halten, hatte Senna sich von der Piste gedreht, etwas, was ihm nur selten passierte. »Der Ausfall geht auf meine Kappe, es war mein Fehler«, gab er zu.

Senna stand unter Druck, eine für ihn ganz neue Erfahrung. Bisher war Senna das Maß der Dinge gewesen, sogar wenn er in einem nicht ganz konkurrenzfähigen Wagen saß. Doch jetzt drohte er mit dem besten Wagen und trotz aller hohen Erwartungen einfach besiegt zu werden. Bereits in der Formel Ford hatte er so etwas als unerträglich empfunden. »Eine drohende Niederlage konnte er nicht akzeptieren. Entweder drückte er einen von der Strecke, oder er flog beim Versuch zu überholen selber von der Piste.«

In Aida war Senna gleich in der ersten Kurve von Mika Häkkinen abgeschossen worden, damit mußte man immer rechnen. Doch der verdammte Schumacher war durch einen Blitzstart heil davongekommen.

Schumachers Blitzstarts sorgten jedoch für Gerüchte, das Team Benetton würde sich der verbotenen High-Tech-Finessen bedienen. Die Traktionskontrolle, die das Durchdrehen der Räder verhindert, war durch die optimale Grip-Haftung der Reifen besonders nützlich beim Start. Natürlich bestritt Benetton alle Vorwürfe. Die benötigte Software befinde sich zwar immer noch im Bord-Computer, doch das Team mache davon – Hand aufs Herz – keinen Gebrauch.

Der Zirkus Ecclestone reiste inzwischen nach Imola ab, wo die Saison erst richtig beginnen sollte. Der Große Preis von San Marino würde das Rennen der Wahrheit werden; der schnelle Kurs würde zeigen, ob Schumacher Senna und Williams wirklich gewachsen war. Niemand außer Senna machte sich Sorgen: »Vielleicht«, sagte er seufzend zu seiner Freundin Adriane Galisteu, »bin ich zu spät zu Williams gekommen.«

Freitag, 29. April. Mittags. Das erste Zeittraining. Schumacher realisiert 1.22.564. Senna antwortet mit 1.22.430. Dann wird die rote Flagge geschwenkt, das Training abgebrochen. Kurz bevor Senna in die Boxengasse fährt, sieht er einen Jordan rücklings auf dem Asphalt liegen. Es ist der Wagen von Rubens Barrichello, einem junger Rennfahrer, der mit den elektronischen Annehmlichkeiten aufgewachsen ist. Er hat die schnelle Rechts-Links-Kombination kurz vor der Boxengasse verpaßt, der Wagen ist von den Randsteinen in die Höhe katapultiert worden, auf dem Reifenstapel bei den Fangzäunen gelandet und rücklings im Gras aufgeschlagen. Es sieht beängstigend aus. Streckenposten drehen den Boliden um, Barrichello sitzt reglos im Cockpit.

Senna steigt aus seinem Wagen und eilt zum Streckenhospital, wohin man Barrichello gebracht hat. Die Verletzungen sind weniger schwer als befürchtet: Barrichello kommt mit einem gebrochenem Nasenbein davon. Er wird zur Untersuchung sofort ins Maggiore-Krankenhaus nach Bologna geflogen. Senna standen, so erinnert sich Barrichello, Tränen in den Augen. Merkwürdig, denn war dieser Unfall nicht wie so viele andere in den vorhergehenden Jahren, beängstigend zwar wegen der hohen Geschwindigkeit, aber durch die hohen Sicherheitsstandards mit glücklichem Ausgang? Barrichello witzelt sogar schon über die italienischen Krankenschwestern.

Nach fünfundzwanzig Minuten wird das Training wieder aufgenommen. Doch Senna kann die Konzentration nicht mehr aufbringen, wie er später erklärte. Trotzdem erzielt er mit einer halben Sekunde Vorsprung vor Schumacher die schnellste Zeit.

Samstag, 30. April. Morgens. Barrichello steht wieder feixend in der Box. Beruhigend nickt er, als Senna besorgt, fast väterlich auf ihn einredet. Das freie Training wird ohne weitere Zwischenfälle abgewickelt. Um ein Uhr beginnt die Qualifikation.

Samstagmittag. Wie gewöhnlich gehen erst die schwächeren Teams auf die Strecke. Kurz dürfen auch sie für die dringend notwendige Publizität durchs Bild flimmern. Die Stars warten ab, was die anderen machen. Auch Senna steht noch neben seinem Wagen in der Box und blickt auf den TV-Monitor. Plötzlich schwenkt die Kamera zu einem wild kreiselnden Wagen, Bruchstücke fliegen durch die Luft, das Wrack hoppelt über das Gras zwischen der Villeneuve- und der Tossa-Kurve. Es ist Roland Ratzenbergers Simtek, der nun langsam rückwärts rutschend bei der großen blau-weißen Reklamefläche von Magnetti Marelli zum Stillstand kommt. Er ist tot, man spürt es sofort. Da ist es wieder. Acht Jahre nicht mehr und jetzt ist es wieder da, hier, unverkennbar, das Übelkeit erregende Gefühl, das Schreckliche ...

Der Fahrer hängt wie eine Puppe im Cockpit. Die linke Seite des Wagens ist vollständig aufgerissen, man sieht den leblosen Körper in einem makellos weißen Overall.

Rote Flagge. Rennende Streckenposten, der Rettungswagen. Das Fernsehen zeigt eine Wiederholung, jetzt auch die Sekunden des schrecklichen Aufpralls auf die Betonmauer, glücklicherweise außerhalb des Bilds, und dann das Wrack, wie es sich über hunderte von Metern im Kreis dreht. Am Helm neben dem Visier klebt Blut.

Man hebt den Fahrer aus dem Wagen, er liegt bei der weiß-blauen Reklame auf dem Boden. Ärzte beugen sich über ihn, Reanimation, Herzmassage, der Krankenwagen fährt ihn rasch davon. Ratzenbergers Zustand ist hoffnungslos.

Noch einmal eine Wiederholung. Die Zeitlupe läßt ein Detail erkennen: Kurz vor der Villeneuve-Kurve verliert der Simtek einen Teil des Frontflügels und rast unlenkbar geradeaus. Die Analyse der Meßdaten ergab später, daß Ratzenberger mit Tempo 308 gegen die Mauer gefahren war, sein Körper hatte den Schock nicht verkraftet, er war auf der Stelle tot.

Noch weiß es niemand. Die Formel 1 hat eine stillschweigende Vereinbarung mit der ganzen Welt, daß Fahrer in Italien nie auf der Rennstrecke sterben. Die italienische Justiz würde den Kurs für eine gründliche Untersuchung schließen, das Chaos wäre nicht mehr zu übersehen.

Im Fernsehen ein anderes Bild. Senna in der Box, den Blick auf den Monitor gerichtet, er hat den Unfall gesehen und wendet sich mit einer Mischung aus Ekel und Ungläubigkeit ab. Die Bilder haben ihn tief getroffen.

Ratzenberger war keine Berühmtheit, kein Superstar. Sein Weg zur Formel 1 war lang, zu lang, um überzeugend zu sein. Überglücklich hatte er Anfang 1994 bei dem kleinen Rennstall Simtek einen Vertrag unterschrieben. In Brasilien hatte er sich nicht qualifizieren können, in Aida war er als Elfter durchs Ziel gegangen. Imola wäre sein zweiter Grand Prix gewesen.

Das nächste Bild. Ein Wagen der Rennleitung hält in der Villeneuve-Kurve, Senna steigt aus, läßt sich Einzelheiten zeigen. Was bewegt ihn, was will er wissen?

Professor Watkins berichtet, Senna habe sich anschließend zum medizinischen Zentrum fahren lassen. Er wollte Ratzenberger sehen.

Warum? Man schickt ihn weg, er klettert an der Rückseite über einen Zaun. Nur Professor Watkins gelingt es, ihn zurückzuhalten. Auf Sennas drängende Frage muß der Professor zugeben, daß es für Ratzenberger keine Hoffnung mehr gibt. Und plötzlich bricht Senna zusammen und weint an seiner Schulter. Professor Watkins kann sich nicht mehr beherrschen und fragt Senna, warum er nicht einfach aufhört. »Was mußt du beweisen? Du warst dreimal Weltmeister, du bist zweifellos der schnellste Fahrer. Hör auf und geh angeln.« Senna ist mit einem Mal ganz ruhig. »Sid, es gibt ganz bestimmte Dinge, über die wir keine Kontrolle haben. Ich kann nicht aufhören. Ich muß weitermachen.«

Nicht weit entfernt sitzt Berger zitternd im Ferrari-Motorhome. »Ich war zum ersten Mal damit konfrontiert, daß einer im Rennauto starb. In meiner ganzen Formel 1-Zeit hatte es keinen tödlichen Unfall mehr gegeben. Ich sah nur zwei Möglichkeiten: Sofort heimfahren und den ganzen Sport vergessen, oder den Schalter umlegen und mir irgendetwas einreden. Zum Beispiel: Wenn du auch so stirbst wie der Roland, dann ist es wenigstens bei dem, was du am liebsten tust auf der Welt. Solche Sachen fielen mir ein, und ich mußte rasch entscheiden, ging raus, hockte mich ins Auto und fuhr eine schnelle Runde, wie zum Selbstschutz.«

Das Training wird tatsächlich wieder aufgenommen, während Ratzenberger in einem Helikopter auf dem Weg nach Bologna ist. Er stirbt acht Minuten nach dem Eintreffen im Maggiore-Krankenhaus.

Auch Senna muß sich nun entscheiden. Frank Williams läßt ihm freie Hand. Senna verzichtet auf eine Fortsetzung des Trainings, und kurz darauf streichen auch Benetton und Schumacher die Segel.

Und so steht Senna am nächsten Tag zum fünfundsechzigsten Mal auf der Pole-Position. Es ist sein 161. Grand Prix, sein erstes Rennen mit dem Tod. Denn genauso wie Berger hat auch Senna noch nie während eines Grand-Prix-Wochenendes einen tödlichen Unfall erlebt.

Ironischerweise war er am 8. Mai 1982 auf dem Kurs von Zolder gewesen, an dem Tag, an dem Gilles Villeneuve starb, aber damals hatte er noch außerhalb gestanden; er wollte Nelson Piquet kennenlernen. »Er hat mich kurz abserviert. Dem Bastard werde ich's eines Tages zeigen.« Kein Wort über Villeneuve.

Aber Senna war sich der Risiken bewußt, wie Berger betont: »Er hatte nicht die wahnsinnige, endgültige Furchtlosigkeit eines Gilles

Villeneuve. Er ist oft zu mir gekommen mit einem Computerausdruck, wo ich irgendeine Ecke voll gefahren bin, und hat gesagt, du spinnst. Wenn du da abfliegst, bist hin ... nein, absolute Furchtlosigkeit war nicht seine Stärke.«

Ratzenbergers Tod traf Senna tief, aber war seine Reaktion nicht sehr überzogen? Augenzeugen berichten, Senna sei bereits überempfindlich, sehr erschöpft und sogar depressiv in Imola angekommen. Doch am Rande des Todes bekommt alles ein anderes Gewicht. Samstagabend ruft er Adriane an, er ist den Tränen nahe, er will nicht mehr. Das hat er noch nie gesagt.

Warum hört er dann nicht auf? Adriane scheint die Frau seines Lebens zu sein. Ein Leben nach dem Sport beginnt sich abzuzeichnen, und Ende 1993 spielt Senna sogar auf einen möglichen Abschied vom Rennsport an. »Manchmal denke ich, daß nichts mir je den gleichen Kick verschaffen wird wie die Formel 1. Doch vielleicht irre ich mich. Wenn man älter wird, bewertet man die Dinge anders. Die Vaterschaft muß etwas Besonderes sein.« Doch es gibt Dinge, über die man keine Kontrolle hat, Senna muß weiter ...

Sonntag, 1. Mai. Morgens. »Grüße an meinen guten Freund Alain. Wir vermissen dich.« Beim Warm-up spricht Senna jene denkwürdigen Worte aus seinem Williams-Cockpit auf dem Weg zur Tamburello-Kurve. Am Rande des Todes bekommt alles eine andere Bedeutung. Doch Senna vermißt Prost wirklich. Er vermißt die sichere Welt, in der sie sich zehn Jahre lang bekämpft haben. Auf dem Kurs von Imola zwischen der Villeneuve- und der Tosa-Kurve hatte ihr Titanenkampf angefangen. Doch alles hatte sich geändert. Jetzt wurde mit einem anderen Maß gemessen. Prost und Senna waren sich im Wesen ähnlich und doch völlig verschieden. Gegen Prost zu verlieren, war schrecklich, ihn zu schlagen, das Beste, was einem passieren konnte, doch was auch immer geschah, beide hielten stand. Mit dem Schumacher wußte man es nie. Und dann der Tod ... Prost hatte ihn kennengelernt: Villeneuve, Paletti, Pironi beinahe ... Prost hatte gelernt, mit ihm zu leben; all die Regenrennen, in denen er resolut ausgestiegen war. Prost, vier Mal Weltmeister, der Beste, er, Senna, drei Mal Weltmeister, der Schnellste. Doch seine Obsession muß nun der letzten Konsequenz ins Auge sehen, dem absoluten Limit. Und das in einem Rennauto, das so anders ist, nervös, schwer lenkbar, vielleicht nicht vertrauenswürdig ...

Beim Briefing der Piloten wird eine Gedenkminute für Ratzenberger eingelegt. Professor Watkins hält es nicht für klug, kurz vor einem Rennen an das schreckliche Risiko zu erinnern. Die Fahrer sind gefaßt, mit Ausnahme von Senna, der wieder in Tränen ausbricht. Danach spricht man über das Safety-Car, hinter das sich die Wagen etwa nach einem Unfall einreihen. Den Fahrern fährt das Safety-Car zu langsam, die Reifentemperatur sinke enorm, was die Bodenhaftung verschlechtere. In Aida hatte man das Safety-Car auch bei der Aufwärmrunde eingesetzt, in Imola sah man davon ab, auf Druck der Fahrer. Nach der Besprechung unterhält sich Senna noch kurz mit Schumacher, Berger und Alboreto über eine Neugründung der GPDA, der *Grand Prix Drivers Association*, in der die Fahrer sich unter anderem auch für die Sicherheit der Strecken einsetzen wollen. Es war auffällig, berichteten Augenzeugen später, wie viele Fahrer beim Verlassen des Raums Senna im Vorbeigehen kurz die Hand auf die Schulter oder den Arm legten.

Sonntagnachmittag. Ohne Safety-Car beginnen fünfundzwanzig Wagen mit der Einführungsrunde des Großen Preises von San Marino auf dem Kurs von Imola. Auf der ganzen Welt sitzen Millionen Zuschauer vor dem Bildschirm. Am Samstagabend noch war das italienische Fernsehen heftig kritisiert worden, weil es den Unfall, vor allem aber die verzweifelten Versuche, Ratzenberger zu reanimieren, so hautnah gezeigt hatte. Der Tod übt eine große Faszination aus. Ratzenbergers Unfall sorgt dafür, daß an diesem Nachmittag noch mehr Menschen das Rennen verfolgen wollen. Und sie kommen auf ihre Kosten.

Schon beim Start bleibt J.J. Lehto in der dritten Startreihe liegen. Links, rechts sausen Wagen an ihm vorbei. Nur Pedro Lamy aus der hintersten Reihe sieht die Gefahr zu spät und touchiert den Benetton. Die Wagen werden der Länge nach aufgerissen, ein Reifen fliegt auf die Haupttribüne und verletzt neun Zuschauer. Lehtos Benetton rutscht einige Meter weiter, Lamys Lotus schießt jedoch wie ein außer Kontrolle geratenes Projektil quer über die Piste und kommt Hunderte Meter weiter an den Leitplanken zum Stehen. Gelbe Flaggen, überall Wrackteile, die Rennleitung schickt das Safety-Car auf die Strecke. Das restliche Feld kommt nach einer Runde wieder herangestürmt, Senna an der Spitze, gefolgt von Schumacher und Berger. Sie sehen die gelben Flaggen, verringern das Tempo, lavieren zwischen den gefährlich scharfen Kohlefaserteilen hindurch und reihen sich brav hinter dem Safety-Car ein.

Dessen Fahrer, Max Angelelli, einer der besseren italienischen Piloten, der gerade noch nicht den Sprung in die Formel 1 geschafft hat, bricht der Angstschweiß aus: »Es war ein einziger Albtraum.«

Er macht sich Sorgen um die Bremsen des Opel Vectra, außerdem erreicht das Auto hügelaufwärts nicht die nötige Geschwindigkeit. Angelelli: »Ich war wirklich beunruhigt. Ich wollte schneller fahren, aber das Risiko, ins Schleudern zu geraten, war viel zu groß. Senna lag an der Spitze und fuhr einige Male neben mir, immer wenn ich nach der Aqua Minerale den Hügel hinauf mußte. Er gestikulierte heftig, ich solle schneller fahren. Er war wütend und nervös, aber ich konnte nichts ändern!«

Senna ist in der Tat rasend. Über Funk beklagt er sich über das Tempo des Safety-Cars und über die abnehmende Reifentemperatur, die auch zu einer Verringerung des Reifendrucks führt und damit zu einer Absenkung des Fahrwerks. Senna hat seinen Williams schon extrem tief abgestimmt, um Schumacher voraus bleiben zu können. Die Chance, daß das Auto bei Unebenheiten den Boden berührt, wird immer größer, Senna weiß das, und ein aufsetzender Formel 1-Wagen ist nahezu unlenkbar.

Fünf nervenaufreibende Runden dauert die Prozession hinter dem Safety-Car. Kurz vor der sechsten Runde gehen die blinkenden Lampen auf dem Dach aus, der Opel biegt in die Boxengasse ab. Auf der Start- und Zielgeraden gibt die Meute wieder Gas und biegt links in die Tamburello-Kurve ein. Senna wählt die schnellste Linie, etwas links von der Mitte, da, wo die Straßendecke holprig ist. Er weiß das. Im Frühjahr hatte er es noch beanstandet. Die Streckenleitung versprach damals, Abhilfe zu schaffen. 1995 wird es die alte Tamburello-Kurve nicht mehr geben. Schumacher beobachtet, wie der Williams immer wieder aufsetzt, Funken stieben auf, er fürchtet sogar, daß Senna die Kontrolle über den Wagen verliert und nimmt etwas Gas zurück, doch virtuos fängt Senna das Auto wieder ein. Der Magier führt den Tanz an, und die anderen sind wieder da, wo sie hingehören: hinter ihm.

Eine Runde lang liegt Senna an der Spitze. Langsam steigt der Druck in den Reifen wieder, doch noch nicht genügend, der Wagen liegt noch immer extrem tief. Die Zielgerade, wieder links, links, und wieder wählt er die Linie links von der Mitte.

In diesem Augenblick schaltet die Regie zum weiten Panorama am Ausgang der Tamburello-Kurve. Die schönen dunklen Bäume ringsum, eine gigantische Kronenbourg-Reklame und die weite Asphaltkurve, auf die das Feld, angeführt von Senna, schnurgerade mit vollem Tempo zusteuert. Es ist eine der Passagen, an der man die Faszination der Formel 1 spürt. Doch innerhalb von zwei Sekunden verwandelt sich dieser Ort ekstatischer Schönheit in eine Hölle.

Denn in diesem Augenblick sehen Millionen Zuschauer den Williams ungebremst nach rechts ausbrechen, die Piste verlassen, über einen schmalen Grasstreifen rasen, über eine betonierte Auslaufzone geradewegs auf eine Betonmauer zu.

Ich stehe mitten im Zimmer vor dem Fernsehapparat und schreie seinen Namen. Der Wagen prallt von der Mauer ab, rutscht beinahe wieder auf die Piste und kommt rückwärts in der Auslaufzone zum Stehen. Meine Freundin, unseren fünf Monate alten Sohn auf dem Arm, stürzt herein. Senna sitzt unbeweglich da. Zweimal geht ein leichtes Zucken durch seinen Körper, der Kopf, der gelbe Helm bewegt sich, einen Moment glaube ich, daß er noch lebt, doch dann hängt er, genauso wie Ratzenberger, wie eine leblose Puppe im Wrack. Da ist es wieder ...

Das gesamte Feld ist inzwischen vorbeigebraust, gelbe Flaggen, rennende Streckenposten. Die rechte Seite des Wagens ist vollständig zertrümmert, allerlei Bruchstücke, Räder, Teile der Radaufhängung und der Karosserie liegen verstreut herum. Was für ein widerlicher Sport! Was für ein hirnverbrannter Wahnsinn!

Die rote Flagge wird geschwenkt, das Rennen ist abgebrochen. Das Fernsehen zeigt eine Wiederholung. Wieder dieses merkwürdige Abweichen von der Linie, so unvermittelt, so resolut, dann der Aufprall, die herumfliegenden Teile, es ist zu furchtbar, um es sich anzusehen.

Die Kameras halten sich zurück, doch es sind die gleichen Bilder wie gestern. Man hat Senna aus dem Wagen gehoben, Ärzte und Streckenposten umringen ihn. Genauso wie gestern sind alle Motoren verstummt, es herrscht eine unheilvolle Stille, niemand traut dem Frieden. Das restliche Feld steht inzwischen wieder am Start und wartet ab. Nachrichten bleiben aus.

Ein Helikopter landet in der Tamburello-Kurve. Es dauert eine Weile, dann wird Senna auf einer aufblasbaren Bahre zum Helikopter getragen. Man sieht an den Schritten und Gesten der Streckenposten, daß die Situation ernst, kritisch ist. Als der Hubschrauber aufsteigt und hinter den Bäumen verschwindet, ist allen klar, daß damit auch das Herz der Formel 1 verschwindet.

Das Herz der Formel 1? Nachrichten bleiben aus. Hundertzwanzigtausend Menschen entlang der Strecke und Millionen Fernsehzuschauer warten. Warten auf Nachricht, warten aber auch auf den Neustart des Rennens. Die Fahrer, die noch immer in ihren Cockpits sitzen, wissen von nichts. Jemand erzählt Berger, Senna sei wieder bei Bewußtsein. Bernie Ecclestone gelingt es nicht, Professor Watkins zu erreichen.

Der Professor sitzt niedergeschlagen im medizinischen Zentrum an einem großen Schreibtisch, Sennas Helm vor sich, im Visier ist ein Loch. Die erste offizielle Mitteilung der FIA lautet: *head-injury*, Kopfwunde.

Nach über einer halben Stunde wird das Rennen neu gestartet. In dem Augenblick landet der Hubschrauber beim Maggiore-Krankenhaus in Bologna; Senna muß zum zweiten Mal aus einem Herzstillstand reanimiert werden.

Die Tifosi jubeln, als Berger sich an die Spitze setzt. Ecclestone, der sich bei den Boxen aufhält, scheint »head« mit »dead« verwechselt zu haben. Sennas Bruder Leonardo ist außer sich, er will Deutlichkeit, die Gerüchte werden lauter. Die Hektik und Verzweiflung, die den Tod eines Helden, eines Halbgotts umgeben.

Berger fährt zum Reifenwechsel an die Box, merkt später, daß etwas an seinem Wagen nicht stimmt, fährt wieder an die Box, Ferrari-Teamchef Jean Todt fordert ihn auf auszusteigen. »Dann hockte ich in der Box und hatte plötzlich das Gefühl, daß alles so still war, obwohl draußen das Rennen dröhnte, und ich begriff auf eine Weise, die ich nicht erklären kann, daß Ayrton Senna im Sterben lag.«

Berger organisiert einen Hubschrauber nach Bologna. Er wird Senna als einer der letzten zu sehen bekommen, aber auch er ist sich nicht ganz sicher, ob Senna noch lebt: »Ayrton war mit einem grünen Tuch bedeckt, das einen Teil der Wunden an der Stirn freiließ. Die Hand, der Fuß, den ich sah, waren die eines Toten, nach meinem Gefühl. Zwei oder drei Ärzte machten sich im Bereich der Stirnverletzung zu schaffen, und wir waren wieder im unklaren, ob Ayrton nocht lebte.«

Während Schumacher dem Sieg entgegenfährt, verliert Alboretos Minardi nach einem mißglückten Boxenstop ein Rad, das fünf

Mechaniker schwer verletzt. Die italienischen Zuschauer bejubeln den zweiten Platz von Ferrari-Fahrer Larini vor Mika Häkkinen. Die Siegerehrung ist verhalten. Noch immer gibt es keine offizielle Mitteilung. Auf der Pressekonferenz – der Zirkus Ecclestone muß weitergehen – äußert Häkkinen sich zufrieden mit seinem dritten Platz. »Das Rennen war toll.« Good fun – man wird es ihm noch lange nachtragen.

Um fünf vor halb acht abends trifft in Imola ein Fax ein: »Um 18 Uhr 40 hat das Herz aufgehört zu schlagen, wir bestätigen seinen Tod.« Kein Name, doch um wen es ging, war inzwischen in der ganzen Welt bekannt. Ayrton Senna war tot.

Die Todesursache war tatsächlich eine Kopfwunde. Senna hatte riesiges Pech gehabt. Der Aufprall auf die Mauer war zwar hart gewesen – laut Telemetrie hatte der Williams eine Geschwindigkeit von 215 km/h –, aber das Auto war in einem relativ günstigen Winkel auf die Mauer geprallt. Das Kohlefaser-Chassis war noch intakt, Senna hätte den Unfall nahezu unversehrt überlebt, wenn nicht ein Aufhängungsteil durch Visier und Helm in den Kopf gedrungen wäre. Es hatte sich nur um Zentimeter gehandelt.

Die Unfallursache blieb ungeklärt. Die italienische Justiz brachte die Sache mit großem Brimborium vor Gericht. In einem voluminösen Gutachten wurde von einer gebrochen Lenksäule gesprochen, eine Lesart, der Williams jedoch widersprach, da man bis zum allerletzten Augenblick noch Meßdaten empfangen habe, was bei einer gebrochenen Lenksäule unmöglich gewesen wäre. Zu beweisen war letztendlich nichts. Alle Angeklagten, unter ihnen Frank Williams und seine Designer, wurden im Dezember 1997 freigesprochen.

Am Rande des Todes bekommt alles eine andere Bedeutung. War das hektische Wochenende in Imola ein Grand-Prix-Wochenende wie so viele andere? Oder gab es wirklich eine ganze Menge Dinge, die Senna beunruhigten, die ihn über das Limit trieben, worauf die Formel 1 die äußerste Konsequenz zog?

Ich war kein Fan von Senna. Aber ein echter Katholik kann nicht auf den lieben Gott verzichten. Ob ich nun wollte oder nicht, beinahe zehn Jahre lang war Senna der Mittelpunkt unzähliger Sonntage, Samstage, sogar Freitage gewesen. Mit Prost und Mansell prägte er das Gesicht der Formel 1, im Unterschied zu diesen war es jedoch immer er gewesen, den es zu schlagen galt. Man hatte nicht gesiegt, wenn man Senna nicht besiegt hatte. Seine Überlegenheit mochte manchmal unerträglich gewesen sein, durch seine Besessenheit verkörperte er das Wesen des Rennsports, die letzte Konsequenz, den Tod inbegriffen.

Millionen Menschen erwiesen Senna in Brasilien die letzte Ehre. Seine Beerdigung wurde live in alle Welt übertragen.

»Das Begräbnis in São Paulo hatte mit einem normalen Begräbnis nichts zu tun«, schreibt Berger, »es war so obendrüber wie der ganze Senna. Von jedem roten Teppich bis zu jedem Flieger, der drübergedonnert ist, bis zum weißen Kleid der Mutter, es war alles Senna-mäßig, als ob er dirigieren tät, was jeder zu tun hat.«

Monaco, 15. Mai 1994

Ein paar Minuten vor dem Start des 52. Grand Prix von Monaco. Die Wagen befinden sich bereits in der Startaufstellung. Es wimmelt von Mechanikern, Teammanagern, Sponsoren, Fußballern, Filmstars und anderen VIPs zwischen den vierundzwanzig Boliden unter den Frühlingsbäumen. Die Pole-Position ist zum Gedenken an Ayrton Senna unbesetzt. Er hätte dort stehen müssen, er hätte sicher dort gestanden. Monaco war sein Revier, zehn Jahre zuvor hätte er hier beinahe zum ersten Mal gewonnen, im Regen ...

Zwei Wochen sind seit Imola vergangen. Die Fahrer schweigen, blicken ernst drein. Barrichello und Fittipaldi entrollen die brasilianische Fahne, im gelben Rhombus ein Bild von Senna, die ewige Mütze auf dem Kopf, im Hintergrund die Umrisse des Kurses von Imola wie ein zerknitterter Heiligenschein. In der grünen Umrandung stehen zwei Wörter: Adeus Ayrton.

Viele Formel 1-Fans sollten diese Fahne noch jahrelang treu mit sich führen, bei jedem Rennen, das sie besuchten.

»Formula Morte«, hatte eine italienische Zeitung zwei Wochen zuvor getitelt. Der Sport – Sport? Die Formel 1 ist doch kein Sport? – geriet wieder einmal ins Kreuzfeuer der Kritik. Zumal der GP von Monaco ein drittes Opfer zu fordern schien. Am Donnerstag-Training war Karl Wendlinger in einer merkwürdigen Zickzacklinie aus dem Tunnel herausgekommen. Weit über den Bremspunkt hinaus brach der Sauber mit über 200 km/h aus und prallte an der Einfahrt der Schikane seitlich gegen die mit Plastiktanks gepolsterten Leitplanken. Wendlinger lag mit einer schweren Kopfverletzung im Koma.

Da stehen sie, die anderen. Die GPDA wurde neu gegründet. Verschiedene Fahrer werden die Strecken auf gefährliche Kurven hin untersuchen, da, wo die Geschwindigkeiten, die Fliehkräfte unverantwortlich hoch sind. Es muß für größere Auslaufzonen, verbesserte Streckenbegrenzungen gesorgt werden. Die FIA verkündet in aller Eile, daß die Formel 1 nicht unsicherer sei als drei Wochen zuvor, stellt aber eine lange Liste technischer Verbesserungen auf: die Aufhängungen müssen stabiler befestigt werden, der Kopf der Fahrer besser geschützt, das Cockpit vergrößert, der Unterboden des Wagens verändert werden. Das Kind ist in den Brunnen gefallen, und die Konstrukteure meutern. Flavio Briatore, Teamchef von Benetton, findet alles übereilt: »Die Formel 1 muß keine Formel 3000 werden, Geschwindigkeiten von 300 km/h müssen möglich bleiben.« Natürlich, Briatore ist mit seinem Spitzenfahrer Schumacher auf der Gewinnerstraße, doch er hat Recht – wenn es ihm auch niemand dankt.

Sogar Bernie Ecclestone macht sich Sorgen. Ecclestone, der sich in besseren Zeiten durch Äußerungen wie »wer Golf spielt, verliert schon mal einen Ball« unbeliebt machte, hat für seinen Zirkus plötzlich kein Zugpferd mehr. In Monaco stehen nur noch vier Grand-Prix-Sieger am Start, von denen Berger mit sechs die meisten Siege erzielt hat. Ecclestone greift zum Handy und ruft Nigel Mansell an. Vielleicht findet sich der schmollende Held, in der Zwischenzeit Champion der Indy-Car-Serie in den USA und äußerst beliebt, bereit, für einige Grand Prix die Hauptattraktion zu sein. Geld spielt keine Rolle.

Die Gesichter der Fahrer sind ernst. Doch hinter ihnen stehen ihre Wagen, reglos, glitzernd und stark. Lachende Mädchen halten die Startnummern hoch. Mit Laptops werden immer wieder die Systeme kontrolliert, die Reifenwärmer sind um die Räder festgezurrt. Noch fünf Minuten. Es gibt keine Alternative.

Intermezzo: das Wesen der Geschwindigkeit

»Ich fahre«, sagt Eddie Irvine, »um dem Durchschnittsleben zu entkommen. Ich lebe mich aus, tot ist man noch lange genug. Was hat man von 50 Millionen Dollar auf dem Konto, wenn man wie ein Schwein vor der Glotze vegetiert?« Auch Gerhard Berger meint, daß »das stärkste Gefühl, das mich über all die Jahre trieb, die glühende Ungeduld eines jungen Rennfahrers (war), alles Schöne, Tolle und Aufregende in sich hineinzupressen. Es war auch viel Verrücktes dabei. Leitsatz: ›Sonst bist einmal alt und hast nix erlebt.‹«

Doch warum gerade die Formel 1? Warum sein Leben aufs Spiel setzen? Was ist so schön, phantastisch und aufregend an diesem verfluchten Geschwindigkeitswahn?

Wer Rennfahrer wird, hat meistens schon früh mit Geschwindigkeit zu tun. Berger berichtet von halsbrecherischen Stunts auf zugefrorenen Wegen und Seen. »Mich faszinierten nur die pure Speed, ein kleines bißl Technik und die Fähigkeit, ein Gerät zu beherrschen.« Und was soll man von Jacques Villeneuve halten, der sich als Kind als einziger traute, sich neben seinem Vater auf den Vordersitz zu setzen und ihn anfeuerte: »Schneller, Papa!«, während Gilles wie ein Verrückter durch die Straßen von Monaco raste? Supertalente wie Senna, Schumacher und Häkkinen fuhren schon im Kleinkindalter in Karts. Und Damon Hill erzählt, daß ihm Rennfahren immer schon im Blut gelegen habe: »Vom allerersten Augenblick an, da ich als Junge auf einem Moped fuhr, wußte ich: dies ist das beste, was ich je getan habe, und dieses Gefühl der Aufregung und Entschlossenheit hat mich nie mehr verlassen. Es gibt einen deutlichen Zusammenhang zwischen diesem Erlebnis als Jugendlicher und dem Rennfahren: die Freude an der Beschleunigung. Diese einfache Formel begleitet mich schon seit drei Jahrzehnten.«

»Die Geschwindigkeit ist das Überwältigendste an der Formel 1«, meint Mika Häkkinen. Aber was ist Geschwindigkeit eigentlich? Was geht einem bei Tempo 320 durch den Kopf, was spielt sich im Herzen oder in den Därmen ab? Worin besteht der Kick, kurzum: was ist das Wesen der Geschwindigkeit?

Michael Schumacher, der Schnellste von allen, muß passen: »Den Rausch der Geschwindigkeit kenn' ich eigentlich gar nicht.« Auch Berger, der Erfahrenste, seufzt. Man hat es ihn schon tausend Mal gefragt, aber niemand scheint mit seinen Antworten viel anfangen zu können. »Der Job deckt alles zu, mittlerweile auch jene Empfindungen, die ganz natürlich gewachsen sind aus der Geilheit des strammen Autofahrens. Aber das heißt nicht, daß es diese Empfindungen nicht mehr gibt. Speed ist dermaßen Teil der Routine geworden, daß ich den Unterschied zwischen Tempo 120 und Tempo 320 nur als Zacke im Telemetrie-Ausdruck erklären kann. Speed ist Arbeitsumfeld, so normal wie der Schreibtisch für den Beamten.«

Speed. Die höchste Geschwindigkeit, die in einem Auto – wenn man das Gefährt so nennen kann – erzielt wurde, war am 15. Oktober 1997, als Andy Green in seinem von zwei Düsenjäger-Motoren angetriebenen Thrust SSC in der amerikanischen Black-Rock-Wüste mit 1230 km/h die Schallmauer durchbrach. Innerhalb eines Jahrhunderts hatte der motorisierte Mensch die Geschwindigkeit von 100 km/h – der Belgier Camille Jenatzy überschritt 1899 am Steuer seines Elektrofahrzeugs »la Jamais Contente« diese damals für unerreichbar gehaltene Grenze – auf Überschallgeschwindigkeit geschraubt.

Doch die so heroisch wie wahnsinnige Tradition der Geschwindigkeitsrekorde sieht sich heute mit einem ernsthaften Dilemma konfrontiert. Denn welches Limit bleibt jetzt noch übrig? Wer die Geschichte der Rekorde betrachtet, stellt fest, daß fast alle Rekordversuche sich an bis dahin undenkbaren Limits orientieren: 100 Kilometer pro Stunde, 100 Meilen pro Stunde, 200, 300, 500, 1 000 ....

Erst mit einer solchen Grenze kann sich der Mensch etwas vorstellen, sonst bleibt es bei einer sinnlosen Abstraktion. Geschwindigkeit muß meßbar sein.

Das Gleiche gilt für die Formel 1. Schumacher: »Drei- oder vierhundert pro Stunde, das ist mir gleichgültig. Rennfahren wird erst dann interessant, wenn man Kurven fährt, da fängt die Magie an.« Nachdem Nelson Piquet 1982 in Zeltweg eine superschnelle Runde hingelegt hatte – 316 km/h Spitzengeschwindigkeit, 244 km/h Durchschnittsgeschwindigkeit, nur ein einziges Mal bremsen –, meinte er achselzuckend: »Ach, in Zeltweg habe ich das Gefühl, gar nicht so schnell zu sein, viel langsamer jedenfalls als in Monaco. Die Landschaft ist viel weiter weg.«

Schnelligkeit muß sichtbar, muß erfahrbar sein, in Beziehung zu etwas stehen. Deshalb wird der Rennkurs von Magny-Cours auch nie das großartige Ambiente wie der im Fürstentum erreichen, wie makellos die Straßendecke auch sein mag. Deshalb sind die Rennstrecken in Monza, Spa oder Hockenheim so überwältigend: Tempo 300, 350 zwischen den Bäumen, quer durch einen Park, entlang historischer Gebäude; auf solchen Kursen wird Geschwindigkeit erst sichtbar.

Sichtbare Geschwindigkeit. Das ist auch das Geheimnis von Monaco. Natürlich hat Monaco seine Tradition, seine Größe, sein Glamour. Vor langer Zeit wurde Phil Hill (Weltmeister 1961) in seinem nach Öl und Schweiß riechenden Overall auf den Stufen des Hôtel de Paris von einer alten Baronin angehalten: »Sind Sie einer dieser jungen Leute, die hier so einen schrecklichen Lärm machen?« »Ja, gnädige Frau.« »Warum machen Sie das?« »Wir trainieren, gnädige Frau.« Worauf die Baronin mit ihrem Schirm schwenkte: »Könnt ihr nicht irgendwo anders trainieren?« Dreißig Jahre später wird Schumacher nicht so rasch das Gleiche widerfahren. Frei herumlaufende Rennfahrer und Baroninnen sind aus der Mode; jeder Quadratzentimeter in Monaco ist verkauft, vermietet, ist abgeschlossen und wird bewacht. Das Interesse am Grand Prix ist überwältigend. In der Stadt selbst, aber auch darüber hinaus. Nur das erste und das saisonentscheidende Rennen ziehen mehr Aufmerksamkeit auf sich. Für alle Beteiligten ist Monaco das Rennen des Jahres; es ist das beste, schönste Theater der Schnelligkeit.

Theater, gewiß, wie Berger bezeugt: »Alles kommt zusammen, Autofahren, Monte Carlo, der Rummel und die Überdrehtheit, die Show und eine Stelle, an der du deine Noten kriegst nicht nur für die Rundenzeit, sondern auch für die Schönheit der Durchführung, wer am frühesten am Gas steht, am zärtlichsten die Leitplanken rasiert, am geilsten Richtung Tip-Top-Bar hinunterspringt. Im entscheidenden Augenblick wirst du zwar nicht an die Jury denken, die die Noten verteilt, auch nicht an die Ingenieure an der Telemetrie, die nachher auf eine Zacke deuten und sagen, schau dir die wilde Sau an, aber irgendwie ist der kumulierte Wahnsinn schon vorprogrammiert, du hast ihn im Bauch.«

Intermezzo: das Wesen der Geschwindigkeit

Theater. Aber Schnelligkeit? Monaco ist der bei weitem langsamste Kurs im Rennkalender. Die Spitzengeschwindigkeit beim Herausfahren aus dem Tunnel beträgt 280 km/h, in der Loews-Haarnadelkurve nicht mehr als 45 km/h, und die Durchschnittsgeschwindigkeit liegt bei 150, gut 50 weniger als auf den meisten anderen Kursen und 100 weniger als auf dem schnellsten.

Doch ob Tempo 280 oder 350 – Geschwindigkeit ist relativ. Nirgends ist man so nah dran wie in Monaco.

1929 fand dort der erste Grand Prix statt, und seitdem hat sich die Strecke kaum nennenswert verändert. Der Bereich des »Schwimmbades« wurde ein wenig angepaßt, der Tunnel verlängert und besser beleuchtet, die berüchtigte Gazomètre-Kurve durch die inzwischen noch berüchtigtere Rascasse-Kurve ersetzt, doch sonst ... Der Grund ist einfach: Straßen und Boulevards lassen sich nicht so einfach verlegen, und das Hôtel de Paris oder das Casino reißt man nicht ohne weiteres für eine paar Kiesbetten ab. Gegner der Rennstrecke, zu denen auch einige der Piloten gehören, halten sie deshalb für einen Anachronismus, für die Formel 1 völlig ungeeignet. »Es ist, als würdest du mit einem Hubschrauber im Wohnzimmer herumfliegen«, meinte Nelson Piquet.

Auch Niki Lauda hielt sich für einen zu großen Puristen, um Gefallen an einem Rennen wie dem in Monaco zu finden. Für ihn war Monaco pervers, ein Schützengraben zwischen den Häusern. Niemand wird leugnen, daß der Kurs zu klein und zu schmal ist, der helle Wahnsinn, Überholen ist nahezu unmöglich, das Rennen ähnelt oft einer Prozession. »Klaustrophobisch«, behauptete Hill. »Man kann nirgends hin, es gibt kaum genug Platz für das Auto.« Und trotzdem: »In Monaco gewinnen, ist der Traum jedes Fahrers«, so Mika Häkkinen.

Der helle Wahnsinn. Seitdem Häkkinen vor Millionen Fernsehzuschauern auf der Geraden vor der Mirabeau-Kurve seinen McLaren Dutzende von Metern absichtlich an der Leitplanke kratzen ließ, um so spät wie möglich bremsen zu müssen, ist dieses Kunststück der neueste Trend in Monaco. Man müsse es allerdings nicht übertreiben, meinte Hill, denn sonst sei gleich die Aufhängung hin. Jeder Fahrer ist stolz, wenn es ihm gelingt, unbeschadet die weißen Logos von den Reifen abzuschmirgeln. »Man muß hier und da die Leitplanke glatthobeln, wenn man in Monaco volle Pulle fährt, nur so kann man wirklich schnell sein«, meinte auch Nigel Mansell.

Intermezzo: das Wesen der Geschwindigkeit

Geschwindigkeit ist in Monaco keine Abstraktion, sondern konkret, fühlbar. Dafür sorgen die Häuser, die neoklassizistischen Giebel, die Straßenlaternen, die Ampeln, die Verkehrsschilder, Zebrastreifen, Richtungspfeile.

Damon Hill: »Monaco ist eine überwältigende Stadt. Und da wir auf Hüfthöhe fahren, gibt es manchmal die überraschendsten Dinge zu sehen. Manche Streckenabschnitte sind sehr langsam und es gibt keine Leitplanken. Wenn dort Menschen zuschauen und fotografieren, kann man sie deutlich sehen, obwohl man in einem Formel 1-Boliden sitzt. So fuhr ich 1996 durch die Loews-Haarnadelkurve und bemerkte ein Mädchen, das fotografierte. Es trug einen ziemlich kurzen Rock, sie kniete und ich sah viel mehr als wahrscheinlich die Absicht war!«

Dieser Voyeurismus sagt allerdings mehr über Hill aus: einen Formel 1-Wagen durch ein Labyrinth steuern und gleichzeit den Mädchen unter die Röcke schauen, es sagt etwas über die totale Konzentration eines Rennfahrers. Hill noch einmal: »Wenn ich im Auto sitze, registriere ich alles, jedes Detail. Mein Bewußtsein steht sperrangelweit offen, auf der Suche nach allem, was es wissen und erkennen muß. In diesem hypersensitiven Zustand entgeht mir absolut nichts.«

Und gerade diese Hypersensibilität macht Hill zufolge den Kick des Rennfahrens aus: »Man ist so intensiv bei der Sache, man geht völlig darin auf. Und das ist natürlich der Kick. Die totale Konzentration.«

Konzentration, Komprimierung, Intensivierung, das ist das Wesen der Geschwindigkeit. Es ist genau das, was Senna in seinem Streben nach Perfektion suchte. Nicht umsonst hatte er seine tiefgreifendste mystische Erfahrung als Rennfahrer in Monaco, und nicht umsonst gewann er das Rennen sechs Mal. Denn nirgendwo sonst staut sich die Konzentration zu so einer unergründlichen Mischung aus Wahnsinn und Ekstase wie in Monaco. Das gilt übrigens auch für die Zuschauer. In der klaustrophobischen Umgebung rast die Formel 1 einem buchstäblich durch die Eingeweide, die Seele. Nirgendwo sind Geschwindigkeit und Limit so fühlbar, zum Greifen nah. Zwischen den Leitplanken, Giebeln, Balkonen und Frühlingsbäumen ist der Anblick der Formel 1 oft überraschend, deutlich, hell, fast intim. Und dann das Geräusch ... Der Lärm der Motoren wird überall zurückgeworfen, das Fürstentum wackelt buchstäblich in seinen Grundfesten. Der Rausch ist daher unmittelbar, rabiat, beängstigend. Man spürt sofort, daß in diesem alten, schicken Labyrinth ein schrecklicher Minotaurus haust.

Monaco, mehr Theater als Schnelligkeit, werden Gegner weiterhin behaupten. Doch wie so oft, sagt die Vorstellung viel mehr über das Innere, das Wesen aus. Und offensichtlich hat die Formel 1 jedes Jahr wieder Bedürfnis danach.

Teil 3 – Senkrechtstarter

Michael Schumacher: ein Jungenstraum

Silverstone 1994. Einführungsrunde, »Paradelap«, wie die Engländer sagen. Es ist die Mitte der Saison. Michael Schumacher ist der neue Star. Außer dem Großen Preis von Spanien, wo er als Zweiter durchs Ziel ging, hat er alle Rennen gewonnen. Sein Vorsprung vor dem Zweitplatzierten in der WM-Wertung, Damon Hill, ist riesig: 66 Punkte gegenüber 29. Der Titel scheint Schumacher so gut wie sicher.

Doch Hill läßt nicht locker. Das Williams-Team hat sich von dem Albtraum von Imola erholt. In Frankreich sicherte sich Hill bereits die Pole-Position und auch vor heimischem Publikum ist er nach einem aufreibenden Trainingsduell mit Schumacher der Schnellste. Der Unterschied beträgt eine dreitausendstel Sekunde. »Wenn ich mittags zwei Löffel Pasta mehr gegessen hätte, hätte ich es nicht geschafft«, erklärt Hill. Die englischen Zeitungen jubeln, die Saison sei an einem Wendepunkt angelangt.

Die Ampeln springen auf Grün. Die Einführungsrunde beginnt, an ihrem Ende werden die Piloten ihre Startplätze einnehmen. Es gibt keine Safety-Car-Phase, der Mann an der Spitze gibt das Tempo an, die anderen folgen in der Reihenfolge ihrer Qualifikationszeit. Die Wagen schleichen über die Piste, hier und im Zickzackkurs, um die Reifen schneller auf Betriebstemperatur zu bringen. Dann passiert etwas Merkwürdiges: Schumacher überholt Hill, fährt einige hundert Meter voraus und läßt Hill dann wieder vorbei. Wohl ein Versehen, kommt vor, wenn auch selten heutzutage: Ein Pilot beschleunigt zu wild, überholt irrtümlicherweise den Mann vor sich und läßt ihn dann bei der nächstbesten Gelegenheit wieder passieren. Doch Spitzenfahrern unterläuft ein solches Versehen selten. Der Vorfall scheint vergessen, sobald die Wagen sich am Start aufstellen: Hill, Schumacher, Berger, Alesi, Häkkinen, Barrichello, Coulthard und so weiter, bis alle auf ihrer Position stehen und hinter dem Feld die grüne Flagge geschwenkt wird.

Doch statt der grünen ist auf der Höhe von Coulthards Wagen die gelbe Flagge draußen. Der Ersatzfahrer für Senna hat seinen Motor abgewürgt, der Start wird abgebrochen.

Die Mechaniker rennen wieder auf die Piste. Die Reifen werden wieder in Heizdecken gepackt. Noch fünf Minuten bis zum Neustart, die Motoren werden angelassen, die Wagen machen sich auf zu einer neuen Einführungsrunde. Konform den Regeln bleibt Coulthard stehen, um sich ganz hinten anzuschließen. Wer den Abbruch des Starts verschuldet, muß beim Neustart den letzten Platz einnehmen. Und dann passiert es von neuem: Schumacher überholt Hill. Er fährt diesmal sogar so lange voraus, daß es sich nicht mehr um ein Versehen handeln kann. Es geschieht mit Absicht. Die Rennleiter kratzen sich hinter den Ohren. Alle Fahrer haben ihre Startplätze eingenommen, die grüne Flagge wird geschwenkt, die roten Ampeln gehen eine nach der anderen an und dann gleichzeitig aus: Start. Hill kommt am besten weg, Schumacher liegt an zweiter Stelle.

Hinter den Kulissen beratschlagt man fieberhaft. Das Reglement ist eindeutig: Schumacher hätte beim Neustart an das Ende des Feldes gesetzt werden müssen. Doch niemand hatte diesen Unterparagraphen in dem dicken Regelwerk so schnell parat, außerdem war Schumacher nur ein paar hundert Meter vorausgefahren und vielleicht nicht einmal absichtlich. Aber beim zweiten Mal?

Das Rennen geht weiter. Hill liegt in Führung, gefolgt von Schumacher. Die englischen Fans sind aus dem Häuschen. Wie so oft legt Schumacher jedoch einen viel schnelleren Boxenstop ein und setzt sich an die Spitze. Dann endlich ringt sich die Rennleitung zu einem Entschluß durch. Schumacher erhält eine Stop-and-go-Strafe, jedoch nur fünf statt der üblichen zehn Sekunden, denn so schwerwiegend sei der Verstoß nicht gewesen. Schumacher muß an die Box und dort, ohne daß an dem Wagen gearbeitet werden darf, fünf Sekunden stillstehen. Da seit Imola in der Boxengasse eine Höchstgeschwindigkeit gilt, wird ihn das ungefähr zwanzig Sekunden kosten. Mit Hill auf den Fersen, kostet ihn das so gut wie sicher das Rennen.

Der Bescheid wird der Benetton-Teamleitung schriftlich übergeben. Innerhalb von fünf Runden müssen sie Schumacher an die Box beordern, damit er seine Strafe absitzen kann. Doch dann beginnt das Taktieren. Schumacher kommt nicht rein. Auf dem Formular stand nicht ausdrücklich, daß es sich um eine Stop-and-go-Strafe handelte.

Bei den Boxen haben alle das auf den Monitoren gesehen, auf denen die Entscheidungen der Rennleitung bekannt gegeben werden. Außer Benetton. »Es steht nicht im Formular«, behauptet Briatore hartnäckig. Die fünf Runden verstreichen. Die Rennleitung fühlt sich brüskiert und wendet ihre härteste Sanktion an: die schwarze Flagge, die einem Fahrer anzeigt, daß er aus dem Rennen genommen wird. Wer nicht hören will, muß fühlen. Rundenlang wird Schumacher die schwarze Flagge und die Startnummer seines Wagens vor die Nase gehalten. Er gibt später zu Protokoll, die Fahne nicht gesehen zu haben, die Zahl fünf habe er auf die Strafe bezogen. Bordfunk? Noch nie gehört.

Inzwischen verhandelt Briatore mit den Verantwortlichen. Zähneknirschend schauen die anderen zu. Und schließlich fährt Schumacher an die Box ... um nachträglich seine Strafe abzusitzen! Es kostet ihn das Rennen. Hinter Hill wird er Zweiter. Doch es wird ihn noch viel mehr kosten, denn natürlich hagelt es Proteste, die FIA leitet eine Untersuchung ein, auf das Negieren der schwarzen Flagge steht eine Sperre. Der Grand Prix von England bringt die Wende in der WM.

Der Vorfall von Silverstone ist kein Einzelfall, er ist charakteristisch für den Formel 1-Piloten Michael Schumacher.

Die wichtigste Frage, die hinterher alle zu stellen vergaßen, lautet, warum Schumacher Hill während der Einführungsrunde überholte. »Er fuhr ziemlich langsam«, rechtfertigte sich Schumacher nicht sehr überzeugend. Es gab wohl einen ganz anderen Grund. Schumacher wollte in Hills Heimat Eindruck schinden, ein für Schumacher typisches Imponiergehabe, das besagen sollte: Dein Platz ist hinter mir.

Was Schumacher auf den Rennstrecken zeigt, ist rundherum imponierend. Er ist zweifellos der talentierteste Fahrer seiner Generation. Beispielhaft ist das Rennen in der ersten Saisonhälfte, das er nicht gewann. Beim Großen Preis von Spanien belegte Schumacher den zweiten Platz, obwohl er zwei Drittel des Rennens nur im fünften Gang fahren konnte. Trotzdem gelang ihm das Kunststück, Hill auf den Fersen zu bleiben. Die Journalisten wollten es erst glauben, nachdem sie die Telemetrie-Daten von Benetton eingesehen hatten.

Auch das Rennen in Silverstone hätte Schumacher höchstwahrscheinlich als Sieger beendet, weil er und sein Team als erste die Wichtigkeit einer richtigen Tankstop-Strategie erkannten und diese fehlerfrei auszuführen verstanden. Doch leider erwies sich Silverstone auch als der Anfang der Skandale um den Deutschen, die seine Laufbahn begleiten sollten. Immer wieder, zumal wenn er auf der Gewinnerstraße war, war er der Mittelpunkt von Zwischenfällen und Kontroversen. Schuld daran ist nicht nur sein zumindest merkwürdiges Fahrverhalten in für die Weltmeisterschaft entscheidenden Phasen, sondern auch seine sagen wir mal selbstverständliche Blasiertheit. Arroganz gilt nun einmal als unschöner Charakterzug. Und möglicherweise spielte auch die Tatsache eine Rolle, daß er seinen Anspruch auf den vakanten Weltmeisterthron zu einem äußerst unglücklichen Zeitpunkt anmeldete. Viele konnten sich wohl schwer damit abfinden, daß Schumachers Stern aufging, noch bevor Sennas Grab zugeschaufelt worden war.

Der Vormarsch

Wenige Karrieren verliefen so steil wie Michael Schumachers. Alles, was er anpackte, Karts, Formel König, Formel 3, Sportwagen – überall war er schneller als die anderen.

Fünf Tage vor seinem ersten Grand Prix stieg Schumacher zum ersten Mal in einen Formel 1-Wagen. Am 20. August 1991 testete er einen Jordan auf dem Kurs von Silverstone. »Die ersten drei Runden waren ziemlich imponierend. Ich meine: sie imponierten mir, aber danach war es ziemlich normal. Natürlich war es etwas Besonderes, aber nicht außergewöhnlich.«

Berger wußte, warum Schumacher alles in den Schoß fiel: »Diese Jungs hatten alle schon eine Riesensumme von Erfahrungen, bevor sie überhaupt erst in die Formel 1 kamen. Hauptsächlich kommt das aus dem Kartsport, den Michael Schumacher schon ab vier betrieben hat. Die Wahrnehmung funktioniert schon genauso wie im großen Sport, und die Kinder entwickeln dieses Gespür fürs Detail. Die Kids spielen mit hundertstel Millibar Luftdruck herum, um ihr Kart optimal abzustimmen, bevor sie sich zum ersten Mal zur Schule schleppen. Diese Kart-Generation ... hat den computermäßigen Zugang zu einem inzwischen computer-dominierten Sport automatisiert. Kein Naturbursch wird diese Kids allein mit seiner Speed schlagen können.« Bei Schumacher entdeckte Berger die gleiche mentale Kraft wie bei Senna, die von Anfang an stimme und immer weiter gewachsen sei. Und diesmal ist er wirklich neidisch.

Eddie Jordan hatte einen großen Fisch an Land gezogen und wollte ihn vom Fleck weg verpflichten. Schumacher unterschrieb einen Vorvertrag, nach Spa sollte alles Weitere ausgehandelt werden.

Schumachers Einstand in den Ardennen war beeindruckend. Noch nie war er auf dem Kurs von Spa gefahren, geschweige denn in einem Formel 1-Boliden. Doch die Piste für Vollblut-Rennfahrer schien ihm wie auf den Leib geschrieben. Jahre später erinnerte er sich nur zu gern an die erste Bekanntschaft mit der Eau-Rouge-Kurve: »Dort hatte ich in meinem ersten Jahr, als ich für Jordan fuhr, das sensationellste Erlebnis überhaupt. Der Wagen lag extrem gut, und er hatte so viel Anpreßdruck, daß er komplett auf den unter dem Boden befestigten Titanblöcken aufgesessen ist. Ich hatte das Gefühl, die Reifen hängen in der Luft, und ich fahr' auf den Blöcken. Das war wirklich ziemlich irre, und da hab' ich gedacht: Hey, du kannst ja eigentlich viel mehr, als du dir vorgestellt hast. Das war ein berauschender Moment ...« Im Abschlußtraining qualifizierte er sich als Achter, im Warm-Up fuhr er sogar die viertbeste Zeit. Schumacher imponierte. Journalisten sprachen von seinem Charisma, von seinem selbstbewußten Auftreten – ein zukünftiger Weltmeister laufe da durch die Boxengasse – noch bevor das Rennen überhaupt begonnen hatte.

Schumachers Debüt endete wegen eines Kupplungsdefekts schon vor La Source, der ersten Kurve, aber er hatte seine Visitenkarte abgegeben. Das Tauziehen konnte beginnen. Trotz des Vorvertrags auf seinem Schreibtisch mußte Eddie Jordan mit ansehen, wie die Deadline verstrich. Die Konkurrenz lag auf der Lauer. Für Schumachers erste Fahrt hatte Mercedes bezahlt, bei Benetton würde man ihn mit offenen Armen empfangen. Briatore verfügte über die finanziellen Mittel. Die erste Kontroverse. Schumacher habe doch nur einen Vorvertrag unterzeichnet. Ein Fall für die Rechtsanwälte. Jahre später besänftigte Schumachers Manager Willi Weber den noch immer aufgebrachten Eddie Jordan mit einer beträchtlichen Abfindung. Die Weltmeisterschaften waren zu diesem Zeitpunkt schon längst unter Dach und Fach.

Das nächste Rennen fuhr Schumacher somit für Benetton und belegte auf Anhieb den fünften Platz. Teamkollege und dreifacher Weltmeister Piquet hatte das Nachsehen. Schumacher war auf dem Weg zur Spitze.

Ein Jahr nach seinem Debüt gewann Schumacher seinen ersten Grand Prix in Spa. Bei den üblichen wechselnden Witterungsverhältnissen zeigte Schumacher seine taktische Überlegenheit. Genau zum richtigen Zeitpunkt entschied er sich, auf Slicks zu wechseln und fuhr pro Runde acht Sekunden schneller als Mansell, der noch immer auf Regenreifen herumgondelte. Acht Sekunden! Schumacher und Spa, er sollte dort noch gewinnen. Wären da nicht die zahlreichen Kontroversen gewesen, er hätte die Könige von Spa, Jim Clark und Ayrton Senna (beide siegten dort viermal hintereinander), schon längst entthront.

Senna. Es konnte nicht ausbleiben, daß sich der alte und der neue Champion in die Haare gerieten.

Schon beim Großen Preis von Brasilien in Interlagos 1992 meinte Schumacher, Senna wegen unverantwortlicher Fahrweise Vorhaltungen machen zu müssen. Senna erklärte, ein stotternder Motor sei Schuld gewesen. In Frankreich schob Schumacher nach einem allzu optimistischen Überholversuch Senna in der ersten Runde von der Piste. »Mein Fehler«, räumte Schumacher ein, »heute habe ich gelernt, daß man ein Rennen nicht in der ersten Kurve gewinnt.« Bei Testfahrten in Hockenheim kollidierten Schumacher und Senna erneut. Wütend sprang Senna an der Box aus seinem McLaren, stürmte auf Schumacher zu und packte ihn am Kragen. Seine Mechaniker konnten gerade noch rechtzeitig eingreifen. Kam einem das nicht irgendwie bekannt vor?

Ein spannendes Duell zwischen den zwei Supertalenten kündigte sich an. 1993, als Prost sich den Titel holte, wurde nichts daraus, doch die Saison 1994 würde alles wettmachen. Während das Gespann Schumacher-Benetton immer stärker wurde, wechselte Senna zu Williams. Lag es an der Heftigkeit des Kampfes, daß er nur zwei Rennen dauerte?

Schumacher gewann überlegen den Auftakt in Brasilien, nachdem Senna durch einen Dreher ausgeschieden war. Mit Schumacher war einfach nicht Schritt zu halten. Wie war das möglich? Ein neuer Skandal. Gerüchte kursierten, Benetton würde noch immer von verbotenen elektronischen Hilfsmitteln Gebrauch machen. Auch Senna äußerte diesen Verdacht kurz vor Imola. Danach war es vorbei. Für Senna. Für viele Formel 1-Fans.

Schumacher siegte weiter. In Imola, in Monaco. Vor den Augen des trauernden Prinzen vollführte Schumacher nach dem Rennen einen Tanz mit Briatore. Bei Sennas Beerdigung war Schumacher einer der auffälligsten Abwesenden gewesen. Aus Angst vor Anschlägen, hatte er entschuldigend angeführt, was nicht ganz aus der Luft gegriffen war, wenn auch natürlich kein vernünftiger Mensch Schumacher oder Benetton für Sennas Tod verantwortlich machen würde.

Die Gerüchte über unerlaubte Software wollten nicht verstummen. Die FIA ermittelte, und Benetton gelang es nicht, den Verdacht zu zerstreuen. Zuerst blieben die verlangten Unterlagen aus; die FIA verhängte eine Hunderttausend-Dollar-Strafe, die Briatore anstandslos bezahlte. Dann stellte sich heraus, daß sich zwar die verdächtige Software tatsächlich im Bord-Computer befand, jedoch das Steuerprogramm fehlte. Benetton konnte keine Regelwidrigkeit nachgewiesen werden.

Und Schumacher siegte weiter. In Kanada, in Frankreich. Der Titel schien in greifbarer Nähe, bis Schumacher in der Einführungsrunde auf dem Kurs von Silverstone meinte, Damon Hill überholen zu müssen.

Jetzt war der Teufel los. Das Benetton-Team stand am Pranger und niemand zerfloß vor Mitleid. Denn Benetton hatte vom Drama in Imola nur profitiert, Benetton schwamm im Geld und Benetton hatte zudem keinerlei Tradition im Rennsport aufzuweisen. Allein schon dieser Briatore, den man aus der Mode-Welt geholt hatte, um einen Rennstall zu leiten! Berger, der Briatore ein paar Jahre später erlebte, urteilt hart: »Flavio Briatore fegte mit grandioser Oberflächlichkeit über alles hinweg. Er redete zwar über Technik, aber während des Redens kriegte man den Verdacht, er könne ein Lenkrad nicht von einem Wagenrad unterscheiden. Von Rennfahren hat er absolut nichts im Blut, er lebt nur für die Vermarktung, vorrangig seine eigene.« Geld und Marktstrategien. Briatore hatte bereits das Team von Ligier aufgekauft – was für Pläne hatte er noch? Und dann die Art und Weise, wie dieser Briatore, die Schirmmütze verkehrt herum auf dem Kopf, die Rennleitung umzustimmen versuchte, als würden für ihn andere Gesetze gelten ...

Die FIA verhängte eine drakonische Strafe. Der letzte, der die schwarze Flagge ignorierte – Nigel Mansell 1989 in Estoril – wurde für ein Rennen gesperrt; Schumacher mußte zwei Rennen lang zuschauen. Benetton ging in Berufung, so daß Schumacher bei seinen beiden Heimspielen, in Hockenheim und Spa, an den Start gehen durfte. Doch ausgerechnet diese Rennen machten die Sache nur noch schlimmer.

In Hockenheim stand jedoch einmal nicht Schumacher im Mittelpunkt. Als sein Teamkollege Jos Verstappen an die Box fuhr, schwappte beim Tanken plötzlich Benzin über Fahrer und Wagen und entzündete sich innerhalb von Sekunden. Verstappen sprang aus dem lichterloh brennenden Cockpit, und Mechaniker löschten das Feuer. Die Formel

1 war noch einmal einer Katastrophe entkommen. Verstappen und einige Mechaniker kamen mit leichten Verbrennungen davon.

Ein erneuter Streitfall. Benetton habe die Tankanlage manipuliert, hieß es. Im Tankstutzen fehlte, so ergab eine Überprüfung, ein Benzinfilter. Die Formel 1 wurde bis in ihre Grundfesten erschüttert, hatten doch die sehr schnellen Boxenstops dazu beigetragen, daß Benetton eine ganze Reihe von Rennen gewinnen konnte. Aus der Gerüchteküche verlautete, Benetton würde nicht nur für den Rest der Saison, sondern auch für die nächste Saison ausgeschlossen werden. Man hatte kein Mitleid. Im Benetton-Team kriselte es. Sogar Schumacher zweifelte laut: »Wenn erwiesen wird, daß mein Team hinter meinem Rücken illegale Dinge gemacht hat, dann kann ich das nicht akzeptieren und werde ein anderes Team suchen.«

Benetton konnte glaubhaft machen, daß der Filter unnötig gewesen sei, da man das Benzin vorher selbst gefiltert habe. Notabene ein Vertreter der FIA habe die Zustimmung gegeben, den Filter zu entfernen. Doch das kam erst später ans Licht, haften blieb der Feuerball in Hockenheim und die Verdächtigungen.

Beim deutschen Grand Prix war Schumacher zum ersten Mal in der Saison ausgefallen, aber die beiden nächsten Rennen in Ungarn und Belgien gewann er wieder überlegen. Der Grand Prix in Spa hatte jedoch ein erneutes Nachspiel. Es war wie verhext. Die technischen Kommissare, die alle Wagen nach dem Wettkampf überprüfen, hatten an Schumachers Benetton eine Reglementswidrigkeit entdeckt.

Nach Imola hatte man aus Sicherheitsgründen Reglementsänderungen durchgeführt. Um eine Mindesthöhe des Fahrgestells zu garantieren, wurde eine zehn Millimeter dicke hölzerne Platte in der Mitte des Unterbodens vorgeschrieben, die nach dem Rennen nur maximal einen Millimeter abgeschabt sein durfte. Die Dicke dieses Unterbodenbretts betrug bei dem Benetton Nummer 5 im Parc Fermé von Spa 7,4 Millimeter. Schumacher wurde daraufhin disqualifiziert, die Berufung abgelehnt, und zudem wurde die Sperre für zwei Rennen wegen des Vorfalls in Silverstone bestätigt. Zähneknirschend mußte Schumacher mit ansehen, wie Hill mit Siegen in Italien und Portugal in der WM-Wertung zu ihm aufschloß: Schumacher 76, Hill 75 Punkte. Noch drei Rennen standen aus.

Bei seiner Rückkehr in Jerez schlug Schumacher sofort zurück. Hill belegte den zweiten Platz. Doch in Japan zeigte Hill, daß er Schumacher durchaus gewachsen war. Im verregneten Grand Prix von Suzuka ging er knapp vor dem Deutschen durchs Ziel. Die Entscheidung mußte also in Adelaide fallen.

Adelaide 1994. Im ersten Training am Freitag fährt Nigel Mansell – ja, er! – die schnellste Zeit. Beim allerletzten Versuch, die Zeit zu unterbieten, fliegt Schumacher ausgerechnet in der Senna-Schikane von der Piste. Er steht unter Druck, und es hat den Anschein, daß er unter Druck Fehler macht. Wahrscheinlich deshalb hält er es für nötig zu imponieren, und wahrscheinlich deshalb ging er schon Wochen vor dem Rennen so scharf mit Hill ins Gericht: »Ich glaube nicht, daß wir in der jetzigen Position wären, wenn Ayrton Senna noch fahren würde. Ayrton würde Kreise um mich fahren, und das zeigt auch, was ich von Damons Fähigkeiten als Fahrer halte. Er ist in die Position der Nummer eins geworfen worden, doch er war nie die Nummer eins. David Coulthard fährt schon nach drei Rennen schneller als er, und das beweist, daß er keine Nummer eins ist. Daher habe ich vor ihm nicht so viel Respekt wie vor anderen Piloten. Als wir unsere Probleme hatten, war er nicht gerade hilfreich. Viele Leute waren unglücklich, als sie sahen, was uns passierte, aber ein Mensch im besonderen fand das alles ganz korrekt. In der Vergangenheit habe ich immer gedacht, er sei ein fairer Kerl. Viele Fahrer haben sich fair geäußert, nur Damon tat genau das Gegenteil. Ich habe ja nicht erwartet, daß er uns verteidigt, aber er hätte die ganze Sache nicht noch schlimmer für uns machen müssen. Da wäre es besser gewesen, er hätte den Mund gehalten. Sobald ich hörte, was er gesagt hat, wußte ich, woran ich war, und war um so mehr motiviert, die Meisterschaft zu gewinnen. Wenn ich den Titel tatsächlich hole, dann eben in 12 und nicht in 16 Rennen. Und wenn es nicht klappt, dann weiß jeder warum.«

Hill reagierte gelassen: »Ich will den Titelkampf nicht runtermachen, indem ich den Ruf des Gegners anzweifle. Ich finde das traurig. Die Formel 1 hat zu oft erlebt, daß sich die beiden Piloten an der Spitze abgrundtief gehaßt haben.« Hill war nicht der einzige, der sich an die Tage von Prost und Senna erinnert fühlte.

Nach dem verregneten Training am Samstag steht Mansell vor Schumacher auf der Pole-Position. Auf die Frage, ob er seinem Teamkollegen Hill nicht vielleicht auch mit unlauteren Methoden unter die Arme greifen werde, brüllt der »Löwe«: »Das ist ein unverschämter Vorschlag. Das habe ich nicht nötig.«

Auf dem welligen kurvenreichen Straßenkurs von Adelaide ist das Überholen außerordentlich schwierig, der Start daher von entscheidender Bedeutung.

Mansell erwischt einen schlechten Start, Schumacher setzt sich sofort neben ihn. Mansell steuert seinen Williams mit durchdrehenden Rädern in die Mitte der Fahrbahn, doch Schumacher ist schon vorbei. Auf der anderen Seite überholt Hill, und so liegen die beiden Rivalen schon nach hundert Metern an der Spitze.

Kurz hat es den Anschein, als würde Schumacher davonziehen, aber Hill bleibt dran. Rundenlang drehen sie wie an einer Schnur aufgezogen ihre Kreise. Einmal ist es Schumacher, der seinen Vorsprung ausbaut, dann wieder Hill, der zu ihm aufschließt. Es überrascht, daß Schumacher den Engländer nicht abschütteln kann. Wie sehr er unter Druck steht, zeigt sich, als der Benetton einige Male leicht ausschert. In der Benetton-Box befürchtet man das Schlimmste. Das ganze Jahr über waren sie schneller gewesen, der Titel, der nach der ersten Saisonhälfte so sicher schien, kann jetzt noch mit einem Schlag verloren gehen ...

Der Abstand bleibt äußerst klein, ein Mal fährt Hill sogar fast auf den Benetton auf. Er scheint schneller, doch wo soll er an Schumacher vorbei?

Dann geht es an die Überrundungen, bei denen Schumacher während der gesamten Saison der Überlegenere gewesen war, doch Hill hält auch diesmal mit, verliert keinen Meter Boden. In der achtzehnten Runde fahren beide fast gleichzeitig an die Boxen, und auch hier kann das Benetton-Team nicht wie sonst Zeit gutmachen. Beim Verlassen der Boxengasse hängt Hill Schumacher beinahe im Getriebe.

Die Welt hält den Atem an. Daß Hill noch an Schumacher vorbei muß, scheint fast vergessen. Ab und zu setzt der Brite am Ende der Brabham Straight zu einem Überholmanöver an, doch er ist jedes Mal nicht nah genug. Sechsunddreißig Runden dauert die nervenaufreibende Verfolgungsjagd. Dann begeht Schumacher einen Fehler.

In der Flindersstreet, einer schnellen Linkskurve, touchiert der Benetton eine Bodenwelle, stellt sich quer, holpert über die farbigen Randsteine, rutscht über den Rasen der Auslaufzone und schlägt seitlich gegen die Mauer. Staub und Gras wirbeln durch die Luft, als der Bolide zurück auf die Piste fliegt. Im gleichen Augenblick kommt Hill um die Ecke.

Hill weiß nicht, was Millionen Fernsehzuschauer gesehen haben, daß

Schumacher nämlich bei seinem Abstecher die Mauer touchiert hat. Er sieht, daß Schumacher über den Rasen fährt und Tempo verloren hat. Er zögert keine Sekunde. Links ist kein Platz, da der Benetton diagonal die Piste kreuzt. Dadurch, so sieht Hill, öffnet sich rechts eine Lücke genau an der Stelle, wo die folgende Rechskurve beginnt, und Hill stößt hinein. In dem Moment bekommt Schumacher auf der linken Seite der Fahrbahn seinen Wagen wieder in den Griff und reißt ihn nach rechts, genau vor die Räder des Williams. Hill weicht zwar nach rechts aus, kann jedoch eine Kollision nicht mehr verhindern.

Die Räder verhaken sich, der Benetton steigt auf – Hill kann den Boliden seines Gegners von unten betrachten – und schlittert auf den linken Reifen Richtung Reifenstapel und Mauer auf der gegenüberliegenden Seite. Es fehlte nicht viel und er hätte sich überschlagen. Für Schumacher ist das Rennen vorbei. Hill verschwindet in der Ferne aus seinem Gesichtsfeld.

Deprimiert klettert Schumacher aus dem Cockpit, springt über die Mauer und schlüpft durch ein Loch im Fangzaun. Er wagt nicht zu hoffen, das Warten beginnt. Ist auch Hills Wagen beschädigt, oder kommt er gleich wieder fröhlich pfeifend auf dem Weg zur Weltmeisterschaft vorbei? Hill hat es mit einem blockierenden linken Vorderreifen gerade noch bis zur Box geschafft. Die Vorderradaufhängung hat sich verzogen, ist fast gebrochen. Die Mechaniker prüfen, untersuchen. Sekunden gehen vorbei. Ein Mechaniker zerrt verzweifelt an dem Metallstück. Aus seinem Cockpit schaut Hill zu und schüttelt den Kopf.

An der Strecke sieht Schumacher einen Williams näher kommen – es ist Mansell, der die Führung übernommen hat. Nervös lehnt Schumacher am Zaun, er kann die Stimme aus dem Streckenlautsprecher nicht gut verstehen. Steht Hill an der Box? Als Mansell ihn noch einmal passiert und die Streckenkommissare ihm gratulieren, weiß Schumacher, er hat gewonnen. Er ist mit einem Punkt Vorsprung Weltmeister geworden. Hill ist aus dem Wagen gestiegen, bei der Benetton-Box purzeln Mechaniker, Sportchefs, Manager und Kamerateams übereinander.

Wieder wurde die Weltmeisterschaft durch eine zweifelhafte Kollision entschieden. War es Absicht? Wurde der Benetton durch den Kontakt mit der Mauer beschädigt? Nur Schumacher weiß die Antwort. Sein Renn-Ingenieur meinte kurz nach dem Rennen: ja, Schumacher dagegen nein und später wieder ja. Er habe Hill nicht gesehen, er habe ja im Grunde vor ihm gelegen und sei daher dem Reglement entsprechend im Recht gewesen, außerdem habe er den Titel am meisten verdient.

Auf der anschließenden Pressekonferenz nahm Schumacher seine früheren Worte über Hill zurück: »Ich habe in diesem Jahr einige Bemerkungen über Damon gemacht, in denen ich davon sprach, daß ich vor ihm keinen Respekt habe, aber ich muß zugeben, daß ich da falsch lag. Was er vor allen Dingen in den beiden letzten Rennen geleistet hat, war phantastisch. Er war ein großartiger Gegner, und es tut mir leid, was ich über ihn gesagt habe.«

Der Titelgewinn war geschafft.

In der Williams-Box fiel Hill fast vom Stuhl, als er sich die Fernsehbilder vom Rennen anschaute: »Hätte ich gewußt, daß er die Mauer berührt hat, wäre ich natürlich nie in die Lücke gestoßen.«

Die Bestätigung

Die Saison 1994 war endlich vorbei. Der Thriller von Adelaide hatte den Albtraum von Imola und alle Skandale rund um das Benetton-Team beiseite geschoben. 1995 sollte ein Neubeginn sein.

Doch schon beim ersten WM-Lauf in Brasilien gerieten Schumacher und die Benetton-Crew erneut ins Schußfeld. 1994 war noch lange nicht vergessen ...

1995 hatte die FIA das Experimentieren mit verschiedenen Benzinmischungen verboten. Der Treibstoff in einem Formel 1-Tank mußte an jeder gewöhnlichen Tankstelle zu kaufen sein. Die Benzinproben, die nach dem Rennen sowohl von Benetton als auch von Williams vorgelegt wurden, waren nicht identisch mit denen, die man vor dem Rennen erhalten hatte. Schumacher und Coulthard, die Nummer 1 und 2 des Rennens, wurden disqualifiziert, Berger im Ferrari zum Sieger erklärt. Zwei Wochen später wurde die Entscheidung zurückgezogen. Man habe bei der Kontrolle einen Fehler gemacht. Die FIA beließ es bei einer Geldstrafe für beide Teams. Niki Lauda, inzwischen Berater bei Ferrari, meinte verärgert: »Wenn das die neuen Regeln sind, dann kann man einen illegalen Wagen bauen und dann dafür nach dem Sieg die Strafe zahlen. Die ganze Sache ist äußerst kommerziell und hat mit Sport nichts mehr zu tun. Diese Entscheidung ist für mich die größte

Niederlage der FIA, die den Sport offensichtlich nicht mehr überwachen kann.«

Noch rätselhafter war Schumachers plötzlicher Gewichtsverlust. Hatte Schumacher bei der Kontrolle am Donnerstag vor dem Rennen 77 Kilo auf die Waage gebracht – ein Gewicht, das Benetton den Regeln entsprechend während der gesamten Saison vom Mindestgewicht des Autos abziehen durfte –, so wog Schumacher am Sonntag nach dem Rennen nur noch 71, 5 Kilo. Das Benetton-Team und Schumachers persönliche Betreuer erschöpften sich in Erklärungen: Man wisse doch, wie sehr Schumacher die gute Küche liebe, er habe viel Wasser getrunken, sei noch nicht auf der Toilette gewesen, und seinen Helm habe er auch nicht dabei gehabt und so weiter. Patrick Head, Technikchef von Williams, errechnete, daß 5,5 Kilo weniger einen Vorteil von vierzehn Sekunden über eine Renndistanz bedeuteten.

Die FIA bedauerte den Vorfall, zu beweisen war nichts.

Durch all die Affären stand Schumacher gehörig unter Druck – und machte Fehler. In Imola flog er in der Piratella-Kurve in einen Reifenstapel. Die Tifosi jubelten, die Hill-Fans jubelten, die Senna-Fans jubelten. Mitleid hatte niemand. 1994 war noch lange nicht vergessen.

Hill siegte in Imola. Und Hill spürte Schumachers wachsende Nervosität. 1994 hatte er sich stets zurückgehalten, jetzt aber glaubte er, einen Zahn zulegen zu können. »Ich weiß, daß er eine gewisse Arroganz besitzt, aber er ist nicht unempfindlich gegen Kritik. Beim Wiegen in Brasilien hat er sich einen Dreck um die Regeln geschert und hinterher auch noch den Stinkefinger gezeigt. Solches Verhalten erwartet man eigentlich nicht vom Weltmeister. Und er macht Fehler.«

Schumacher antwortete mit Siegen, mit vielen Siegen. 1995 war seine beste Saison. Wie Williams verfügte Benetton nun über einen Renault-Motor, und obwohl Hill im Training immer wieder bewies, daß er im schnelleren Wagen saß, demütigte Schumacher ihn ein ums andere Mal durch einen fehlerlosen Fahrstil und durch eine ausgeklügelte, manchmal überraschende Boxenstop-Strategie. Immer wieder bewies Schumacher sein außergewöhnliches Talent – und diesmal blieben die Kontroversen aus.

Der Druck lag nun ganz auf Hills Schultern, und Hill war dem Druck nicht gewachsen. Sowohl in Silverstone als auch in Monza schob er sich selbst und Schumacher von der Piste. In Italien wäre Schumacher ihm beinahe an die Kehle gesprungen, doch er beherrschte sich noch rechtzeitig: bloß keine neuen Affären.

In Spa ahmte Schumacher ein legendäres Meisterstück von Senna nach. Als es zu regnen begann und alle Fahrer auf Regenreifen wechselten, blieb Schumacher auf Slicks draußen. Hill konnte ihn dann zwar rasch wieder einholen, es gelang ihm aber nicht vorbeizukommen. Rundenlang verteidigte Schumacher auf der spiegelglatten Piste die Führung, Zick-Zack fahrend über den Kemmel, beschleunigend auf über 300 km/h, spät bremsend, und alles auf profillosen Reifen. Kostbare Sekunden gingen für Hill verloren, und als er endlich vorbeihuschte, war es zu spät. Der Asphalt trocknete schnell wieder ab, und alle außer Schumacher mußten erneut Slicks montieren. Ein großartiger Sieg.

Auf dem Nürburgring sicherte sich Schumacher praktisch den Titel. Während Hill einen Fehler nach dem anderen machte, zeigte Schumacher eine fahrerische Glanzleistung. Nach einer spektakulären Aufholjagd überholte er drei Runden vor Schluß mit einem beispiellosen Manöver in der Veedol-Schikane Jean Alesi. Schumacher bremste außergewöhnlich spät, der Benetton schob sich in dem Moment, als Alesi nach innen biegen wollte, neben den Ferrari; die Räder verhakten sich, Alesi hatte die Außenseite, hielt sich zurück, und Schumacher war an ihm vorbei. Auf dem Siegerpodest, vor heimischem Publikum ... Nein, noch nicht ganz.

Ferrari

Nach dem zweiten Titelgewinn in Folge gab es für Schumacher bei Benetton nichts mehr zu gewinnen. Es war Zeit für eine neue Herausforderung. Ende 1995 gab Schumacher seinen Wechsel zu Ferrari bekannt. Für eine Gage von 25 Millionen Dollar sollte er versuchen, was sogar Prost nicht gelungen war: Bei Ferrari die Karre aus dem Dreck zu ziehen und zum ersten Mal nach fast zwanzig Jahren den Titel wieder nach Maranello zu holen.

Der Wechel zu Ferrari war auch ein kluger Schachzug. Damit war das dunkle Kapitel der Saison 1994 geschlossen und die Affären bei Benetton lagen hinter ihm.

Flavio Briatore erklärte sofort, Benetton könne nun zeigen, daß man die beiden Weltmeistertitel nicht nur Schumacher zu verdanken habe. Und mit Berger und Alesi hatte er nicht die Schlechtesten von Ferrari übernommen. Doch schon bei den ersten Testfahrten landeten beide in den Leitplanken. Berger: »Der Wagen war einfach ausgebrochen – und weg –, so schnell konnte ich gar nicht schauen.« Eine gründliche Untersuchung auf Anordnung Bergers brachte ans Licht, daß der Wagen bei Höchstgeschwindigkeit auf Bodenwellen in Kurven völlig falsch reagierte. Alle Teamkollegen von Schumacher hatten über den schwer fahrbaren Wagen geklagt. Berger war voller Bewunderung: »Spätestens zu diesem Zeitpunkt nahm ich den letzten Rest von Reserviertheit gegen Michael Schumacher zurück: Wer dieses Auto auch im Grenzbereich so souverän im Griff hatte, mußte absolute Extraklasse sein.«

Und während der Druck auf Berger und Alesi bei Benetton immer größer wurde, brachte Schumacher das Kunststück fertig, die hochgespannten Erwartungen in Italien zu dämpfen. In der Vergangenheit war Ferrari nicht selten der Winterchampion gewesen: der schnellste bei den Testfahrten. Die Presse und die Tifosi rechneten mit lauter Siegen, bis die ersten Rennen begannen und die »Roten« doch wieder versagten oder einfach ausfielen. Schumacher fand jedoch den richtigen Ton, die adäquate Einstellung. 1996 würde ein Lehrjahr werden, um das Team auf Vordermann zu bringen. Mit einem oder zwei Siegen wäre er schon zufrieden. Und die Tifosi nahmen es hin.

Doch ihr Verhältnis zu Schumacher blieb anfänglich distanziert. Sie bewunderten Alesi mehr, den temperamentvollen, draufgängerischen, tragischen Rennfahrer.

Als große Hoffnung hatte Alesi die Formel 1 im Sturm erobert. In einem seiner ersten Rennen, 1991 in Phoenix, hatte er mit seinem bescheidenen Tyrrell sofort den großen Senna herausgefordert. Tyrrell hatte in diesem Rennen auch zum ersten Mal die »sharknose«, die hochgezogene Frontnase, vorgestellt. Die Nase des Autos lag nicht mehr knapp über dem Asphalt, sondern einige Dezimeter höher. Sie wurde später Norm in der Formel 1. Rundenlang fuhr Alesi unverfroren an der Spitze, Senna mußte sich energisch zur Wehr setzen, er überholte Alesi zwar, aber postwendend zog dieser wieder an ihm vorbei. Die Formel 1 stand Kopf, aus diesem Youngster würde noch etwas werden! Doch Alesi erfüllte die Erwartungen nicht. Seine spektakuläre, aggressiv aussehende Fahrweise – häufiges Querstehen, Gleiten und sonstiges Brimborium – besorgte ihm viele Fans, erst recht, als er den Ferrari Nummer 27 übernahm. Ein klein wenig Gilles Villeneuve ist Alesi auch. Doch zehn Jahre nach Villeneuve hat man herzlich wenig davon, meint Berger. »Warum Alesi noch nicht Weltmeister geworden ist? Weil er erstens ähnlich wie ich einen Riecher dafür hat, im falschen Jahr zum richtigen Team zu gehen, und weil es eine Kluft gibt zwischen seinem Supertalent und den *Basics* des Rennfahrens. Er ist zu ungeduldig, technisch nicht interessiert und vermeidet die nötige Detailarbeit.« Keke Rosberg, selber legendärer Draufgänger, aber im Besitz eines Weltmeistertitels, urteilt viel schärfer: »Alesi fährt immer noch wie 1991 in Phoenix, er hat nichts dazu gelernt.« Was bleibt, ist ein optisches Spektakel mit unglücklichem Ausgang. In Italien reicht das oft aus.

Alesis Ausdauer wurde jedoch einmal belohnt. In seinem letzten Jahr bei Ferrari feierte er den bislang einzigen GP-Sieg seiner Karriere und zwar ausgerechnet auf dem Gilles-Villeneuve-Kurs in Montreal. Beinahe während des gesamten Rennens hatte Alesi weit hinter dem unerreichbaren Schumacher auf dem zweiten Platz gelegen. Erst als Schumacher wegen Getriebeproblemen die Boxen aufsuchen mußte, war der Weg für Alesi frei. Vor lauter Aufregung würgte er in der Auslaufrunde den Motor ab und ließ sich von Schumacher, der Fünfter geworden war, huckepack nehmen. Fast aufrecht auf der Airbox des Benetton stehend, winkte er freudestrahlend in die Menge. Wer hätte es ihm nicht gegönnt? Ein Jahr später saß Alesi bei Benetton und Schumacher bei Ferrari im Cockpit.

Und während Alesi im ersten Rennen der Saison 1996 liegenblieb, weil er zu tanken vergessen hatte, schien Schumacher alle Herzen der Tifosi im Sturm zu erobern. Seine Erfolge machten die Fans euphorisch: Forza Ferrari.

Beim Großen Preis von San Marino in Imola sicherte sich Schumacher die Pole-Position und fuhr ein denkwürdiges Rennen. Mit einem völlig blockierten rechten Vorderrad in der letzten Runde brachte er seinen Wagen doch noch als Zweiter durchs Ziel. Das begeisterte die Fans, so hätte Gilles es auch gemacht. Und Schumacher siegte in Spanien in einer großartigen Regenschlacht mit fünfundvierzig Sekunden Vorsprung vor Alesi! Danach machte Ferrari eine schwere Krise durch. Die Rennen in Kanada, Frankreich und England gingen schon in einem frühen Stadium durch technische Defekte verloren. In Frankreich platzte in der Einführungsrunde der Motor. Doch Schumacher verstand es, auch diese Krise zu entschärfen, das gesamte Team bei der Stange zu halten, eine Leistung, die in Maranello einem Wunder gleichkam. Und in Spa stand er erneut auf dem Siegertreppchen. Überglückliche Szenen auf dem Podium, wo ... Nein, auf zum nächsten Rennen – Monza.

Auch den Großen Preis von Italien gewann Schumacher, allerdings mit dem nötigen Quentchen Glück. Während Hill durch den Zusammenstoß mit einem Reifenstapel die Gelegenheit verpaßte, sich frühzeitig den Titelgewinn zu sichern, streifte Schumacher zwar das gleiche Hindernis, konnte aber den Wagen noch unter Kontrolle halten. Glück? Nein, Schumacher gelingt es sogar, einem Stapel Reifen zu imponieren.

Auf dem Podium vollführte Schumacher einen Freudensprung, der die Gesetze der Schwerkraft Lügen zu strafen schien. In einem Ferrari auf dem heiligen Boden von Monza zu gewinnen – es ist ein Jungenstraum.

Doch Schumacher freut sich über jeden Sieg. Seine Freude ist echt. Wenn Senna oder Prost auf dem Podium standen, dann standen sie dort mit dem Air der Selbstverständlichkeit, als gehörte es sich so. Schumacher bestürmt jedes Mal das Podium, immer wieder hat er erreicht, wovon er als Junge träumte. Dies ist das einnehmendste Merkmal des größten Rennfahrers der späten neunziger Jahre: Er ist noch immer ein Kind.

Es gibt ein Foto von Schumacher, auf dem er als Fünfzehnjähriger abgelichtet ist, in einem schrecklichen, schwarz glänzenden Overall, neben seinem Helm kniend, eine Hand lässig auf dem Knie, eine viel zu protzige Uhr am Handgelenk ... Man sieht den albernen Hintergrund des Foto-Ateliers, man spürt, daß Papa und Mama noch schnell sein Haar glattgestrichen haben. »Deutscher Kart-Meister der Junioren.«

Irgendwie bleibt Schumacher immer dieser Junge, mit all seinen Fehlern, seinen Unarten und seinem Eigensinn, aber auch mit seiner Freude, mit dem Stolz des Kindes, das seinen Traum in Erfüllung gehen sieht. Wer Schumacher weiterhin nur distanziert und arrogant findet, hat ihn sich noch nie richtig angeguckt, wenn er auf das höchste Treppchen springt. Aber keine Sorge, Schumacher wird noch oft genug siegen.

Damon Hill: wie der Vater, so der Sohn

Hockenheim 1993. Ungefährdet rast Damon Hill in seinem Williams mit der Startnummer 0 endlich seinem ersten Grand-Prix-Sieg entgegen. Runde um Runde fährt er souverän in das Motodrom hinein, der Stadionabschnitt mit den vielen Kurven und den großen Tribünen aus den dreißiger Jahren, auf denen hundertzwanzigtausend Formel 1-Fans das Rennen verfolgen. Da taucht er schon wieder auf. Nach rechts durch die Agip-Kurve hinein ins Motodrom, dann voll auf die Bremsen vor der Sachs-Kurve, eine 180-Grad-Linkskurve, kurz Gas geben, ein leichter Knick nach links, den Wagen rollen lassen, die Strecke führt leicht aufwärts und dann eine lange Rechtskurve vor Start und Ziel. Harmonisch folgt der tiefblaue Helm mit den weißen Streifen rundherum den Steuerbewegungen.

Dieser Helm ... Es ist der Helm seines Vaters. Tiefblau, fast schwarz, die acht weißen Streifen symbolisieren den Londoner Rowing Club, dessen würdiges Mitglied Graham Hill gewesen war.

Ich habe Graham Hill 1973 in Zandvoort fahren sehen, den tiefblauen Helm mit den weißen Streifen auf seinem Kopf. Er fuhr im hinteren Feld, aber ich weiß es deshalb noch genau, weil er im rot-weißen Embassy Shadow DN1 saß, einem der schönsten Wagen, die an dem Rennen teilnahmen. Graham Hill stand damals bereits am Ende seiner Rennfahrerkarriere. Doch einstmals hatte er zu den Allerbesten gehört. 1962 und 1968 wurde er Weltmeister. Fünfmal gewann er das Straßenrennen von Monte Carlo, für lange Zeit ein unerreichter Rekord. »Als Kind dachte ich einfach, es sei der Job meines Vaters in Monaco zu gewinnen«, erzählt Damon. Und Graham Hill ist noch immer der Einzige, der die 500 Meilen von Indianapolis, die 24 Stunden von Le Mans und die Weltmeisterschaft in der Formel 1 gewann. Mit seinen gewaltigen Koteletten, seinem Schnauzbart und den pomadisierten, nach hinten gekämmten Haaren – every inch a gentleman-driver ...

Graham Hill stammte noch aus der Zeit, als Rennfahrer einen einfachen Sturzhelm, eine Staubbrille und einen weißen Lappen vor dem Mund trugen.

Lange Zeit war er im Formel 1-Zirkus ein lebendes Fossil. Als die Kollegen seiner Generation – Brabham, Surtees, Clark, Stewart und Rindt – schon längst aufgehört hatten oder verunglückt waren, blieb Hill aktiv, bei Brabham, bei Shadow, Lola und zum Schluß bei seinem eigenen Team, Embassy-Hill. Als er sich 1975 nicht für den Großen Preis von Monaco qualifizieren konnte, wußte er, was die Stunde geschlagen hatte. Er war 46 Jahre alt und beendete seine Karriere. In Silverstone nahm er mit einer Ehrenrunde Abschied von seinen Fans. Ich besitze noch ein Foto davon. Graham Hill, mürrisch, bewegt, in Hemdsärmeln am Steuer seines Hill GH1, winkt ins Publikum. Dieses Foto hatte ich mir vor zwei Wochen noch einmal anschauen wollen, an dem Morgen, an dem sein Sohn Damon von der ersten Startreihe aus ins Rennen von Silverstone ging, dem Grand Prix von England, den sein Vater nie gewinnen konnte.

Ein Zirkel schließt sich. In Damon Hills Helm fährt auch sein Vater mit, und Zandvoort 1973, und Stewart, Peterson, Lauda, alles. Nein, es ist keine Nostalgie, es ist kein Heimweh nach längst verflogenen Zeiten, es ist durchaus Gegenwart. Doch eine Gegenwart mit Wurzeln in der Vergangenheit, einer Vergangenheit, die nicht umsonst war. Es ist, als ob plötzlich alles stimmt: die Einheit, die Kontinuität, das pralle Leben, mein Leben.

Den Helm trägt Hill nicht ohne Grund. Schon deshalb ist er mein Held: Er fährt, so wie ich die Formel 1 betrachte: mit einer Vergangenheit. Hill ist kein Superstar, er ist nicht als Meister vom Himmel gefallen. Er ist fast genauso alt wie ich, hat seinen Ursprung in der gleichen Geschichte. »Unsere Jugend«, erzählt seine Schwester Brigitte, »war eine gewöhnliche Sechziger-Jahre-Jugend: Schule, Dr. Who, Klavierunterricht, Honey, der Hund, und im Sommer spielten wir draußen.« In Damon Hill findet ein Crossover von der Formel 1 und mir statt, Hills (Fahr)Stil, sein Auftreten und sein Image stimmen genau mit dem Bild überein, das ich von mir selbst habe.

Vor zwei Wochen in Silverstone gewann er nicht. Er führte vor Alain Prost, der seinem loyalen Teamkollegen den historischen Heimsieg gönnte, bis ein Motorschaden Hill zur Aufgabe zwang, eine Seltenheit bei einem Renault. Blauer Rauch bei »Bridge« signalisierte das Aus. Hill stieg aus dem Wagen, machte eine Handbewegung, als wollte er sagen: Ich kann nichts dafür, und winkte seinen Fans. Ich dachte an das Foto, das ich nicht herausgesucht hatte.

Doch heute kann ihm der Sieg nicht mehr entgehen. Über die Nordkurve verläßt er das Motodrom und entschwindet zwischen den Bäumen. Noch zwei Runden. Am liebsten würde ich das Fenster aufreißen und rufen: »Komm, das mußt du sehen! Hill gewinnt!« Doch meine Liebste sitzt draußen in der Sonne mit einem dicken Bauch, vor zwei Wochen habe ich sie auch schon genervt, all die Rennen ... Ich verschiebe es auf die letzte Runde.

Hill fliegt über die Gerade vor der ersten Schikane, Tempo 300, 310, rechtzeitig bremsen, kein Risiko mehr eingehen, einlenken, rechts-links-rechts und mit Vollgas bis zur nächsten Schikane in der Ostkurve. Wieder bremsen, einlenken, rechts-links-rechts und Gas geben. Ein verrückter Kurs eigentlich. Wieder unterdrücke ich das Rufen, und dann passiert es. Beim Bremsen vor der dritten Schikane bei Tempo 200 scheint es, als würde der Wagen hinten durch die Aufhängung brechen, die Frontnase hebt sich, das Auto wird fast unlenkbar. Die Ursache sieht man sofort: der linke Hinterreifen ist geplatzt, das Gummi dreht sich wie wild, Funken sprühen von der Magnesiumfelge. Der Wagen wird heftig hin und her geschüttelt. Ich rufe, schreie, das darf nicht wahr sein, es ist nicht fair. Hill hält den Wagen gerade noch unter Kontrolle, er bremst und bremst, lenkt ein, links-rechts, der Reifen löst sich von der Felge, hoppelt idiotisch über den Asphalt, übers Gras, während Hill mit aller Kraft nach links steuert. Auf drei Reifen schlittert er ins Motodrom, steuert verzweifelt vorsichtig durch die Kurven, aber er weiß, das Rennen ist verloren ... erst überholt Prost, dann Schumacher. Bei der Einfahrt in die Boxengasse dreht sich der Williams Nummer 0. Mitleidige Streckenposten eilen herbei, aber Hill sitzt im Cockpit und hämmert mit den Fäusten auf seinen Helm, den tiefblauen Helm mit den weißen Streifen. Auch er kann es nicht fassen. Die anderen Fahrer kommen vorbei, Blundell, Senna, Patrese, Berger. Noch anderthalb Runden ... Es ist wirklich unbegreiflich.

Doch so wird es immer sein. Auch deshalb ist er mein Held. Man glaubt erst, daß Hill gewinnt, wenn sein Wagen mit allen vier Rädern, mitsamt Getriebekasten und Heckflügel die Ziellinie passiert hat; bis es so weit ist, befürchtet man in einer zum Himmel schreienden Mischung aus Angst und Ungläubigkeit immer nur das Schlimmste.

Das Unglaubliche

Seinen Anfang nahm alles an jenem Abend des 29. November 1975. Im Hause Hill war der Tisch für ein gemütliches Abendessen gedeckt; man wartete auf Vater Hill, der mit seinem Team in Frankreich Testfahrten durchführte. Plötzlich ertönten aus dem Radio beunruhigende Nachrichten. Ein Flugzeug war auf dem nahe gelegenen Flugplatz von Elstree abgestürzt. Die bange Ahnung sollte sich bald bestätigen: Graham Hill war mit seinem Privatflugzeug bei dichtem Nebel gegen eine Baumgruppe geflogen. An Bord befand sich fast das gesamte Embassy-Hill-Team, darunter der talentierte Tony Brise. Keiner hatte den Absturz überlebt. Viele Male war Graham Hill auf den Rennpisten der Welt dem Tod davon gefahren – noch kein halbes Jahr nach seinem Rücktritt verlor er bei einem Flugzeugunglück das Leben.

Damon Hill war fünfzehn Jahre alt, so alt wie Schumacher, als dieser seinen Fans seine erste »Autogrammkarte« schickte.

Zu allem Unglück stellte sich heraus, daß Graham Hill seinen Flugschein nicht hatte verlängern lassen, so daß die Versicherung keinen Pfennig auszahlte. Mutter Bette mußte nicht nur ihre Kinder von den Privatschulen nehmen, sondern auch das Landhaus, allerlei Erinnerungsstücke und sogar Trophäen verkaufen, um die Schadenersatzansprüche decken zu können.

Nicht verwunderlich, daß Damon sich in der Pubertät in einer Band mit dem Namen »Sex Hitler and the Hormones« austobte, sein Studium abbrach, als Motorradbote in London Geld verdiente und an den Wochenenden als schlecht bezahlter Motorradfahrer die englischen Rennstrecken abklapperte, wobei er regelmäßig vor Erschöpfung und Unterkühlung von der Maschine fiel.

Bei so manchem Unfall war der Helm seine Rettung. Der tiefblaue Helm mit den weißen Streifen. »Da war der junge Graham«, erzählte Bette, »sein Gesicht und alles, wie bei Graham.« Es war Bette, die Damon schließlich dazu überredete, zum Automobilrennsport zu wechseln. »Er war sehr gut auf dem Motorrad, doch das war mir zu unsicher, und ich hatte Angst um ihn. Ein Wagen erschien mir sicherer.«

Auf vier Rädern erlebte Damon schon bald die Vor- und Nachteile seines Nachnamens. Bei Sponsoren fand er ein offenes Ohr. Der Name Hill bedeutete mehr Publicity. Doch Kollegen, Manager und Journalisten waren doppelt und dreifach kritisch, ja voreingenommen. Ende

1983 gab der »Sohn von« seinen Einstand im Rennwagen. Kommentar eines Team-Chefs: »Es tut mir leid für den Jungen, aber er hat hier nichts zu suchen.«

In den unteren Klassen war er alles andere als ein Überflieger wie Senna oder Schumacher. Sporadische Siege in der Formel Ford 1600, nur vier Siege in den folgenden drei Jahren in der Formel 3. Trotz dieser wenig überzeugenden Leistungen wagte Hill den Sprung in die Formel 3000. Doch auch dort war ihm nicht viel Glück beschieden; in drei Saisons war er nicht ein einziges Mal erfolgreich. Normalerweise hätte dies das Ende seiner Karriere bedeutet.

Doch so wie Graham zu seiner Zeit als armer Schlucker durch die Hintertür in das Lotus-Team kam, so tat sich Damon plötzlich eine viel versprechende Perspektive auf. Mark Blundell hatte seine Stelle als Testfahrer bei Williams aufgegeben, um 1991 eine ganze Saison für das Brabham-Team zu fahren. Und Hill wurde angeboten, die vakante Stelle als Testfahrer zu übernehmen. Von seinen ersten Metern in einem Formel 1-Boliden war er sehr beeindruckt: »Das erste Mal, als ich einen FW14 steuerte, kam ich mir vor wie ein Kind in einem Spielzeugladen. Ich mußte mir immer vorhalten: träume jetzt nicht von einem Weltmeister in spe, steig einfach in den Wagen und mach deine Arbeit.« Das Team war sehr von Hills Disziplin, seiner Konzentration und seinem Fahrgefühl angetan. Es war der Moment, da Williams-Renault in der Formel 1 die Führung von McLaren-Honda übernahm, und als Testfahrer profitierte Hill von den Erfolgen eines Nigel Mansell.

1992 kam Damon Hill zu Brabham, um die enttäuschende Giovanna Amati zu ersetzen. Schlauer als Blundell verstand es Hill, seine Aufgaben als Testfahrer für Williams mit seinem Einsatz für Brabham zu kombinieren. Sehr erfolgreich war er allerdings nicht. Mehrmals scheiterte er an der Qualifikation. Erst beim sechsten Versuch war es so weit: auf dem Kurs von Silverstone, da, wo sein Vater siebzehn Jahre zuvor Abschied vom Rennsport genommen hatte. Über einen ruhmlosen sechzehnten Platz kam Damon Hill nicht hinaus, vier Runden hinter dem Sieger Mansell.

Doch das Jahr 1992 brachte weitere Veränderungen. Nachdem Prost im Pokerspiel um den zweiten Platz bei Williams Senna ausgebootet hatte, und Senna Mansell, blieb Williams kaum eine andere Wahl, und so wurde Damon Hill der zweite Mann beim damals führenden Team der Formel 1.

Die Konkurrenten aus den unteren Klassen trauten ihren Augen nicht. Vor allem für Blundell, der seinen Ausstieg aus dem Kontrakt mit Williams bereute, war es bitter: »Ich will Damons Leistungen nicht schmälern, aber niemand von uns braucht Skrupel zu haben, wenn er sich vergegenwärtigt, was Damon zustande brachte, bevor er zu Williams kam. Wir kennen alle die Fakten. Auch er.«

Da Mansell seinen Titel nicht verteidigte, wurde die Startnummer 1, traditionell dem Weltmeister vorbehalten, für die Saison 1993 nicht vergeben. Prost wählte die Nummer 2, Hill erhielt die Nummer 0. Sie wurde in den ersten Williams-Jahren sein Markenzeichen. Die beinahe nicht-existente Zahl schien ihm wie auf den Leib geschrieben.

Bei seinem dritten Grand Prix, auf dem Kurs von Kyalami in Südafrika – sein erster Einsatz für Williams –, lag Hill zu seiner eigenen Überraschung gleich nach dem Start hinter Ayrton Senna auf dem zweiten Platz. Er kam dem Brasilianer sogar so nahe, daß sein Wagen in der ersten Kurve jeden Abtrieb verlor und von der Strecke flog. Hill: »Es war einfach des Guten zuviel.«

In Monte Carlo kam eine nostalgische Stimmung auf, als nun auch der Sohn von »Mr. Monaco« Aussicht auf den Sieg hatte. Doch wie üblich gewann Senna, der mit seinem sechsten Sieg den Rekord von Graham Hill brach. Damon wurde Zweiter. Bei der Pressekonferenz kam er seiner Pflicht nach: »Vor 30 Jahren hat mein Vater hier zum ersten Mal gewonnen, und ich bin sicher, er wäre der erste, der Ayrton zu seinem Rekordsieg gratuliert hätte. Es ist eine besondere Ehre für meinen Vater, daß erst ein Fahrer wie Ayrton Senna kommen mußte, um seinen Rekord zu brechen.«

Obwohl Williams nie eine Stallorder ausgab, war Hill 1993 nur der zweite Mann hinter Prost. Hill war loyal, und Prost hatte keinen Nichtangriffspakt oder andere Tricks nötig. Als Mitte der Saison der Titel in Sichtweite war, schien auch für Hill der erste Sieg näher zu rücken. Doch in Silverstone explodierte der Motor, auf dem Hockenheimring platzte ein Hinterreifen ...

Dennoch konnte ein Sieg nicht ausbleiben. Als Prost in Ungarn beim Start den Motor absterben ließ und demzufolge beim Neustart vom letzten Startplatz aus ins Rennen gehen mußte, fuhr Hill ungefährdet seinem ersten Sieg entgegen. Obschon seine Fans natürlich mit dem Jubeln warteten, solange er die Ziellinie nicht mit allen vier Rädern überfahren hatte. Mit mehr als einer Minute Vorsprung erlebte Hill nervtötende letzte Runden: »Ich sagte mir immer wieder: Es ist erst vorbei, wenn die Flagge geschwenkt wird, und ich dachte an Dad und was er mir in diesem Augenblick sagen würde. Und wer ihn gekannt hat, weiß, daß schon dieser Gedanke ausreichte, konzentriert zu bleiben.«

Hill gewann. Der Bann schien gebrochen, auch die beiden folgenden Grand Prix in Spa und Monza gewann er. Trotz dieser Erfolge blieben weiterhin Zweifel an seinem Können: Saß Hill nicht im Cockpit des Williams, weil er »der Sohn von« war? Man vergaß, daß Graham bereits zwanzig Jahre tot war und daß sein Unfall sehr bittere Folgen für die Familie gehabt hatte. Nur Jackie Stewart erinnerte sich an alles: »Damons Erfolg rührt mich wirklich, weil ich weiß, daß er einen besonders schweren Weg zurückgelegt hat. Und ich kenne ihn, als er noch in kurzen Hosen herumlief, damals, als ich bei BRM anfing, wo Graham der erste Fahrer war. Natürlich bekam Damon den allerbesten Wagen, aber man muß ihn auch noch steuern.«

Die Zweifel verstärkten sich nur noch, als Williams bekannt gab, Prost werde 1994 seinen Platz für Senna räumen. Zum zweiten Mal hintereinander setzte Williams einen Weltmeister auf die Straße. Hill fuhr wieder mit der Startnummer 0 und war wieder eindeutig der zweite Mann. Ron Dennis prophezeite sogar: »Jetzt wird es für Damon erst recht schwierig. Senna ist kein Prost. Wenn er die Gelegenheit bekommt, macht er Kleinholz aus ihm.«

Hill reagierte lakonisch: »Ayrton ist das Maß der Dinge in der Formel 1, aber es gibt einige Piloten, die glauben, ihn schlagen zu können. Ich glaube, daß ich eine gute Chance habe, in der kommenden Saison den Titel zu holen.« Hill sollte in der Tat zu einem Titelanwärter werden, doch anders, als er gedacht hatte, und die Zweifel an seinem Talent sollten nicht verstummen.

Nach Sennas Tod in Imola war Hill plötzlich der einzige und somit der erste Fahrer im Williams-Team, das von dem Schock noch gelähmt war. Und wieder gibt es eine auffällige Parallele in der Formel 1-Geschichte. 1968 war Graham nach dem Tod von Jim Clark, der von allen viel höher eingeschätzt wurde, der einzige und erste Fahrer im Lotus-Team geworden. Damon: »Ich erinnere mich noch, daß mein Vater eines Tages sehr still nach Hause kam, und in den Nachrichten hörte ich, daß Jim Clark verunglückt war. Ich konnte nicht verstehen, was das alles bedeutete, ich war erst acht Jahre alt.« Es gelang Graham damals, das Team aus der Talsohle zu führen; beim letzten Grand Prix sicherte er sich zudem die Weltmeisterschaft. Würde Damon das gleiche gelingen?

Es gab niemanden, der daran glaubte. Frank Williams nicht, Renault nicht, Bernie Ecclestone nicht, die gesamte Formel 1-Welt nicht. Sogar Hills Fans glaubten nicht so recht daran, aber deswegen waren sie ja auch seine Fans. Glaubte Hill selber daran?

Williams, Renault und Ecclestone überredeten Nigel Mansell, für drei Grand Prix und ein fürstliches Salär in die Formel 1 zurückzukehren. Pro Rennen verdiente er mehr als Hill in der gesamten Saison.

Aber Mansell war ja auch ein Superstar, und für Frank Williams war Hill nur ein zuverlässiger zweiter Mann in seinem Rennstall, einer vom Schlag der Patrese. Er war kein brillanter Haudegen, hatte keinen zweifelhaften Charakter, und mit weniger gab Williams sich nicht zufrieden. Hill war zu anständig, zu nett. Natürlich war er ein ausgezeichneter Rennfahrer, doch ihm fehlte das gewisse Extra, das einen Gentleman-Fahrer in einen Killer wie Schumacher verwandelt.

Schumacher. Schumacher war Hills größtes Unglück. Denn Schumacher verschaffte sich Respekt, Hill nicht. Und je mehr man Schumacher bewunderte, desto mehr rümpfte man über Hills Leistungen die Nase. Sie ergänzten einander perfekt, doch zu Hills Nachteil. Denn Hill siegte erst, als Schumacher Pech hatte, bestraft oder wie in Silverstone disqualifiziert wurde.

Ja, Hill gewann 1994 den Großen Preis von England, das Rennen, das Dad nie gewinnen konnte. »Ein großer Tag für die Familie«, meinte Hill, aber niemand hörte ihm zu, alle zermarterten sich den Kopf, warum Schumacher die schwarze Flagge ignoriert hatte.

Natürlich profitierte Hill von all den Kontroversen, die Schumacher und Benetton sich 1994 selbst einbrockten. So siegte Hill in Spa, weil die Holzplatte unter Schumachers Wagen 1,6 Millimeter zu dünn war, und in Estoril und Monza konnte Hill in der WM-Wertung nur deshalb zu Schumacher aufschließen, weil dieser für beide Rennen gesperrt worden war. Daß Hill fünfundzwanzig andere Fahrer hinter sich gelassen hatte, darüber wurde kein Wort verloren.

In Jerez gewann wieder Schumacher. Hills Sieg in Japan nach einem phänomenalen Rennen bei strömendem Regen änderte nichts an der Bewertung seiner Kapazitäten. Niki Lauda, der achtzehn Jahre zuvor unter ähnlichen Bedingungen den Kampf um den Titel aufgegeben hatte, zeigte sich hingegen beeindruckt: »Wirklich, ich hätte mir in die

Hosen gemacht. Wenn ich unter solchen Bedingungen um den Titel hätte kämpfen müssen, hätte ich gesagt: Ohne mich. Was Hill gezeigt hat, war beeindruckend, und ich weiß, wovon ich rede.«

Ron Dennis sah weiter voraus: »Die Tatsache, daß er keinen Fehler machte, sagt genug über seinen Charakter. Doch das kommt nicht rüber, wenn er aus dem Auto steigt, und ich glaube, daß ihn das ziemlich frustriert. Er verlangt nach Anerkennung. Sein friedlicher Charakter paßt nicht zu Erfolgen. Wenn er ein draufgängerischer Typ wäre, würde man seine Leistungen eher anerkennen.«

Eine turbulente, dramatische Saison ging ihrem Ende entgegen. Mit einem Punkt führte Schumacher vor dem abschließenden Rennen in Adelaide. Patrick Head, Chef-Designer und rechte Hand von Frank Williams, meinte ohne eine Miene zu verziehen: »Als Zocker würde ich, wenn ich sie hätte, 100 000 Dollar auf Schumacher setzen.«

Für Hill-Fans war Adelaide 1994 ein wahrer Albtraum. Mit der Nase am Bildschirm war es mir sofort klar, daß Hill nach der Kollision mit Schumacher keine Chance mehr hatte. Auch ich hatte gesehen, daß Schumacher die Mauer touchiert hatte, daß Hill der Titel auf dem Präsentierteller serviert wurde. Aber alle Hoffnung wurde sofort im Keim erstickt.

An der Box blieb Hill lange im Cockpit sitzen, die Sekunden verrannen, er schüttelte den Kopf, stieg aus, nahm den Helm ab.

Zwischen den Bildern der jubelnden Benetton-Crew und einem gelassenen, glücklichen Schumacher sah man ab und zu noch eine Aufnahme von Hill, der hinten in der Williams-Box auf einem Werkzeugkasten saß, sich mit den Händen übers Gesicht strich, den Blick zum Himmel richtete, die Fäuste ballte. Hier saß ein zutiefst enttäuschter Mensch, und zu neunundneunzig Prozent stimmte das auch, aber es war trotz allem auch noch ein Prozent Theatralik dabei, die verschleiern sollte, daß Hill selbst auch nie daran geglaubt hatte.

Die letzte Chance

Nach dem Rennen von Adelaide zeigte Hill sich als guter Verlierer. »Ich habe ihm einen harten Kampf geliefert, habe ihn zu einem Fehler gezwungen. Natürlich, wenn ich gesehen hätte, daß er die Mauer touchiert hatte, wäre ich nie in die Lücke gestoßen. Aber es ist vorbei, das gehört zum Rennsport. Man wird mich nie sagen hören, daß es Michaels Schuld war. Was passierte, steht nicht zwischen uns. Das nächste Jahr wird besser.«

Doch es wurde nicht besser im nächsten Jahr. 1995 wurde Hill von Schumacher deklassiert. Hatte ihn Adelaide 1994 zum Helden gemacht – »from zero to hero« titelte eine englische Zeitung –, 1995 war nicht mehr viel davon übrig.

Je überlegener Schumacher sich zeigte, desto krampfhafter war Hills Widerstand. Der Umschwung trat in Silverstone ein. Bei einem verzweifelten, zum Scheitern verurteilten Überholmanöver bugsierte Hill sowohl Schumacher als auch sich selbst von der Strecke. Der unbelohnte Held wurde mit einem Schlag zu einem frustrierten Bösewicht.

Der erste, der sich darüber aufregte, war selbstverständlich Michael Schumacher: »Was Damon da gemacht hat, war völlig unnötig. Es gab an dieser Stelle keinen Platz, und ich sehe auch keinen Sinn darin, solche Dinge zu machen, auch nicht vor heimischem Publikum. Man muß seine Nerven in Zaum halten, um nicht zur Gefahr zu werden.« Diesmal scheute Schumacher sich auch nicht, Adelaide zum Vergleich heranzuziehen. »Es war mehr oder weniger wie in Adelaide, als er versuchte, innen vorbeizugehen, wo kein Platz war.«

Auch auf dem Hockenheimring ging es schief. An der Spitze liegend flog Hill bereits nach der ersten Runde von der Piste. Schumacher hatte sofort eine Erklärung parat: »Hill machte einen großen Fehler. Er hätte wissen müssen, daß der Asphalt dort ziemlich dreckig ist. Ich wußte, daß es dort glatt ist, alle verlieren an der Stelle in der ersten Runde Öl, also bremste ich frühzeitig. Als ich ihn ausrutschen sah, traute ich meinen Augen nicht, er touchierte die Mauer, und ich dachte: gut so, das ist erledigt.« Gezeichnet: der Musterschüler.

Doch Hill war Schumacher tatsächlich nicht gewachsen. In Monza schob er wieder seinen Rivalen und sich selbst von der Strecke. »Damons großes Problem ist, daß er beim Überholen die Sache nicht mehr unter Kontrolle hat. Er macht so halbherzige Versuche, wodurch er in Probleme kommt und nicht mehr zurück kann.«

Und während Schumacher auf dem Nürburgring seine Arbeit mit dem Titel krönte, brachte Hill wieder einmal nichts zustande. Anfangs überholte er Schumacher, eine Runde später drehte er sich jedoch und mußte seinen Gegner vorbeilassen. Anschließend unterschätzte er Alesi, mußte über den Rasen, verlor die Frontnase seines Wagens und setzte zu einer verzweifelten Verfolgungsjagd an, die schließlich direkt vor einer Tribüne ausgelassen jubelnder deutscher Fans im Kiesbett endete.

Es war der absolute Tiefpunkt. Hills Frau Georgie erzählte später: »Ende 1995 dachte Damon ernsthaft daran, mit dem Rennfahren aufzuhören. Er fühlte, daß niemand ihn mehr unterstützte. Ich fand es schrecklich. Er war immer so begeistert gewesen, und jetzt hatte er allen Spaß verloren.«

Williams und Ecclestone hatten inzwischen wieder die Köpfe zusammengesteckt und beschlossen, für die nächste Saison Jacques Villeneuve zu verpflichten. Auch Jacques war ein Sohn von ... Der Sohn einer Legende. Schon allein aus diesem Grund war er eine echte Attraktion, aber er war auch ein Siegertyp. Schon in seiner zweiten Indy-Car-Saison war er Champion geworden und hatte die 500 Meilen von Indianapolis gewonnen. Villeneuve, so wußte Ecclestone, war der einzige, der es mit Schumacher aufnehmen konnte, eine Überzeugung, die noch wuchs, als Schumacher seinen Wechsel zu Ferrari bekanntgab.

1996 wollte Hill vor allem wieder Freude am Rennfahren erleben, wie er selbst meinte. Die Aussichten waren besser als je zuvor. Für Schumacher war die Saison ein Jahr des Aufbaus, Villeneuve besaß keinerlei Formel 1-Erfahrungen. Trotzdem stand Hill unter Druck, denn dieses Jahr, so war auch ihm klar, bedeutete seine beste, aber wohl auch letzte Chance, den Titel zu gewinnen.

Hill der Favorit – das hieß, die Götter versuchen. Die bekannte Mischung aus Angst und Ungläubigkeit ergriff wieder von mir Besitz. Und ich war nicht der einzige. Alle Kaffeesatzleser verkündeten, Hill müsse vor allem im ersten Teil der Saison Punkte sammeln, da Schumacher und Villeneuve gegen Ende des Jahres stark aufholen würden.

Hill tat, was er tun mußte. Er gewann die ersten drei Rennen in Australien, Brasilien und Argentinien, wenn ihm Villeneuve auch beim Auftakt in Melbourne beinahe die Show gestohlen hätte.

Und Hill punktete fleißig weiter. Nur den Prestige-Grand-Prix in Monaco konnte er nicht gewinnen. Nachdem Schumacher in der ersten Runde gegen eine Leitplanke gekracht war, führte Hill über die Hälfte der Distanz souverän das Feld an. Aber in der 42. Runde verlor sein

Motor bei der Ausfahrt das gesamte Öl. Der Leim, mit dem eine kleine Schraube an der Ölpumpe festgesetzt war, war geschmolzen. Hill fuhr Tempo 280 und konnte seinen Williams gerade noch in die Auslaufzone bei der Schikane manövrieren. Er stieg aus und schlug desillusioniert mit den Fäusten gegen die Leitplanke. Es war genau die gleiche Stelle, an der Graham 1958 bei seinem Debüt in Monaco ein Rad verloren hatte.

In Imola gewann Hill durch eine perfekte Tankstop-Strategie, in Kanada stach er Villeneuve in einem spannenden Rennen aus, und in Frankreich war er unschlagbar. Hill dominierte. Mitte der Saison hatte er einen komfortablen Vorsprung von 21 Punkten auf Villeneuve und 27 auf Schumacher, der nach einer Reihe von Ausfällen so gut wie keine Titelchancen mehr zu haben schien. Und trotzdem ...

Silverstone war schon öfter der Wendepunkt gewesen. Auch jetzt erwies sich der Grand Prix von England als der Auftakt zu einer bizarren zweiten Saisonhälfte. Hill verpatzte von der Pole-Position aus den Start, blieb lange Zeit hinter Häkkinen hängen und drehte sich in der 27. Runde in der Copse-Kurve von der Piste. Die ganze Welt warf ihm vor, unter Druck Fehler zu machen, in Wirklichkeit waren die Lager des linken Vorderrads durch eine falsch montierte Radmutter kaputt gegangen. Williams und die Radmutter.

In Hockenheim erwischte Hill wieder einen schlechten Start. Sowohl Berger als auch Alesi zogen an ihm vorbei. Alesi passierte er während der Boxenstops, doch Berger machte es ihm schwer. Da beide Wagen über den gleichen Renault-Motor verfügten, konnte er auf den Geraden nichts ausrichten, und in den Schikanen würde sein Wagen, wenn er zu nahe käme, Anpreßdruck verlieren. Hill war deutlich schneller, aber wo konnte er den Österreicher überholen? Berger gab nicht nach, er wußte natürlich, daß Hill, den Titel vor Augen, kein unnötiges Risiko eingehen würde.

Doch in der 43. Runde bei der Ausfahrt aus der Clark-Schikane gab einer der Motoren bedrohliche Geräusche von sich. Beide Fahrer schwebten einen Moment zwischen Furcht und Hoffnung, bis der Benetton eine gewaltige Rauchwolke ausstieß. Hill zog an Berger vorbei. Noch drei Runden. Kein Reifen platzte, der Motor explodierte nicht, die Radmuttern saßen fest, und Hill gewann. In Hockenheim. Hieß es zu Dads Zeiten nicht, daß der Sieger des Großen Preises von Deutschland auch den Titel holte?

Aber ausgerechnet dieser Triumph wurde Hill durch die tonangebende englische Zeitschrift *Autosport* vergällt, die am Donnerstag vor dem Rennen meldete, Williams wolle Hill loswerden. Schlimmer noch: Heinz-Harald Frentzen habe bereits einen Vertrag für 1997 unterschrieben. Das ganze Wochenende über hatte Hill sich daran festgeklammert, daß solche Sensationsmeldungen immer am Donnerstag vor einem Grand Prix lanciert werden.

Doch die Zweifel waren gesät und fielen auf fruchtbaren Boden. Denn so ganz unwahrscheinlich waren die Gerüchte nicht. Frank Williams hatte eine Tradition hochzuhalten. Hill wäre nicht der erste Weltmeister, den Williams in die Wüste schickte. Obwohl Frank selbst gesagt hatte, seine Sponsoren hätte ihm dringend davon abgeraten, so etwas noch einmal zu tun. Aber Hill war noch kein Weltmeister. Fünf Rennen vor Schluß betrug sein Vorsprung zwar wieder 21 Punkte, aber angenommen, daß die Gerüchte stimmten und das Team lieber Villeneuve als Weltmeister sah ...

Eine ominöse Gesetzmäßigkeit zeichnete sich in den nächsten Rennen ab. Sowohl in Ungarn als auch in Belgien klappte es mit Hills Boxenstops nicht so recht. Villeneuve profitierte und konnte den Rückstand in der WM-Wertung bis auf dreizehn Punkte verkürzen. Schumacher, der in Spa gewann, lobte Villeneuve über den grünen Klee, und Frank Williams meinte düster: »Wenn die Ferraris im nächsten Jahr heil bleiben, können wir uns auf etwas gefaßt machen.«

Natürlich konnte man leicht alles zu Hills Nachteil auslegen. Aber einige Tage nach dem Großen Preis von Belgien bekam Hill einen Anruf von Frank Williams: »Damon, wir werden dir keinen Vertrag für die nächste Saison anbieten. Es hat nichts mit Geld zu tun. Ich kann nicht mehr dazu sagen, aber ich muß an die Zukunft denken. Renault geht weg, und ich muß einen Ersatz finden. – Ich werde meine Meinung nicht ändern.« Von heute aus gesehen, hat man den Eindruck, daß Williams damals schon mit Frentzen nach den Motoren von BMW schielte.

»Wann hast du das entschieden?«

»Gerade. Vor einer Stunde.« Das Gerücht ging, Williams hätte Frentzen schon Ende 1995 kontaktiert, weil er davon ausging, Hill würde 1996 Villeneuve nicht gewachsen sein.

Auch für Hill dürfte die Mitteilung keine Überraschung mehr gewesen sein. Aber deswegen war die Enttäuschung nicht weniger groß.

»Ich verlor den Boden unter den Füßen. Die ganze euphorische Stimmung, der Titelgewinn, der Kick, Rennen zu gewinnen – alles kam mir auf auf einmal so sinnlos vor.«

Der Titelgewinn. Hill führte mit dreizehn Punkten. Würde er in Monza gewinnen und käme Villeneuve nicht über einen vierten Platz hinaus, wäre der Kampf entschieden.

»In Monza liegt der Schlüssel zu einer schnellen Runde im Nehmen der Schikanen«, wußte Hill. Doch 1996 stimmte etwas nicht mit den Schikanen. Sie waren im Jahr zuvor für Motorradrennen umgebaut worden, die Formel 1-Boliden kamen mit ihnen nicht zurecht. Grassoden und Steine flogen durch die Luft. Hill, Villeneuve und Berger machten sich stark dafür, daß in den Schikanen hohe Reifenstapel als schwarze Wärter in den Boden verankert würden, so daß niemand mehr auf die Idee käme, über den Rasen oder die Randsteine zu brettern.

Trotz aller Aufregung um seine Entlassung – »Nein, ich wurde nicht gefeuert, ich fahre 1997 einfach nicht für Williams« –, holte Hill sich die Pole-Position. Neben ihm: Jacques Villeneuve.

Und endlich hatte Hill wieder einmal einen guten Start. Er gewann den Sprint bis zur Schikane vor Villeneuve, jedoch nicht vor Alesi. Villeneuve mußte auf den Rasen ausweichen, vorbei am Reifenstapel, und lag an dritter Stelle. In der ersten Lesmo-Kurve kam Alesi zu weit nach außen. Hill reagierte sofort. Er setzte den Williams neben den Benetton und bremste Alesi vor der zweiten Lesmo-Kurve aus. In der ersten Runde! Doch Alesi gab nicht auf. Über die Serraglio und unter dem alten Rundkurs hindurch folgte er Hill wie ein Schatten und tauchte bei der Anfahrt der Ascari-Kurve plötzlich neben ihm auf. »Ich sah seine Vorderräder neben mir. Ich konnte es kaum glauben und dachte: Jesus, Jean, bitte nimm nur ein einziges Mal den Fuß vom Gas!« Trotz des Risikos gab Hill nicht nach und schlug den Angriff ab. In Führung liegend raste er durch die Parabolica auf die lange Gerade zu. Also doch aus dem Holz geschnitzt, aus dem man Weltmeister macht.

Hinter ihm bekam Villeneuve Probleme. Der kurze Abstecher in der Schikane hatte seinen Wagen beschädigt. Villeneuve bangte um die Weltmeisterschaft.

Nach ein paar Runden merkte Hill, daß der Kanadier zurückfiel, und mit einem inzwischen komfortablen Vorsprung auf Alesi meinte er, es sich im Cockpit bequem machen zu können.

Beim Verlassen der ersten Schikane streifte Hills Williams den Reifenstapel, wurde zurückgeschleudert, der Motor starb ab. Verloren stand der Wagen am Eingang zur Curva Grande quer auf der Fahrbahn. Es war nicht zu fassen. Kein Wunder, daß Williams diesen Blindgänger entlassen wollte! Fünfzig Meter entfernt von seinem Boliden beugte sich Hill über die Leitplanke. »Am liebsten wäre ich auf der Stelle gestorben.«

Doch Hill hatte Glück. Auch Villeneuve kam nicht in die Punkte. Sieger in Monza wurde Schumacher, obwohl auch er den Reifenstapel touchierte. »Nie zuvor habe ich mich über einen Sieg von Schumacher so gefreut«, gestand Hill.

Und es kam noch schlimmer. In Estoril ließ Hill sich wiederum den Sieg durch die Finger schlüpfen. Während er endlos viel Zeit beim Überholen von Nachzüglern verlor, zeigte Villeneuve das Überholmanöver des Jahres: Er passierte Schumacher in der lang gezogenen Kurve auf der Außenseite. Die Formel 1 stand Kopf. Wer hatte behauptet, Überholen sei unmöglich? Villeneuve war unser Mann. Niemand, den das überraschte. Was für ein Gag, welche Publizität für Williams, für Renault und alle anderen, wenn dieser Villeneuve in seinem ersten Jahr den Titel holen würde.

Schumacher streute noch Salz in die Wunde: »Wenn Damon gewinnt, werden sich viele Leute, auch ich selbst, fragen, wie gut er wirklich ist. Durch seinen Wechsel zu einem anderen Team kann er beweisen, was wirklich in ihm steckt. Vielleicht ist er ja viel besser, als alle glauben.« Infam. Doch welches Team stand Hill überhaupt noch offen? Nicht ohne Schadenfreude stellte Flavio Briatore fest: »Benetton ist zu, McLaren ist zu, Ferrari ist zu. Damon hat keine große Auswahl mehr. Es würde etwas anderes sein, wenn er die Startnummer 1 mitnimmt, aber auch das ist nicht so sicher.«

Noch vor dem Großen Preis von Japan in Suzuka gab Hill bekannt, 1997 für Arrows zu fahren. Das Team von Tom Walkinshaw gehörte nur zur zweiten Garnitur. »Tom und ich werden aus Arrows ein Top-Team machen«, erklärte Hill, ein Glas Champagner in der Hand. Doch man sah schon an seinen Gesten, seiner Haltung, seinem Blick, daß die Show nicht stimmte. Niki Lauda faßte die Situation prägnant zusammen: »Mit derselben Konsequenz, mit der er jedes Mal verhindert, daß er Weltmeister wird, geht er jetzt zu einem Team, bei dem er niemals mehr gewinnen wird ... Ist er noch zu retten?«

Weltmeister

Dann kommt der Grand Prix von Japan, der 13. Oktober 1996. Die Weltmeisterschaft entscheidet sich wieder einmal erst im allerletzten Rennen. Villeneuve hat in der WM-Wertung einen Rückstand von neun Punkten. Der Sieger erhält zehn. Villeneuve muß gewinnen, und Hill darf nicht einen Zähler rausfahren, das heißt er darf nicht über den siebten Platz hinauskommen. Bei einem Gleichstand entscheiden die meisten Siege, und da hat Hill mit sieben gegenüber vier einen klaren Vorsprung auf Villeneuve.

Im Gegensatz zu all den anderen Malen – wie spannend der Kampf in Suzuka oder Adelaide auch zu werden versprach – gehe ich diesmal nicht ins Bett. Verschiedene schreckliche Szenarien gehen mir durch den Kopf. Lange vor Beginn des Rennens, 13 Uhr in Japan, 5 Uhr morgens hier, geistere ich durchs Haus. Freundin und Kind schlafen den Schlaf der Gerechten.

Ich breite das Damon-Hill-T-Shirt, das ich beim letzten Marlboro Masters gekauft habe, auf dem Sofa aus. Kindische Verrücktheit, ich weiß, aber es steht jetzt einiges auf dem Spiel. Durch die Art, wie Damon Hill seine Rennen fährt, ist mir bewußt geworden, wie wichtig es ist, dem Kind, das man einmal war, dem Kind mit all seinen Erwartungen und Vorstellungen vom Leben, die Treue zu halten – nicht blind, aber doch respektvoll. Und nirgends ist das Kind in mir so lebendig geblieben als in der Formel 1. Deshalb ist das T-Shirt auf dem Sofa gar nicht so verrückt, wie man meinen könnte. Hills Weltmeistertitel wäre die Krönung, jedenfalls die Bestätigung dieser Erkenntnis meiner engen Verbundenheit mit der Formel 1. Das Rennen in Japan entscheidet nicht nur über die Weltmeisterschaft 1996 und über Damon Hill, sondern auch über mich.

Hill ist bereits eine Woche früher nach Japan gereist, um sich zu akklimatisieren. »Am merkwürdigsten war der Abflug am Donnerstag. Bei meiner Rückkehr würde ich entweder Weltmeister sein oder das andere Undenkbare. Nur meinen Kindern war alles gleichgültig, ich brachte sie zur Schule und machte mich zum Rendezvous mit dem Schicksal auf.«

Auf dem Rennkurs herrscht eine knisternde Spannung. »Von dem Augenblick meiner Ankunft war klar, daß dieses Rennen anders als sonst werden würde, ich sah es an den Gesichtern. Normalerweise haben alle beim letzten Rennen der Saison das Gefühl: es ist geschafft. Alle lächeln, weil sie wissen, daß nur noch ein Rennen bevorsteht. Diesmal lächelte niemand. Alle guckten irgendwie anders, sie dachten: Wie geht es ihm, hält er durch?«

Das Williams-Team sucht jeden Anschein von Parteilichkeit zu vermeiden. Man hat sogar zwei Reservewagen mitgenommen. Hills Mechaniker tragen Mützen in den Familienfarben, blau mit weißen Streifen.

Als sich die beiden Williams während der Qualifikation an die Spitze setzen – Villeneuve vor Hill –, spricht niemand mehr von Suzuka 1989 oder 1990. Niemand. Auch nicht von Adelaide 1994. Es fällt einfach niemandem ein. Es paßt nicht zu einem Gentleman-Fahrer.

Hill macht vor dem Rennen kein Auge zu. »Glücklicherweise wurde mir bewußt, daß dies die letzte Nacht war, in der ich an die Weltmeisterschaft denken würde. Nach all den Nächten ohne wirkliche Entspannung war es gut zu wissen, daß es, wenn es hell würde, der letzte Tag sein würde, absolut, definitiv der letzte.«

Die Spannung ist kaum noch auszuhalten, als die Wagen ihren Startplatz eingenommen haben. Als Hill von der BBC interviewt wird, weiß er, daß zu Hause alle vor dem Fernseher sitzen. Mitten in der Nacht, schläfrig, nervös. »Doch es wird sich lohnen. Ich bin voller Zuversicht.«

Wir nicht.

Während der Einführungsrunde kann ich schon nicht mehr ruhig sitzen bleiben, aber als die Wagen sich erneut vor der Startlinie einreihen, läßt Coulthard seinen Motor absterben. Neustart.

Für kurze Zeit verebbt die Spannung. Zweiter Start. Die Wagen stehen still, eins nach dem anderen gehen die fünf roten Lichter an und dann alle gleichzeitig aus. Es gibt kein Zurück mehr, und Hill, Hill zieht nach einem Blitzstart auf und davon. Villeneuve hat einen miserablen Start.

Ich darf nicht schreien, es ist viertel nach fünf in der Frühe, als Hill unversehrt die erste Kurve ansteuert. Vor Berger, Häkkinen und Schumacher. Er denkt an Monza, Estoril und an manch anderes Rennen und beschließt »diesmal an der Spitze zu bleiben. Ich versuchte, sofort aufs Ganze zu gehen, obwohl ich nicht vergessen konnte, was auf dem Spiel stand, und mich daher nicht auf meinen Instinkt verlassen konnte.«

Berger folgt. Da er mit sehr wenig Benzin im Tank in das Rennen gestartet ist, kann er als einziger Anschluß halten. Doch wenn seine Strategie gelingen soll, muß er Hill überholen. Am Ende der dritten

Runde setzt er zu einem Versuch an. Mit dem unvermeidlichen Risiko nimmt er die 130R-Kurve und versucht, Hill vor der Schikane auszubremsen. Senna-Prost 1989. Doch Berger muß einen viel zu großen Abstand überbrücken. Er ist verrückt. Ich verfluche ihn bis ins dritte Glied mit all seinen wundervollen Formel 1-Geschichten! Aber Hill weicht nicht aus. Es fehlen nur fünf, vielleicht sechs Zentimeter, und der Frontflügel des Benetton hätte den rechten Hinterreifen des Williams zerschnitten. Was für eine Tragödie wäre es gewesen! Erst als Hill sich später die Bilder anschaute, sah er, an welch seidenem Faden sein Triumph gehangen hatte, aber er kritisierte Berger nicht: »Er hielt sich zurück, berührte die Randsteine, nicht mich, und das war es.« Berger, der phantastische schlaue Fuchs.

Villeneuve liegt inzwischen an sechster Stelle. Als Berger zurückfällt, ist er Fünfter. Es ist offensichtlich nicht sein Rennen. Und trotzdem … Es gibt keinen Moment Ruhe. Nach den S-Kurven geht es steil bergauf zur Dunlop-Kurve, dann tückisch hinab zur fast rechtwinkligen Degner-Kurve und unter der Brücke hindurch. Hill ist heute eine Klasse für sich, aber schafft er es? Bleibt der Wagen ganz? Regie, laß ihn mal eine Weile in Ruhe, zeig Häkkinen und Schumacher, dann gehen die Runden schneller vorbei!

Boxenstops. Radmutter. Hill braust wieder auf die Strecke, liegt noch immer in Führung, erste Kurve, zweite, alles bleibt am Wagen dran, doch ich traue Williams nicht über den Weg. Villeneuve, der seinen Boxenstop schon hinter sich hat, liegt noch immer an fünfter Position, jetzt sogar an vierter …

An der Box starrt die Williams-Crew angespannt auf den Fernsehschirm, in der Mitte Georgie. Frank Williams sitzt ganz vorne, regungslos, man sieht ihm die Anspannung nicht an.

Die nächste Reihe der Boxenstops. Schumacher als erster, dann Häkkinen und Villeneuve. Alle kommen gut weg. Auch Hill, der zwei Runden später an die Boxen fährt. Berger liegt bereits wieder an vierter Stelle. Und dann wechselt das Bild zu einem Williams, der durch den Sand hoppelt. Ich sehe sofort, daß es Villeneuves Wagen ist, der von einem Hinterrad überholt wird, Kenner haben es bereits begriffen: eine Radmutter. Der Wagen kommt knapp vor einem Reifenstapel zum Stehen. Sand stiebt auf, Villeneuve klettert aus dem Cockpit.

Ich bin aufgesprungen und tanze im Zimmer herum. Der Titel! Weltmeister!

Irgendwo in England klingelt das Telefon. Ein Anruf von Hills Schwester: »Mama, kannst du es glauben, er hat es geschafft!« Bette Hill bricht in Tränen aus.

Auf dem Bildschirm erscheint Hill wieder. Was muß jetzt unter diesem Helm, dem tiefblauen Helm mit den weißen Streifen, vorgehen. Hill erfährt die Nachricht über Funk: »Jacques ist aus dem Rennen, Jacques ist aus dem Rennen!«

»Es war vorbei. Der Titelkampf war entschieden. Ich hatte es geschafft; ich war Weltmeister. Mir fiel nur ein, daß ich wohl an diesem Tag einen Schutzengel gehabt haben muß. Zwei Runden lang fuhr ich wie ein Zombie, ich starrte auf den Asphalt, der unter mir vorbeiflog, unfähig zu begreifen, daß es wahr war. Der Gedanke schoß mir durch den Kopf, daß ich einfach anhalten könnte, wenn ich wollte, aus dem Auto steigen und weglaufen, es würde nichts ändern. Das Auto könnte den Geist aufgeben, es wäre egal. Ich dachte sogar: Ich kann von der Piste fliegen und im Gips im Krankenhaus aufwachen, sogar dann noch bin ich Weltmeister, wenn das auch etwas peinlich wäre. Dann wanderten meine Gedanken zu all meinen Freunden und Fans. Was würden sie jetzt wohl machen?«

Tanzen natürlich, schreien, die Fäuste ballen und heulen wie ein Schloßhund. Weltmeister.

Mein Kind, mein Sohn wird wach. Durch einen Spalt in den Vorhängen sehe ich, daß es draußen bereits hell geworden ist. Es ist halb sieben. Mein Junge. Beinahe drei Jahre alt. Durch ein Oberlicht sieht er das Flimmern des Fernsehers, er hört das Stampfen und das unterdrückte Jubeln irgendeines Idioten im Wohnzimmer. »Papa!«

Rasch hole ich ihn aus dem Bett. In die Decke eingewickelt, betrachtet er verwundert den vorbeirasenden Unsinn.

»Auf einmal war Rennfahren so einfach, ich konnte die restlichen Runden einfach abspulen. Das Auto fuhr von selbst.« Es sind sechzehn letzte Runden auf den Gipfeln des Glücks.

Als Hill seine allerletzte Runde beginnt – nein, jetzt kann wirklich nichts mehr schief gehen, der Titel ist unter Dach und Fach, und dieses Rennen wird er gewinnen –, ist auch meine Freundin erschienen. Sogar BBC-Kommentator Murray Walker ist vor Rührung still geworden. »Hier wird Geschichte geschrieben, denn zum ersten Mal erleben wir, daß der Sohn eines Formel 1-Weltmeisters selber Weltmeister wird. Damon Hill, da fährt er über die Ziellinie ...«

Das gesamte Williams-Team steht auf der Boxenmauer. Georgie trägt eine große Tafel: »Damon Hill World Champion 1996«. Eine geballte Faust streckt sich aus dem Cockpit.

»Die Boxenmauer hatte sich in die Hängenden Gärten von Babylon verwandelt, ich fuhr unter der Tafel hindurch, um alle Gesichter genau sehen zu können. Danach, so wußte ich, blieb mir nur noch die Auslaufrunde, um allein zu sein, um alle Spannung des Rennens, des Wochenendes, der vorhergehenden Monate, ja Jahre, von mir abzuschütteln. Es ist eines der merkwürdigen Merkmale unseres Sports: Weil wir Helme aufhaben und eine Auslaufrunde absolvieren müssen, bleiben unsere triumphalsten, ekstatischsten Augenblicke fast ganz für uns. Doch ich gebe zu, daß ich den ganzen Weg zurück vor Freude und Erleichterung geweint habe.«

Erleichterung.

Als Hill in den Parc Fermé hineinfährt, steht seine Crew dicht gedrängt am Zaun. Hill bleibt zehn Sekunden sitzen. Es ist vorbei. Tränen stehen mir in den Augen. Er klettert aus dem Wagen. Schumacher und Häkkinen gratulieren ihm als erste. Zwischen gestikulierenden Funktionären hindurch bahnt Hill sich einen Weg zu Georgie und umarmt sie, den Helm hat er noch auf. Tiefblau mit acht weißen Streifen. Ich sitze vor dem Fernseher und heule.

Hill, mein Held, das Arbeitstier, an den niemand glaubte, der selbst eigentlich nicht an seine Chancen glaubte, der seine Rennen mit so viel mehr Gehalt, Erinnerung, Sinn, ja der Totalität eines ganzen Lebens fuhr, der kurzum so fuhr, wie ich zuschaue, dieser Mann ist endlich, endlich Weltmeister. Und er hat seinen unverwechselbaren Stil, auch das ist wichtig. Meine Tränen sind Tränen der Erleichterung. Erleichterung, daß es doch noch möglich war.

Die Siegerehrung und sogar die Pressekonferenz gehen wie in einem Rausch an mir vorbei. Ich höre weder, wie Hill das Team, das ihn auf die Straße gesetzt hat, ausführlich preist und sich bei ihm bedankt, noch Schumachers kränkende Bemerkung, Hill habe lange auf seinen Titel warten müssen.

Als alles vorbei ist, setze ich mich aufs Fahrrad, meinen Sohn vorn im Sitz. Es ist noch früh, ein sonniger, goldener Oktobermorgen. Wir radeln durch den Wald. Ab und zu strecke ich eine Faust in die Luft. Ich bin glücklich. Zum ersten Mal in all den Jahren, in denen ich die Formel 1 verfolge, fühle ich mich selbst ein wenig wie ein Weltmeister.

Jacques Villeneuve: Mr. Cool

Magny-Cours 1996. Zeittraining. Jacques Villeneuve ist auf der Jagd nach Damon Hills Bestzeit. Er will die Pole-Position, er muß das Rennen gewinnen, wenn er den Kampf um den Titel offenhalten will. Bereits in seinem ersten Jahr in der Formel 1 greift Villeneuve nach der Krone! Mit weniger ist er nicht zufrieden: »Ich weiß, daß ich schnell bin, also kann ich es mit den Schnellsten aufnehmen. Man ist in der Formel 1, weil man bei allem, was man tut, der erste sein will. Man will gewinnen, jeden schlagen.«

Villeneuve setzt zu einer schnellen Runde an, fährt aggressiv über die Randsteine in der Schikane. Es folgt die lausige, scharfe Lycée-Kurve, beim kleinsten Fehler läuft man Gefahr, die Boxenmauer zu touchieren, wie es Jos Verstappen 1994 passierte, der dabei die Fernsehmonitore des McLaren-Teams zertrümmerte. Dann über die Start- und Ziellinie, die Zeitmessung beginnt zu laufen. Die Regie schaltet zur Bordkamera. Wir fahren die schnelle Runde von Villeneuve mit. Durch die Grand Courbe, eine Linkskurve, mit Vollgas im fünften Gang, dann einen Hügel hinauf, zurück in den vierten Gang vor der weit ausholenden Rechtskurve, der schnellen Estoril-Kurve. Die seitlich wirkenden Fliehkräfte sind gewaltig, die Nackenmuskeln der Fahrer müssen einiges aushalten. Der Wagen wird an dieser Stelle ganz nach außen getragen. Auch Villeneuve driftet nach links, geht nicht vom Gas, links, links, und auf einmal ist er zu weit draußen.

Der Fernsehzuschauer erschreckt sich zu Tode. Der Williams schlittert über die Randsteine, über den Rasen. Villeneuve versucht gegenzusteuern, nimmt aber das Gas nicht weg! Der Wagen hoppelt, pflügt sich durch den Boden und prallt mit der linken Seite gnadenlos gegen einen Reifenstapel. Der Bildschirm ist kurz weiß, dann schneit es, dann ein blaues Wirrwarr von ruckelnden Rädern. Der Wagen, weiß man sofort, hat sich um 180 Grad gedreht und rutscht rückwärts wieder auf die Piste. David Coulthard kann gerade noch rechtzeitig ausweichen, wie sich später herausstellt.

Villeneuve sitzt benommen im Cockpit, die linke Wagenseite ist völlig zertrümmert, gelbe Fahnen werden geschwenkt, dann springt er aus dem Wrack und bringt sich in Sicherheit. Die Formel 1 ist noch einmal mit einem blauen Auge davongekommen.

In der Box sind alle noch kreidebleich. Auch Villeneuve ist der Schreck in die Glieder gefahren. Es ist sein erster großer Unfall. Villeneuves Teamkollege Hill beschreibt dessen erste Reaktion: »Er wollte es nicht wahrhaben, aber er war ziemlich fertig. Er tat sehr locker, aber es war nicht überzeugend. Er hat bestimmt 10 g aushalten müssen. ›Das ist doch nicht so viel‹, meinte er, aber er hatte einfach Glück gehabt.«

Villeneuves Version des Unfalls ist cool: »Ich fuhr ungefähr 200, der Wagen driftete etwas nach außen, aber weil ich die schnelle Runde nicht abbrechen wollte, beschloß ich, das Gas stehen zu lassen. Mein Wagen geriet auf die Randsteine, und die Räder hoben ab. Als ich wieder runterkam, war das auf nassem Gras, bremsen konnte ich also nicht und es war ziemlich schwierig zu steuern. Meine Hoffnung, den Wagen wieder unter Kontrolle zu kriegen, konnte ich begraben, als eine Kuhle im Boden den Wagen hochwarf, kurz bevor er sich in den Reifenstapel bohrte. Der Aufprall-Winkel war noch ziemlich günstig, aber anstatt an der Mauer entlangzurutschen, warfen mich die Reifen wieder auf die Strecke zurück. Der Wagen war hin, und mit dem Helm schlug ich gegen das Lenkrad. Auf dem Helm sind auch noch Spuren von den Reifen.

Aber gut, es hätte schlimmer kommen können. Ich habe die ganze Zeit das Lenkrad festgehalten, weil ich glaube, daß es hilft, den Stoß abzufangen. Die meisten Fahrer lassen das Steuer los, aber mit den Händen am Lenkrad habe ich viel schwerere Unfälle in den IndyCars heil überstanden. All die Kräfte müssen ja irgendwo hin, und wenn man sie nicht über das Lenkrad ableitet, dann suchen sie sich einen Weg über die Gurte, und man läuft Gefahr, sich das Schlüsselbein oder das Genick zu brechen.«

Vierzehn Jahre zuvor hatte sich Gilles Villeneuve in Zolder, weil er seine schnelle Runde nicht abbrechen wollte, das Genick gebrochen.

»Nein«, antwortet Jacques Villeneuve seufzend, müde, irritiert über die Frage, die man ihm zum soundsovielten Mal stellt, »ich fahre nicht, weil mein Vater zu früh starb oder aus Gründen der Tradition. Ich fahre, weil es mir Spaß macht.«

Sohn eines Mythos

»Es tut mir leid, Sie enttäuschen zu müssen, aber ich denke nie an meinen Vater während eines Rennens. Ich bin immer anders gewesen als er. Ich weiß, was viele Leute von mir hören wollen, aber ich sage es nicht. Sie sind sogar zu meiner Mutter gegangen. Nun, ich bin stolz, sein Sohn zu sein. Er ist eine Legende. Aber er ist tot – und jetzt fahre ich.«

Sein Vater. Wie Damon Hill ist Jacques Villeneuve »der Sohn von«, doch im Unterschied zu Hill, Sohn eines zweifachen Weltmeisters und Gentleman-Rennfahrers, an den alle sich mit einem wohlwollenden Lächeln erinnern, ist Jacques der Sohn eines Mythos, eines Draufgängers und Geschwindigkeitsfanatikers, einer Ferrari-Legende, bei dessen Namen manchem noch heute Tränen in die Augen schießen.

»Trotz allem, was ich in der Formel 1 leiste«, ist Villeneuve einmal herausgerutscht, »werde ich nie das für die Fans bedeuten, was mein Vater für sie bedeutet hat.« Was Wunder, wenn er sich immer wieder dem übermächtigen Schatten seines Vaters zu entziehen versucht und trotzdem nicht von ihm loskommt.

Bis zu seinem elften Lebensjahr zog Jacques mit der ganzen Familie in einem luxuriösen Wohnmobil von Rennkurs zu Rennkurs. Er habe jedoch, sagt er, kaum Erinnerungen daran: »Ich spielte mit meinen Spielzeugautos, wenn mein Vater auf der Strecke war. Was ging es mich an?«

Er vergißt zu erwähnen, wie leidenschaftlich er mit diesen Autos spielte und daß es Rennwagen waren, die er von seinem Vater geschenkt bekommen hatte.

Was ging es ihn an? Wenn ihn jemand fragte, was er einmal werden wollte, antwortete er: »Rennfahrer wie mein Vater.«

»Das meiste, was ich von ihm weiß«, meinte Jacques, als er bereits im Cockpit saß, »stammt von Videos, die ich gesehen habe. Der Kampf mit Arnoux in Dijon und all die Dinge. Sah gut aus.«

Ob er je auch das Video vom Samstagnachmittag am 8. Mai 1982 gesehen hat? Im Flugzeug auf dem Weg zum Begräbnis schrieb der elfjährige Jacques Gedichte an seinen Vater und machte Zeichnungen von ihm in seinem Ferrari Nummer 27.

Mit fünfzehn ... Fünfzehn war Schumacher, als er seine erste Autogrammkarte um die Welt schickte, fünfzehn war Hill, als er seinen Vater verlor, fünfzehn war Jacques Villeneuve, als er in sicherer Entfernung von allem, was mit dem Rennsport zu tun hatte, in der Schweiz zur Schule ging, in der Schweiz, dem einzigen vernünftigen Land Europas, das nach der Katastrophe von Le Mans im Jahr 1955 (ein Mercedes war von der Strecke abgekommen und ins Publikum geflogen: 81 Tote, 100 Verwundete) alle Autorennen auf seinem Grundgebiet verboten hatte. Skifahren war erlaubt, das tat er gern, genauso wie sein Vater. Am liebsten verbrachte er seine Zeit mit Computerspielen. »Darin wird er noch einmal Weltmeister«, meinte lachend seine Mutter Joann.

Dennoch konnte es nicht ausbleiben. Mit fünfzehn stieg er zum ersten Mal in einen Rennwagen. Während der Ferien in Kanada nahm er in der Jim-Russell-Rennschule in Mont Tremblant, wo einst auch sein Vater das Renn-ABC erlernt hatte, an einem dreitägigen Lehrgang teil.

»Ich habe immer gewußt, daß ich es eines Tages tun würde«, erklärte Villeneuve später, »sogar, als *er* noch fuhr. Ich kann mich nicht erinnern, daß ich je etwas anderes hätte machen wollen.« Seine Mutter war nicht sehr froh darüber, wenn Villeneuve auch nicht recht verstand, warum. »Ich denke nicht, daß sie Angst hatte, ich könnte mich verletzen oder so. Es war für sie schließlich eine bekannte Welt. Vielleicht hatte sie Angst, daß ich mich nicht durchboxen könnte, daß der Druck zu groß sein würde.«

Mich verletzen oder so ... Mr. Cool kennt seine Understatements.

Der Druck war groß. Die Rennschule hatte Geheimhaltung versprochen, doch schon ein paar Tage später stand das Foto von Jacques in einem Rennauto auf den Titelblättern aller kanadischen Zeitungen.

Der Mythos. Villeneuve verstand es, Vorteil aus ihm zu schlagen. Er ging nach Italien, wo sich einem Villeneuve alle Türen und Tresore öffneten. Und 1988 stieg er in die Formel 3 ein. Der Technische Direktor des Pre-Ma-Teams, für das Villeneuve antrat, erinnert sich: »Er war noch so jung! Bei den ersten Tests wußte er nicht einmal, wie man schaltet.«

In den Rennen ging es nicht viel besser. Villeneuve war viel zu vorsichtig. »Jedes Mal, wenn er einen Wagen im Rückspiegel sah, ging er fast von der Piste, fuhr übers Gras, aus Angst, die anderen zu behindern. Wir erklärten ihm, daß es so wirklich nicht ginge, aber er meinte: ›Schaut, die anderen sollen nicht denken, ich würde mir alles erlauben, weil ich Villeneuve heiße.‹«

Angst, schnellere Gegner zu behindern – irgendwo hatte Villeneuve wohl doch das Video von Zolder 1982 im Hinterkopf. Merkwürdigerweise machte er ein Mal viel Aufhebens, als ihn im Training ein langsamerer Gegner zu lange blockierte.

Seine Kollegen hatten keine hohe Meinung von ihm. Max Angelelli: »Er stümperte furchtbar herum. Er interessierte sich eigentlich nicht wirklich für das Rennfahren. Und das ist nicht allein meine Meinung.« Der Druck wurde größer, Siege blieben aus, der Ruhm seines Vaters wirkte immer hemmender, und nach drei mittelmäßigen Saisons ging er nach Japan.

In der japanischen Formel 3 fand er Ruhe, eine bessere Betreuung, und es stellten sich die ersten Erfolge ein. In der relativen Einsamkeit des japanischen Renn-Zirkus wurde Villeneuve erwachsen. »Sein Vater war in Italien eine Legende, ein Gott. In Japan war Gilles einfach ein Rennfahrer, der in der Formel 1 tödlich verunglückt war. Natürlich war er berühmt, aber es war anders. Das hat Jacques gut getan, er wurde viel rascher erwachsen«, meint Mauro Martini, ein italienischer Fahrer in Japan.

Danach ging es mit Villeneuve schnell aufwärts. Mit Hilfe der alten Sponsoren seines Vaters wechselte er 1993 in die Formel Atlantic, in der sein Vater Mitte der siebziger Jahre brilliert hatte. Ein Jahr später fuhr er bereits in der US-IndyCar-Serie, wo er 1994 die Auszeichnung »Rookie-of-the-year« für den erfolgreichsten Neueinsteiger erhielt, 1995 gewann er die berühmten 500 Meilen von Indianapolis und wurde am Saisonende Meister.

In dieser Zeit bekam er einen Anruf aus Europa von einem gewissen Ecclestone, der anfragte, ob er nicht einmal in einem Formel 1-Wagen fahren wolle, in einem Williams. Gleich das allerbeste Auto der Formel 1. Ecclestone befürchtete, Schumacher würde die Formel 1 auf absehbare Zeit dominieren, er wollte unbedingt ein neues Zugpferd. Villeneuve war sein Mann.

Am 15. August absolvierte Jacques Villeneuve die ersten Runden in einem Formel 1-Wagen auf dem Kurs von Silverstone. Genau wie sein Vater und genau wie er machte er großen Eindruck. Doch gegenüber den zahlreichen Journalisten verbat er sich jeden sentimentalen Vergleich: »Es ist immer mein Ehrgeiz gewesen, professioneller Rennfahrer zu werden, Rennen zu gewinnen und wenn möglich Weltmeisterschaften, aber nicht unbedingt in der Formel 1. Und wenn ich zur Formel 1 gehe, dann nicht, weil mein Vater da gefahren ist und ich alles tun will, was mein Vater getan hat. Ich bin durchaus stolz darauf, sein Sohn zu sein, mein Vater ist ein Denkmal, ich nicht. Er ist eine Legende und bleibt einzigartig. Doch ich fahre nicht, weil er verunglückte und zum Beispiel nie Weltmeister geworden ist, so daß ich es an seiner Stelle werden muß. Das hat nichts damit zu tun. Ich fahre, weil ich es will.«

Ecclestone besprach sich noch einmal mit Frank Williams, und so feierte Villeneuve 1996 in Australien seinen Einstand in der Formel 1.

Und es war ein Einstand nach Maß. Pole-Position, schnellste Rundenzeit und beinahe der Sieg. Die ganze Welt wußte mit einem Mal, wer Jacques Villeneuve war.

Jahrelang hatte der Saisonabschluß traditionsgemäß im australischen Adelaide stattgefunden, seit 1996 war Melbourne der Austragungsort des ersten Rennens der Saison. Villeneuves Pole-Position war eine absolute Sensation. Nur Giuseppe Farina beim allerersten Grand Prix einer Weltmeisterschaft 1950 in Reims, Mario Andretti 1968 in Watkins Glen und Carlos Reutemann 1972 in Argentinien hatten als Neulinge vor ihm dieses Kunststück vollbracht. John Watson verglich Villeneuve sogar mit Senna: »Die Art, wie er fährt, und dieses unglaubliche Selbstvertrauen ...« Ecclestone strahlte und setzte noch eins drauf: »Er wird alles versuchen, um erfolgreich zu sein. Als Person ähnelt er Senna, als Fahrer Prost.«

Auch im Rennen war Villeneuve eine Sensation. Nach einem Neustart – Martin Brundle hatte durch eine Kollision mit seinem Wagen einen Hechtsprung ins Kiesbett vollführt – hatte Villeneuve sich wie bereits beim ersten Start vor Damon Hill an die Spitze gesetzt. Durch einen schnelleren Boxenstop konnte Hill vorübergehend die Führung übernehmen, doch vor der ersten Schikane bremste Villeneuve Hill meisterhaft aus, er wußte, daß Hill auf neuen Reifen die Antwort schuldig bleiben mußte.

In der 35. Runde machte Villeneuve einen kleinen Fehler. Er verbremste sich vor der Schickane, glitt geradeaus quer über den Rasen, über die Randsteine und kam gerade noch vor Hill wieder auf die Piste zurück. Hill zögerte, links, rechts, viel Platz war nicht, und dieses Zögern gab Villeneuve die Gelegenheit, die Ideallinie wiederzufinden und Hill kaltschnäuzig zu blockieren. Das Manöver zeigte, daß dieser Villeneuve ein Vollblut-Rennfahrer war, der Sohn seines Vaters.

Der Abstecher kostete Villeneuve das Rennen. Eine Ölleitung war beschädigt worden, aus dem Getriebe leckte langsam Öl, was gut daran zu erkennen war, daß Hills Wagen sich in den folgenden Runden allmählich goldgelb färbte.

In der Williams-Box machte man sich Sorgen, die Telemetrie zeigte an, daß das Getriebe bald den Geist aufgeben würde. Villeneuve wurde instruiert, langsamer zu fahren. Vier Runden vor Schluß mußte er Hill passieren lassen. Villeneuve wurde Zweiter.

Er hatte großen Eindruck gemacht. Er war mehr als ein Vollblut-Rennfahrer. Denn Gilles hätte den Fuß nicht vom Gas genommen. Langsamer fahren? Noch nie gehört. Er hätte Hill mit allen möglichen Tricks am Überholen gehindert und wäre notfalls mit einem defekten Getriebe von der Strecke geflogen. Doch Jacques war cool. Sechs Punkte könnten noch einmal von ausschlaggebender Bedeutung sein.

Im Verlauf der Saison trug er noch ein bißchen dicker auf. All die Rennstrecken, wo sein Vater wie ein Zigeuner gelebt hatte, sah Jacques doch mehr als eine Art Büro: »Ich bin hier, um zu arbeiten, also erledige ich meine Arbeit. Wenn ich nichts mehr zu tun habe, gehe ich. Eine Rennstrecke ist mehr oder weniger mein Büro. Man bleibt doch auch nicht im Büro, wenn man fertig ist?« Cool.

Und Villeneuve belegte viele zweite Plätze, dritte, wenn es nicht anders ging. Seinen vierten Formel 1-Lauf gewann er auf dem Nürburgring, nachdem er rundenlang alle Angriffe von Schumacher abgewehrt hatte. Auch das war cool.

In Spa-Francorchamps war Villeneuve von der Eau-Rouge-Kurve begeistert, endlich eine Herausforderung, die sich mit dem Oval, dem Rundkurs in der IndyCar-Serie vergleichen ließ. Die Strecke kenne er aus dem Effeff, er habe sich mit endlosen Computer-Simulationen darauf vorbereitet. »Man bekommt einen sehr guten Eindruck von der Strecke.« Alles sehr cool.

In der zweiten Saisonhälfte wurde Hill, den Titel in greifbarer Nähe, schwächer, und all die fleißig erzielten Punkte machten sich für Villeneuve bezahlt. Stärker noch: Durch eine Reihe von Siegen behielt er bis zum letzten Rennen die Chance auf den Titel.

In Estoril begeisterte er wieder einmal alle Zuschauer. Ausgerechnet in der Senna-Kurve, einer langen schnellen Kehre vor Start und Ziel, überholte er Schumacher auf der Außenseite, als fahre er auf dem Oval einer amerikanischen Rennpiste. Villeneuve: »Vorab habe ich zum Team gesagt, daß ich es schaffen werde, aber sie glaubten mir nicht. Mach nur, meinten sie, nach dem Rennen kratzen wir dich von der Leitplanke. Aber es klappte.«

Sogar Schumacher zeigte sich beeindruckt. »Nein, ich hatte total nicht damit gerechnet. Es war auch hart an der Grenze. Wir hätten uns bestimmt verhakt, wenn ich Gas zurückgenommen hätte ...«

Im letzten Rennen in Japan konnte Hill das Blatt gerade noch rechzeitig wenden. Villeneuve fiel durch einen typischen Williams-Defekt, eine beschädigte Radmutter, aus. Aber der Kanadier blieb ruhig und realistisch: »Ich bin froh, denn als ich zur Formel 1 ging, sagten mir alle, es wäre da langweilig, man könne nicht überholen. Doch das stimmt nicht. Ich habe in diesem Jahr viel Spaß gehabt. Die Weltmeisterschaft wird nicht nur im letzten Rennen gewonnen. Damon hatte eine bessere Saison als ich. Aber ich habe viel gelernt, bin aggressiv gefahren, nächstes Jahr besser.«

Es klang so brav, so beherrscht, daß sogar John Watson der Sache nicht traute. Villeneuve sitze, meint er, auf einer Zeitbombe, und das wisse er selber. »Vielleicht hat er Angst, er könnte seinen Vater in sich haben, und das verdrängt er. Durch seine Intelligenz, die die Folge seiner Erziehung und Ausbildung ist, ist er auch dazu in der Lage.«

Der Rebell

Nachdem Hill 1997 zu Arrows gewechselt war, hatte Villeneuve die besten Karten. Er würde es nun mit Schumacher aufnehmen müssen, der nach einem Jahr des Aufbaus bei Ferrari keine Entschuldigung mehr hatte und den Titelgewinn ansteuerte.

Titelfavorit im zweiten Jahr! Und niemand war überrascht. Cool. Aber Villeneuve gab sich nicht damit zufrieden. Als die FIA eine Anzahl drastischer Regeländerungen ankündigte – unter anderem Rillen in den Reifen, um die Rennen langsamer zu machen –, protestierte Villeneuve heftig: »Wenn man sich all diese Regeländerungen anschaut und sieht, was sie auch noch mit den Reifen vorhaben, dann ist es einfach beängstigend festzustellen, wozu die Formel 1 sich erniedrigen will, nur um Aufsehen zu erregen. Es wird mehr ein Zirkus als ein Sport. Mir ist die Formel 1 heute schon zu langsam ....« Es sollte nur ein Warnschuß sein.

Die Saison begann für Villeneuve anders als ein Jahr zuvor. Im

Training in Australien zeigten die Williams von Villeneuve und Frentzen zwar ihre Überlegenheit, aber im Rennen kollidierte Villeneuve bereits in der ersten Runde mit Irvine und Herbert. Coulthard fuhr einen ungefährdeten Sieg heraus, und auch McLaren schien seine Ansprüche auf den Titel anzumelden.

Doch in Argentinien und Brasilien sorgte Villeneuve wieder für klare Verhältnisse. In Interlagos übertrumpfte er sogar Schumacher im direkten Vergleich. Vor dem nächsten Rennen in Imola gab Villeneuve ein Interview, das wie eine Bombe einschlug.

»Was ich über Sicherheit gesagt habe, haben andere aufgefaßt, als sei ich der Meinung, es müsse Tote geben. Das habe ich nicht gesagt. Doch man kann auf das Element der Gefahr nicht verzichten, nur so kann man als Fahrer abschätzen, wo das Limit ist. Aber wenn man sich nicht mehr am Limit bewegen kann, ist es einfach, schnell zu sein, denn wenn man dann von der Piste fliegt, landet man im Kiesbett, und das war es dann.«

Natürlich wußte Villeneuve, warum nach mehr Sicherheit in der Formel 1 gerufen wurde: »Ja, weil Ayrton Senna verunglückt ist, und das hat viele Leute mobilisiert, die rufen, es gehe doch nicht an, daß man sich vor laufender Kamera umbringt. Aber ich habe keine Angst vor dem Tod. Wir werden geboren, und wir sterben. Das ist ein ganz normaler Kreislauf. Natürlich muß man nicht absichtlich den Tod suchen. Rennfahren ist gefährlich. Es gibt das Risiko, das Limit und die Herausforderung. Aber das bedeutet noch nicht, daß man es nur deshalb macht, weil es gefährlich ist. Es ist eine kontrollierbare Gefahr, und das ist gut so. Man weiß, daß man etwas Besonderes macht, daß man einen Unfall baut, wenn man nicht aufpaßt, aber man hat es unter Kontrolle, das macht den Kick aus.« Unterzeichnet: Jacques Villeneuve, Mr. Cool. Sein Vater hatte einmal einen solchen Fehler gemacht. Man solle nur nicht denken, daß der Sohn davon beeindruckt ist.

Villeneuve wurde wegen seines Interviews heftig kritisiert. Man meinte, er solle endlich erwachsen werden. Damon Hill hörte sogar einen geheimen Todestrieb aus Villeneuves Worten heraus. Villeneuve konterte, viele Fahrer würden nicht mehr aus Liebe zum Sport, sondern nur noch aus Liebe zum Geld fahren. Er wurde auch kein Mitglied der GPDA, weil auf die Fahrer doch nicht gehört werde.

Die FIA zog Villeneuve zur Verantwortung, der Schiedsspruch war jedoch mehr als lachhaft: Natürlich könne Villeneuve sagen, was er wolle, aber er solle sich in seiner Wortwahl etwas zurückhalten. Eine deutsche Zeitung hatte auch Villeneuves Kraftausdrücke publiziert. Auch auf der Piste wurde Villeneuve vom Mißgeschick verfolgt. Sowohl in Imola als auch in Monaco punktete er nicht. Das High-Tech-Team von Williams versäumte vor dem Start zum Himmel zu schauen und ließ verkehrte Reifen aufziehen. Schumacher hatte die richtige Wahl getroffen und ward nicht mehr gesehen.

Vor heimischem Publikum beim Großen Preis von Kanada wurde der Druck tatsächlich zu groß. Am Ende der ersten Runde verpaßte Villeneuve die Schikane und rammte die Mauer. Ein Anfängerfehler, gab er zu. Und wieder ging Schumacher als erster durchs Ziel, nachdem das Rennen zwischenzeitlich wegen eines schweren Unfalls von Olivier Panis – er brach sich beide Beine – abgebrochen worden war. Frustriert mokierte Villeneuve sich über die gedämpfte Stimmung auf dem Siegerpodest: »Zwei gebrochene Beine sind nun wirklich nichts Tragisches. Das passiert jedem im Leben einmal. Also bleibt auf dem Teppich.«

Es machte ihn nicht beliebter. Sein Sponsor ärgerte sich überdies zunehmend über Villeneuves ständig wechselnde Haarfarbe. Und die FIA klopfte Villeneuve wegen wiederholten Übersehens der gelben Flagge auf die Finger. Gelbe Flaggen werden geschwenkt, wenn auf der Piste etwa durch einen Unfall eine unsichere Situation entstanden ist. Die Fahrer werden ermahnt abzubremsen. Wenn dies auch schwer zu kontrollieren ist, so dürfen sie auf keinen Fall versuchen, ihre Rundenzeiten zu verbessern, auch Überholen ist verboten. Villeneuve war des öfteren trotz gelber Flagge zu schnell weitergefahren, und die FIA drohte ihm mit einer Sperre. Der Druck wurde größer.

Inzwischen war Schumacher auf den Geschmack gekommen, er gewann in Frankreich und in Belgien und zog in der WM-Wertung an Villeneuve vorbei. Der Kanadier begrenzte den Schaden durch glückliche Siege in England und Ungarn. Auf den Hochgeschwindigkeitskursen von Hockenheim und Monza waren beide Kontrahenten unsichtbar. Der Große Preis von Deutschland wurde zu einer Siegesfahrt Gerhard Bergers.

Bergers Abschied vom Rennsport hing schon eine Weile in der Luft. 1997 war ein Wendepunkt in seinem Leben. Sein Vater wurde nach jahrelangem Prozeß wegen Veruntreuung zu fünf Jahren Gefängnis verurteilt. Zu seinem Teamchef Briatore hatte er ein äußerst gespanntes Verhältnis. Seine zweite Frau hatte gerade eine zweite Tochter zur Welt gebracht. Wegen einer Kieferhöhlenentzündung mußte er drei Rennen pausieren, und im Krankenhaus dachte er zum ersten Mal darüber nach, was aus seinen vier Frauen werden solle, wenn es ihn im nächsten Rennen erwischte. Alexander Wurz war ein guter Ersatzfahrer, der in England sogar auf dem Siegerpodest gestanden hatte. Berger schien abgeschrieben, erst recht, als Anfang Juli sein Vater, gegen Kaution auf freiem Fuß, mit einem Sportflugzeug abstürzte. Zwei Wochen später fand das Rennen auf dem Hockenheimring statt.

Teamchef Briatore äußerte Zweifel, ob Berger überhaupt in der Lage sei, nach einer so langen Pause eine einigermaßen passable Figur zu machen. Berger stieg zum Qualifying in den Wagen und hatte »eine Runde, die war so flüssig und zwingend und richtig, daß sie einfach stimmen mußte, und als ich in der Auslaufrunde die Message ›Pole Position‹ kriegte, schossen mir zum ersten Mal in achtzehn Jahren Rennsport Tränen in die Augen. Ich dachte nur an meinen Vater, es ist mir alles durch den Kopf gegangen, ich hab das Flugzeugwrack vor mir gesehen und hatte ein paar Fetzen von der Rede des Pfarrers beim Begräbnis im Sinn, es war ja das erste Mal im Leben, daß ich einem Pfarrer wirklich zugehört hatte. Diese Pole Position hätte mir eigentlich schon vollauf genügt für alles, was ich zeigen und klarstellen wollte, aber vor dem Schlafengehen dachte ich, jetzt könntest du das ganze Rennen auch gleich gewinnen.«

Und Berger gewann souverän. In Österreich kündigte er seinen Abschied an. Mit Berger trat nach Meinung vieler der letzte menschliche Charakter von der Formel 1-Bühne ab.

In Monza zeigte Coulthard, daß McLaren auf dem Weg zur Spitze war, in einem packenden Rennen besiegte er Alesi und Frentzen. Villeneuve und Schumacher belegten nur die Plätze fünf und sechs. Noch schlimmer für Villeneuve war, daß er beim Warm-Up trotz gelber Flagge weitergerast war. Er erhielt eine Sperre auf Bewährung.

Noch vier Rennen standen aus, und Schumacher führte mit zehn Punkten vor Villeneuve: 67 gegenüber 57. Natürlich machte man sich bei Williams Sorgen, doch es sei noch nichts entschieden, meinte Patrick Head. »Ich kann nur sagen, daß Jacques sich noch mehr ins Zeug legen muß, und das wird er.«

In Österreich bekam Villeneuve noch einen Grand-Prix-Sieg geschenkt. Häkkinen, das ganze Wochenende über der Schnellste, fiel bereits in der ersten Runde aus. Und dieses Mal war es Schumacher, der die gelben Flaggen ignorierte und Frentzen überholte. Eine Zehn-Sekunden-Strafe warf ihn auf Platz neun zurück, aber er kämpfte sich in der Schlußphase noch auf den sechsten Platz vor. Stand in der WM-Wertung: Schumacher 68, Villeneuve 67 Punkte.

Auf dem Nürburgring hatte Villeneuve noch mehr Glück. In der ersten Kurve kollidierte Ralf Schumacher mit seinem Teamkollegen Fisichella, der Wagen stieg hoch, fuhr auf ein anderes Auto auf und wurde zurück in Richtung des Ferrari seines Bruders Michael geschleudert. Schumacher schaffte es zwar noch vom Kiesbett auf die Strecke zurück, mußte aber zwei Runden später aufgeben.

Villeneuve blieb den beiden Führenden, Mika Häkkinen und David Coulthard, in den schnelleren McLarens dicht auf den Fersen. Um die Punkte fahren: Gilles hätte so etwas nie getan. Gegen Rennende fielen beide McLarens wegen Motorschaden aus. Lachender Dritter war Villeneuve. Der Stand: Villeneuve 77, Schumacher 68 Punkte. Die Vorentscheidung könnte bereits der WM-Lauf in Suzuka bringen.

In Japan holte sich Villeneuve die Pole-Position. Er wurde wieder mit offenen Armen empfangen, und er gab sein Bestes, vergessen schienen alle Interviews und Zwischenfälle. Aber am Samstagabend wurde von einer möglichen Sperre gemunkelt: Villeneuve hatte wieder eine gelbe Flagge ignoriert. Beim Training am Vormittag war Jos Verstappen auf der Geraden vor der 130R-Kurve stehengeblieben. Wohl weil die Situation übersichtlich schien, hatten trotz der gelben Flaggen gleich sechs Fahrer den Fuß nicht vom Gas genommen: Herbert, Barrichello, Frentzen, Katayama, Michael Schumacher und Villeneuve. Alle erhielten eine Sperre auf Bewährung. Dann fiel den Rennkommissaren ein, daß Villeneuve ja bereits verwarnt worden war. Erst am späten Abend fiel die Entscheidung: Villeneuve wurde für ein Rennen, das morgige, gesperrt. Nur durch den Einspruch des Williams-Teams konnte er trotzdem beim Großen Preis von Japan antreten.

Villeneuve, der wußte, daß ihm eventuelle Punkte höchstwahrscheinlich sowieso abgezogen würden, hoffte, Ferrari die Suppe versalzen zu können, aber schließlich war es Irvine, der ihn blockierte und seinem Teamkollegen Schumacher zum Sieg verhalf. Villeneuve wurde Fünfter. Stand: Villeneuve 79, Schumacher 78 Punkte. Eine Woche später disqualifzierte das Berufungsgericht der FIA Villeneuve nachträglich und strich ihm die beiden Punkte, die er mit seinem fünften Platz in Suzuka gewonnen hatte. Statt eines 78:79-Rückstandes ging Schumacher mit einem 78:77-Vorsprung ins Finale.

Ein sauberer und fairer Kampf

Jerez, das letzte Rennen der Saison. Villeneuves Disqualifikation ließ allerlei Spekulationen aufkommen, Erinnerungen an Adelaide 1994 wurden wach. Mit einem Punkt Vorsprung hatte Schumacher damals Damon Hill von der Piste bugsiert, es gab wohl niemand, der dies jetzt nicht laut auszusprechen wagte. FIA-Boß Max Mosley warnte: »Dieses Mal wollen wir einen sauberen und fairen Kampf.« Villeneuve und Schumacher nickten brav. Mosley betonte, daß dies auch für Teamkollegen, Verwandte, Freund und Feind gelte.

Beim Training am Samstagmorgen gab es jedoch gleich den ersten Zoff. Irvine fuhr Villeneuve einige Male vor die Räder. Wütend marschierte Villeneuve in die Ferrari-Box, beugte sich über Irvine und warf ihm ein paar Unfreundlichkeiten an den Kopf. Doch noch eine vage Erinnerung an das Schreckgespenst von 1982?

Am Samstagnachmittag werden die Messer gewetzt. Nach vierzehn Minuten läßt Villeneuve eine schnelle Zeit notieren. 1:21,072. Ein Viertelstunde später kommt Schumacher aus der Box und holt wirklich alles aus seinem Ferrari: 1:21,072. Frentzen läßt sich nicht lumpen und fährt kurz vor Schluß auf die Tausendstelsekunde genau die gleiche Zeit. Und wer steht jetzt auf der Pole-Position? Villeneuve. Er hat diese Zeit als erster erzielt. Neben ihm steht Schumacher.

Am Sonntag herrscht eine knisternde Spannung. Nicht nur in Jerez. Ganz Italien schickt Stoßgebete zum Himmel, in Deutschland ist bis in die hinterste Provinz jeder Marktplatz übersät von roten Kappen und Flaggen ... Überall auf der Welt sitzen Formel 1-Fans auf der äußersten Stuhlkante, die einen tippen auf Schumacher, die anderen auf Villeneuve, niemand, der es wirklich weiß, dieses Rennen wird ein Thriller.

Schumacher. Schumacher erwischt den besten Start. Und er fährt auf nagelneuen Reifen. Laut Reglement darf jeder Fahrer an einem Grand-Prix-Wochenende nicht mehr als 32 Trocken- und 28 Regenreifen verwenden. Villeneuve war im Training weniger sparsam und muß auf eingefahrenen Reifen an den Start. Deshalb fährt er vorsichtig, so vorsichtig, daß sogar Frentzen in der ersten Kurve innen vorbeigleitet. Ein paar Runden später macht Frentzen seinem Teamkollegen wieder Platz, aber Schumacher hat schon einen Vorsprung von über fünf Sekunden. Villeneuve scheint wenig ausrichten zu können. »Es war ein hartes Rennen«, meinte Villeneuve über die Anfangsphase, »jede Runde war wie eine Qualifikationsrunde. Michael machte Druck, ich konnte nur folgen.«

Der erste Boxenstop. Schumacher kommt in der zweiundzwanzigsten Runde als erster rein, Villeneuve eine Runde später. Frentzen übernimmt die Führung, setzt die Geschwindigkeit herab, so daß Villeneuve wieder aufschließen kann.

Als Frentzen zum Reifenwechsel und Nachtanken an die Box fährt, liegt Schumacher wieder an der Spitze, Villeneuve dicht hinter ihm. Ein Überholversuch scheitert, und der Nachzügler Norberto Fontana hält ihn auf. Atemlos schaut die Welt zu. Schumacher führt den Tanz an, doch die Frage bleibt: schafft er es? Jackie Stewart geht zu Hause jede Wette ein, daß er es nicht schafft. Ralf ... Ralf läßt die Matadore bereitwillig vorbei. Der zweite Boxenstop steht bevor. In der zweiundvierzigsten Runde biegt Schumacher als erster in die Boxengasse ab, Villeneuve zwei Runden später. Bei beiden Wagen erfolgt die Abfertigung schnell und reibungslos, die Radmuttern des Williams sitzen diesmal fest, und Villeneuve holt auf. In der sechsundvierzigsten Runde ist er anderthalb Sekunden schneller als Schumacher, eine Runde später beträgt sein Rückstand auf Schumacher nur noch eine Dreizehntelsekunde, er scheint auf besseren Reifen zu fahren. Hintereinander jagen die Wagen über den Kurs. Curva Expo, Michelin, Sito Pons ... Villeneuve lauert auf eine Lücke. »Ich wußte, daß ich spätestens nach drei Runden attackieren mußte, da meine frischen Reifen wieder abbauten und ich nicht mehr hätte angreifen können. Für mich war es wichtiger, die Überholattacke zu versuchen und das Risiko einzugehen, im Kiesbett zu landen, als hinter Michael als zweiter ins Ziel zu kommen. Dann wäre die WM auch verloren gewesen.«

Auf der langen Geraden schiebt Villeneuve sich immer näher heran. Es ist die achtundvierzigste Runde. Man spürt, daß es jetzt passieren wird. Vor der scharfen Dry-Sack-Rechtskurve läßt Schumacher an der Innenseite kurz etwas Platz, und blitzartig setzt Villeneuve sich neben ihn. »Ja, es war riskant. Ich wußte, daß Michael mich runterschieben konnte, doch ich hatte keine andere Wahl. Ich konnte nicht weiter innen fahren, ich fuhr schon mit zwei Rädern auf dem Gras.«

Villeneuves Manöver hat Schumacher ganz offensichtlich überrascht. Als er nach innen steuern will, merkt er, daß es schon zu spät ist. Villeneuve fährt bereits neben ihm, und man sieht beinahe, wie er den Entschluß faßt einzulenken, er rammt den Williams. »Michael fuhr entweder mit geschlossenen Augen oder er hatte ein Lenkproblem. Ich brauche nicht zu erklären, was passierte, er fuhr in mich rein. Aber er hat es nicht gut genug gemacht, da er abflog und ich nicht. Der Schlag war sehr hart.«

»Es war Adelaide revisited«, sollte Frank Williams später sagen. Doch im Unterschied zu dem Vorfall 1994 zieht diesmal Schumacher den kürzeren. Das rechte Vorderrad des Ferrari kracht gegen den Seitenkasten des Williams. Während Villeneuve in die Kurve einbiegt, rutscht Schumachers Ferrari von der Piste. Hilflos drehen sich die Räder im Kiesbett.

Einen Moment sitzt Schumacher regungslos im Cockpit. Heftig gestikulierend bedeutet er den Streckenposten, sie sollen ihn anschieben. Es ist, wie sie wissen, verboten. Schumacher beeindruckt nicht. Dann steigt er aus, klettert über eine Mauer und wartet, ob Villeneuve auf der langen Geraden vorbeikommt. Nach etwa anderthalb Minuten taucht der Williams wieder auf, leicht beschädigt, aber in Führung liegend. Die Weltmeisterschaft ist entschieden.

Vorsichtig fährt Villeneuve die letzten einundzwanzig Runden aus. Mit dem Ziel vor Augen läßt er sogar noch Häkkinen und Coulthard vorbei, so daß der Finne endlich seinen ersten Grand Prix gewinnt. »Die good guys haben heute gewonnen«, meint Ron Dennis schmunzelnd. Villeneuve wird Dritter und holt sich in seinem zweiten Formel 1-Jahr den Titel. Endstand: Villeneuve 83, Schumacher 78 Punkte.

Erst drei Stunden nach dem Rennen ist Schumacher für einen Kommentar erreichbar. War sein Manöver gegen Villeneuve skandalös genug, seine Verteidigung ist schlichtweg skurril: »Nach meinem zweiten Boxenstop war ich etwas langsamer als Jacques, doch ich glaubte, ihn hinter mir halten zu können. Um ehrlich zu sein, hätte ich sehr wahrscheinlich auch so wie Jacques gehandelt. Unmittelbar vor dem Unfall hatte Jacques nichts mehr zu verlieren. Ich bremste so spät wie möglich, und er bremste noch später. Deshalb denke ich nicht, daß ich einen Fehler gemacht habe. Ich habe an dem Punkt schon am absoluten Limit gebremst, weil das eine Möglichkeit zum Überholen ist – und dann stand auf einmal überraschend ein blaues Auto neben mir. Jacques hat spät gebremst. Er kann von Glück reden, daß mein Auto da war. Ohne mich hätte er die Kurve überhaupt nicht gekriegt. Ich glaube, daß er darauf spekuliert hat, und es ging für ihn gut aus. Er ist Weltmeister, damit muß ich leben.«

Villeneuve, der mit gelber Perücke ausgelassen in der Boxengasse feiert, kann nur höhnisch lachen. »Wer sprach denn von einem ehrlichen und fairen Kampf? Bei der erstbesten Gelegenheit ist er in mich reingefahren. Ich hätte so was nie gemacht.«

Die Rennkommissare in Spanien beurteilen den Crash als normalen Rennunfall und verzichten auf eine Strafe. Aber die internationale Sportpresse steht Kopf, Spott und Hohn ergießen sich über Schumacher, sogar in Deutschland und Italien. Am Dienstag nach dem Rennen macht Schumacher auf einer kurzfristig anberaumten Pressekonferenz am Ferrari-Firmensitz Maranello einen Rückzieher. Der Junge – er bleibt ein Junge – drückt sein Bedauern aus: »Ich habe die Situation falsch eingeschätzt. Ich hatte den Angriff von Jacques nicht erwartet. Ich wollte ihn nicht ausschalten, sondern habe nur instinktiv meine Position verteidigt. Das war keine Absicht, sondern ein Reflex. Ich habe einen Fehler gemacht, das gebe ich zu. Ich bin ein Mensch, keine Maschine. Doch die Reaktionen, die ich gehört habe, finde ich ziemlich übertrieben, es sind viel schlimmere Dinge passiert.«

Die FIA läßt es nicht dabei bewenden. Hinter den Kulissen wird sogar von einer Sperre für die gesamte nächste Saison gesprochen, doch der Weltverband des Automobilclubs erkennt Schumacher nur den Vize-Weltmeistertitel ab. Für die Statistik bleiben ihm alle Punkte erhalten. Eine milde Strafe. »Alles habe darauf hingewiesen, daß er instinktiv und nicht vorsätzlich gehandelt habe.« Der Endstand: Villeneuve 83.

»Eine bittere Pille«, seufzt Schumacher, »der zweite Platz in der Gesamtwertung bedeutete viel für uns.« Die Strafe ist natürlich absolut lächerlich, aber wie soll man seine Hauptattraktion sonst behandeln?

Schumachers Ruf ist ziemlich ramponiert. War der Rempler 1994 in Adelaide schon dubios, so läßt der Vorfall in Jerez keinen Zweifel mehr bestehen, alle haben gesehen, wie Schumacher seinen Wagen mit voller Absicht in den Williams von Villeneuve lenkte. »Schumacher soll sich nicht einbilden, daß er Weltmeisterschaften immer auf diese Weise gewinnen kann«, meint Benetton-Teamchef Briatore hinterhältig und vielsagend. Und auch Damon Hill läßt sich die Chance nicht entgehen: »Michael hat heute sein wahres Gesicht gezeigt, er hat bekommen, was er verdient. Ich hatte vorher gedacht, er würde das nicht noch mal machen. Ich habe mich getäuscht. Wenigstens war er konsequent.«

Hill. Wie ist es eigentlich Hill in der Saison 1997 ergangen? Hill blieb sich treu. Die erste Saisonhälfte war erbärmlich schlecht gewesen. Für den Auftakt in Melbourne hatte er sich gerade noch qualifizieren können. Lange Zeit sah es danach aus, als würde er der schlechteste Titelverteidiger der gesamten Formel 1-Geschichte werden. Sogar Teamkollege Pedro Diniz war bisweilen schneller als der amtierende Weltmeister. Der erste kümmerliche Punkt in Silverstone wurde wie ein Sieg gefeiert. Zwei Rennen später stand Hill auf dem Hungaro-Ring, wo die Motorleistung nicht von so ausschlaggebender Bedeutung ist und die Bridgestone-Reifen ihm Vorteile brachten, plötzlich beim Start auf dem dritten Platz. In der elften Runde überholte er Schumacher und übernahm die Führung! Souverän fuhr Hill auf und davon. Der erste Sieg des Arrows-Teams hing in der Luft, eine regelrechte Sensation. Doch drei Runden vor Schluß versagte die Hydraulik. Das Gaspedal klemmte, dazu kamen Probleme mit der Schaltung. Würde das Auto bis zum Ziel durchhalten? Der Vorsprung von dreiunddreißig Sekunden schmolz dahin, und auf den letzten Kilometern fing ihn Villeneuve noch ab. Man glaubte es nicht, oder nein: eigentlich hatte man es das ganze Rennen über bereits gewußt.

Intermezzo: der Sinn der Formel 1

Nürburgring 1998. In der elften Runde des Großen Preises von Luxemburg rutscht Eddie Irvine beim Ansteuern der Veedol-Schikane geradeaus. Er korrigiert blitzschnell und rumpelt quergestellt links-rechts durch die enge Kurve. »Untersteuerung«, klagte Irvine später, »fatal für die Reifen.« Irvine steht unter Druck. Er sieht den Silberpfeil von Mika Häkkinen im Rückspiegel. Und Häkkinen ist wütend, verzweifelt, er schüttelt die Fäuste. »Nein, das galt nicht Irvine«, sagt er später. »Ich entdeckte ein paar Freunde auf der Tribüne.«

Zwölfte Runde. In der Veedol-Schikane bricht Irvines Wagen erneut aus. Häkkinen sucht eine Lücke, links, rechts, doch der Abstand ist noch zu groß. Näher heranzufahren ist gefährlich. Im Windschatten eines Vordermanns geht ein Großteil des Anpreßdrucks verloren, der Wagen droht unlenkbar zu werden und geradeaus zu gleiten. Diese aerodynamische Sensibilität moderner Formel 1-Boliden macht das Überholen schwierig, riskant, nahezu unmöglich, wie es heißt.

Aber Häkkinen muß an Irvine vorbei, denn noch vor diesem zieht Schumacher immer weiter davon, der Abstand beträgt bereits sechseinhalb Sekunden. Häkkinen und Schumacher kämpfen um den Weltmeistertitel. Häkkinen muß dran bleiben, doch Irvine ist Schumachers Teamkollege ...

Dreizehnte Runde. Häkkinen schaut, analysiert, denn Irvine hat vor allem in der Schikane Probleme. Oder spielt er ein Spiel, und legt er es darauf an, sich selbst und den Gegner bei einem Angriff von der Piste zu schießen? Irvine ist ein kaltschnäuziger Kerl, und durch die enorme Sicherheit moderner Kohlefaser-Chassis ist, wie Berger es einmal formulierte, eine »Kollision quasi abstrakt geworden, wie eine Billard-Situation«.

Durch die Castrol-Schikane, die Dunlop-Kehre, die RTL-Kurve – dies ist der neue Nürburgring, alle Kurven sind schamlos nach Sponsoren und Fernsehsendern benannt worden – und wiederum die Veedol-Schikane. Irvine fährt dieses Mal vorsichtiger, langsamer, die Coca-

Cola-Kurve noch, Schumachers Vorsprung wächst auf acht Sekunden an, Häkkinen muß sich beeilen.

Dreihundertfünfzig Millionen Menschen in über zweihundert Ländern der Erde schauen zu. Und die Kenner wissen: Häkkinen muß etwas zeigen, wie schwierig, riskant, ja unmöglich das Überholen auch immer sein mag – ein wahrer Weltmeister setzt sich über solche Gesetze hinweg.

Vierzehnte Runde. Im ITT-Bogen blickt Irvine noch einmal in den Rückspiegel: Häkkinen liegt weit hinter ihm. Elegant fährt der Ferrari auf die Veedol-Schikane zu, bremst, und dann sieht Irvine plötzlich den McLaren neben sich. Häkkinen geht aufs Ganze. Er bremst Zentimeter später, mit den Karbonbremsen sind das Lichtjahre. Der McLaren schiebt sich in die Kurve, fährt fast geradeaus, holpert über die Randsteine und ist am entgeisterten Irvine vorbei. »Ich fuhr auf der Ideallinie, und trotzdem hat er sich hindurchgequetscht.«

Häkkinen zieht davon und macht sich auf die Suche nach Schumacher. Auch ihn wird er passieren, allerdings nicht auf der Strecke, sondern durch eine bessere Tankstop-Strategie – das Sekundenkalkül der heutigen Formel 1, für Außenstehende schwer verdaulich.

Deshalb zeigt die Regie noch einmal Häkkinens Übermolmanöver in der Veedol-Schikane. Superslow-Motion. Wie die Wagen nebeneinander auf die Schikane zugleiten, abbremsen, hineinsteuern – die Umgebung verschwimmt. Irvine blickt zur Seite, Häkkinen schaut mit weit aufgerissenen Augen geradeaus, konzentriert sich auf die irre Asphaltschleife vor seinen Rädern. Rechts rattert er über die Randsteine, der ganze Wagen wird hin und her geschüttelt, die Flügel zittern, die Räder verlieren eins nach dem andern für einen Moment den Kontakt zum Boden. Doch der McLaren zwängt sich hindurch und biegt als erster nach rechts ab. Der Ferrari, unscharf im Hintergrund, hat das Nachsehen. Ballett in Silber und Rot.

Der Sinn der Formel 1? Die Formel 1 hat keinen Sinn, so wenig wie die Kunst. Die Formel 1 ist Kunst.

Der Sinn

Die ersten Autorennen, phänomenale Fahrten auf unbefestigten Straßen zwischen europäischen Großstädten hatten durchaus einen Sinn: Sie sollten eine neue Erfindung propagieren und perfektionieren: das Automobil.

Intermezzo: der Sinn der Formel 1

Anfangs ging es nicht einmal so sehr um die Geschwindigkeit, oder besser: nicht allein um die Geschwindigkeit. 1894, beim ersten Rennen der Geschichte legte der De-Dion-Dampfwagen die Strecke von Paris nach Rouen am schnellsten zurück. Der Sieg wurde dem Auto jedoch aberkannt – eine Jury befand den Dampfantrieb als unzweckmäßig – und ging an die benzingetriebenen Panhard und Peugeot. Sie seien viel praktischer, ihnen gehöre die Zukunft. Automobilsport beinhaltete ein Nach-vorne-Blicken, begriffen die großen Fabrikanten, eine flexible Auslegung der Regeln gehörte von Anfang an dazu.

Das Auto mußte sich beim breiten Publikum durchsetzen. Schnelligkeit beflügelte die Phantasie am meisten und war somit die beste Reklame. Aber das Testen und Weiterentwickeln des Autos blieb von grundsätzlicher Bedeutung. Als der Rennsport wegen der zahlreichen Unfälle nicht mehr auf öffentlichen Straßen stattfinden durfte, und die Autos auf den spektakulären Rundkursen von Brooklands, Monza und Montlhéry immer höhere Geschwindigkeiten entwickelten, griffen die Fabrikanten ein. Die Hochgeschwindigkeitsovale ähnelten der normalen Straßenführung zu wenig, eine wirkliche Fahrzeugerprobung könne nur auf einer abwechslungsreichen Strecke erfolgen, auch für die Zuschauer würde es dadurch reizvoller. So entstanden die Rennkurse von Reims, Spa-Francorchamps und der Nürburgring.

Nach dem Zweiten Weltkrieg, als das Auto zum Allgemeinbesitz wurde und nicht mehr in dem Maße propagiert zu werden brauchte, entwickelte der Rennsport sich zu einer Spezialdisziplin. In den fünfziger und sechziger Jahren war die Formel 1 vor allem die Spielwiese reicher, passionierter Bastler oder von Rennställen mit einer ehrwürdigen Tradition.

Mitte der sechziger Jahre erkannten die erfahreneren Konstrukteure, welches Potential in der Formel 1 steckte. 1968 schloß Colin Chapman einen Deal mit der Zigarettenfirma Gold Leaf. Der Aufschwung, den das Sponsoring seitdem genommen hat, hat den Rennsport in gewissem Sinne wieder zu seinem Ausgangspunkt zurückgebracht: zur Reklame.

Allerdings geht es nicht mehr um die Propagierung des Autos an sich. Der High-Tech-Bolide macht heute Reklame für Käse und Rasenmäher, natürlich für Zigaretten, für Getränke, Computer, Banken, Kondome, Energiedrinks und sonstige Lebensbedürfnisse.

Die Perfektionierung des Autos ist schon lange nicht mehr der Hauptzweck der Formel 1. Stärker noch: Allerlei elektronische Neuheiten, die das Fahren in einem gewöhnlichen Auto angenehmer machen, sind in der Formel 1 nicht zugelassen. Helden müssen leiden. Und umgekehrt sind wichtige Erfindungen der Formel 1, wie das Kohlenfaser-Chassis und die Karbonbremsen, für die Serienanfertigung viel zu teuer.

Natürlich wirft der Rennsport für die beteiligten Auto-Konzerne bisweilen Früchte ab, aber Slogans wie »Wir fahren, Sie profitieren« sind blanker Unsinn, Vorspiegelung falscher Tatsachen, Wunschträume.

Die Formel 1 ist schlichtweg eine verlockende, luxuriöse Schaufensterauslage. Sündhaft teuer, aber rentabel.

Aber just zu dem Zeitpunkt, da Ecclestone sein profitables Unternehmen an die Börse bringen will, droht von Brüssel Ungemach. Die Europäische Union will Tabakwerbung verbieten. Große Sportereignisse wie die Formel 1 dürfen noch bis 2006 Millionen aus den Verträgen mit den Tabakkonzernen empfangen, danach müssen sie sich auf andere Sponsoren konzentrieren. Oder auf einen anderen Kontinent ausweichen, droht Ecclestone. Ihm assistiert FIA-Chef Mosley, der mit Untersuchungsergebnissen wedelt, nach denen die Zigarettenwerbung in der Formel 1 keineswegs zum Rauchen animiere. Raucher, die das Formel 1-Geschehen im Fernsehen verfolgen, wechselten höchstens rascher die Zigarettenmarke. Mosley verspricht noch mehr Untersuchungen, die nur eins bezwecken sollen, nämlich den Entscheidungsprozeß zu verzögern.

Die Formel 1 wehrt sich wie ein echter Multinational. Ecclestone speist die Wahlkasse von Tony Blair mit einer Million Pfund. Blair weiß, daß die Formel 1 längst eine riesige Unterhaltungsindustrie geworden ist, bei der es in England um Tausende von Arbeitsplätzen geht, er weiß aber auch, daß all die hoch qualifizierten Ingenieure, Computer- und Medienspezialisten anderswo sinnvollere Arbeit verrichten könnten. Aber was ist schon sinnvoll?

Geld, Reklame, die Autoindustrie, Arbeitsplätze – alles gehört ein bißchen zum Zweck der Formel 1. Aber worum es wirklich geht, ist schwieriger in Worte zu fassen. Die Formel 1 verkörpert einen Traum, den Traum des automobilisierten Menschen des zwanzigsten Jahrhunderts: Geschwindigkeit, Technik, Beherrschung, neue Grenzen. Verschwommene romantische Vorstellungen und Geschichten als Nebenprodukte eines unverbesserlichen Fortschrittsglaubens. Doch ohne sie geht es nicht. Die westliche Gesellschaft sieht in der Formel 1 ihr eigenes Spiegelbild: hyperkapitalistisch, rational und hochtechnisiert, aber der tieferliegende Grund dieser Verherrlichung ist eine Fiktion, ein Traum.

Vielleicht ist dieser Traum deshalb so wichtig, weil er das absolute Limit mit sich bringt, das, was rational, finanziell und technisch nicht mehr beherrschbar ist: den Tod. Der Tod besitzt eine unwiderstehliche Anziehungskraft. Daher, so meinte Hemingway, gebe es nur drei wirkliche Sportarten: den Stierkampf, das Bergsteigen und das Rennfahren. Der Rest sei Spiel.

Der Tod

»Das Brüllen der Motoren und die Selbstdarstellung der Sponsoren haben die Oberhand über den Tod gewonnen. Sie haben den Menschen zum Schweigen gebracht. Die Formel 1 hat aus dem Tod ein brutales Schauspiel gemacht.« *Osservatore Romano*, 3. Mai 1994.

Ayrton Sennas Tod war ein Kassenschlager, der der Formel 1 wieder die Aura eines Mythos verlieh.

Außenstehende behaupten gern, Autosportliebhaber warteten nur auf einen Unfall. Das ist blanker Unsinn. Doch so ganz unverständlich ist der Gedanke nicht. Der am häufigsten im Fernsehen gezeigte Sportmoment des Jahres 1998 war zweifellos die Massenkollision auf dem Kurs von Spa-Francorchamps, in den dreizehn Wagen verwickelt waren.

Auch die Fernsehstation der FOCA liebt es, während der Rennen Unfälle, Zusammenstöße oder die komischen Momente zu wiederholen, in denen sich Eddie Irvine und Jean Alesi wieder einmal von der Strecke bugsieren. Und auch ich störe die wohlverdiente Sonntagsruhe meiner Lieben ja vor allem dann, wenn es einmal wieder gehörig kracht.

Dieses Buch sollte ursprünglich ein Kapitel »Das Museum der Unfälle« enthalten, aber nach und nach ist es selber fast zu einem solchen Museum geworden. Ein Unfall, ein Zusammenstoß ist nun einmal viel markanter, zeigt viel deutlicher, was in der Formel 1 auf dem Spiel steht, er läßt sich auch einfacher beschreiben als eine magische Qualifikationsrunde oder ein atemberaubendes Überholmanöver.

Der wirkliche Formel 1-Fanatiker lauert aber nicht auf einen Unfall. Für den Fan, der irgendwo oben auf einem Hügel zwischen Bäumen und Sträuchern und zwischen Tausenden anderer Leute die Autos über ein winziges Stück Asphalt rasen sieht, gehören Crashs, Angst und das Murmeln von Beschwörungen einfach dazu. Und der Tod.

Aber wenn eines der Idole tatsächlich ums Leben kommt, dann ist der Formel 1-Fan der erste, der sich angewidert vom Rennsport abwendet. Niedergeschlagen gibt er zu, daß es sich hier nicht mehr um Sport handelt, sondern um eine Krankheit, eine Besessenheit ... Verzweifelt haben Millionen Fans Ayrton Sennas Begräbnis verfolgt, den Zweifel richteten sie jedoch hauptsächlich auf sich selbst, auf die Art und Weise, wie sie die Welt betrachteten.

Zwei Wochen später sind die meisten von ihnen wieder dabei. Wie sollte es auch anders sein, die Formel 1 ist ein so notwendiger Bestandteil ihres Lebens, ihrer Identität, ihres Zeitgefühls, ihres Biorhythmus ... Zudem findet der irreale Kummer um den verlorenen Helden nur Trost in dem gleichen irrealen Zirkus, der ihn auf dem Gewissen hat, sonst wäre alles umsonst gewesen. In diesem Sinne unterscheidet sich der Wahnsinn der Formel 1 in nichts von dem des Lebens selbst.

Der Tod ist für den Autosportliebhaber schlichtweg eine Entgleisung. Aber er macht das Wesen der Faszination des Rennsports aus. Stirling Moss, eine Formel 1-Legende aus den fünfziger Jahren, hat es einmal so ausgedrückt: »Ich glaube, die Zuschauer kommen, um zu erleben, wie ein Mann dem Tod ins Auge sieht.«

Heutzutage würden nur wenige Rennfahrer dies unterschreiben. Sie reden lieber nicht über die letzte, fatale Konsequenz ihres Fachs. Als Jacques Villeneuve 1997 Stirling Moss' Worte in gewissem Sinne wiederholte, indem er sagte, das Risiko eines tödlichen Unfalls mache das Limit erst zu einem wirklichen Limit, stand er damit allein auf weiter Flur. Zu seiner Unzufriedenheit, denn die Magie der Formel 1 gehe durch all die drastischen Sicherheitsmaßnahmen verloren: »Was die Formel 1 vor zehn Jahren so beliebt gemacht hat, war die Tatsache, daß Fahrer eigentlich keine normalen Menschen waren. Heute sind es ganz gewöhnliche Sportler, an denen nichts Besonderes ist. Es ist gefährlicher, auf öffentlichen Straßen zu fahren. Aber die Formel 1 muß doch die größte Herausforderung sein, warum hieße sie sonst Formel 1?«

Villeneuve trifft hier den Kern der Sache. Denn gerade die Präsenz des Todes – in der Vergangenheit wie in der Zukunft – verleiht der Formel 1 etwas Sakrales, wodurch sie sich mehr als andere Sportarten über das reine Amüsement erhebt.

Bezeichnend hierfür sind die festen Rituale, die das Rennsportspektakel begleiten. Die Einteilung des Wochenendes, das Eintreffen der Teams am Donnerstag, das freie Training am Freitag und Samstag, die Qualifikation am Samstagmittag, das Warm-Up am Sonntagmorgen, die Fahrerbesprechung, die Startprozedur, das Rennen selbst mit all

Intermezzo: der Sinn der Formel 1

seinen Regeln und Gesetzen, die Auslaufrunde, der Parc Fermé, die Siegerehrung, die Pressekonferenzen. Aber auch die Einteilung der Rennsaison: von der Zuteilung der Startnummern bis zu den Grand Prix mit ihren festen Daten im Rennkalender. Für den Formel 1-Freak schreiten die Jahre entlang den immer wiederkehrenden Stationen wie Interlagos, Imola, Monaco und Monza fort, und nach jedem Zyklus erwartet ihn wieder die tröstliche Spannung der veränderten und doch immer wieder ähnlichen Zusammensetzung der Teams, Fahrer, Konstrukteure, Motoren, Nummern, Sponsoren, Strecken ...

Wahrscheinlich schwebte Ecclestone vor allem diese Erkennbarkeit und Zugänglichkeit der Formel 1 vor, als er in den achtziger Jahren immer mehr Dinge vereinheitlichte; der Sport wurde zelebriert und war in seiner Kontinuität ein Halt für viele. Diese »ewige Wiederkehr des Gleichen« ist ein Gegengewicht zum inhärenten Tod.

Hemingway war nicht der einzige, der Stierkampf und Rennsport in einem Atemzug nannte. Auch Jackie Stewart verglich einmal eine Runde auf dem alten Nürburgring mit einer Corrida.

Der Vergleich läßt sich noch weiter ausspinnen. Auch der Stierkampf kennt seinen festen Kalender, seine Rituale. Das Auslosen der Stiere, das Ankleiden des Matadors, der Verlauf des Kampfes. Auch die Corrida kennt erbitterte Gegner und ein völlig versessenes Publikum.

Auch die Liebhaber des Stierkampfs, die Aficionados, warten nicht darauf, daß der Stier einen Torero auf die Hörner nimmt. Für sie zählt vor allem der Mut des Matadors, wie nah er den Stier an seinen Körper heranläßt. Extra dankbar sind sie für den Stil und die Schönheit. Schöne Bewegungen, Figuren, lebende Skulpturen, eine Verschmelzung von Tier und Mensch, das rote Tuch und der Körper des Matador entzücken den Aficionado. Der wahre Liebhaber hofft auf Manöver, die Mut, Kunst, Erfahrung und vor allem Schönheit und viel Gefühl zeigen, meinte Hemingway. Er warte auf die vollendete *faena*, »die *faena*, die einen Mann über sich selbst erhebt und die ihm, während er sie macht, ein Gefühl von Unsterblichkeit gibt, die ihn in eine Ekstase versetzt, die, obschon sie flüchtig, so tief wie irgendeine religiöse Ekstase ist, die alle Leute in der Arena gemeinsam bewegt und die in ihrem Verlauf an emotioneller Stärke zunimmt, den Stierkämpfer mit sich trägt, der durch den Stier die Menge mit fortreißt und der durch ihr Mitgehen von einer wachsenden Ekstase geordneter, formvoller, leidenschaftlicher, zunehmender Mißachtung des Todes ergriffen wird, die Sie, wenn sie vorbei ist und der

Stier, der all das ermöglicht hat, den Tod gefunden hat, so leer, so verändert und so traurig zurückläßt, wie es jede große Gefühlsregung tut«.

Der Stierkampf ist eine Kunst. Wären die Vorführungen der großen Matadore nicht so flüchtig und einmalig, dann wäre laut Hemingway die Corrida eine der großen zeitgenössischen Künste.

Und die Formel 1? In der Formel 1 sind Stil und Schönheit gewiß ebenso flüchtig und einmalig, sie sind zudem so selbstverständlich, daß man sich im allgemeinen kaum mit ihnen beschäftigt.

Schönheit

Stil ist in der Formel 1 am besten anwendbar auf den Fahrstil. Der Fahrstil eines Formel 1-Piloten hängt mit der Abstimmung seines Autos zusammen. Sehr vereinfacht ausgedrückt, läßt sich die Fahrwerkabstimmung in zwei Gruppen einteilen: übersteuernde und untersteuernde Rennwagen.

Beim Übersteuern haben die Vorderreifen mehr Grip. Fahrer, die extrem spät bremsen, können so einfacher und sicherer in eine Kurve hineinfahren, da die Vorderräder genau reagieren. Nur das Heck ist etwas instabiler und droht auszubrechen, doch einem einigermaßen guten Piloten bereitet ein solcher »loose rear« keine Schwierigkeiten. Übersteuern sieht spektakulär aus, ist schnell, aber auch gefährlich.

Untersteuern ist weniger spektakulär, das Auto läßt sich leichter korrigieren, es hat die Neigung, geradeaus zu gleiten, da der meiste Grip auf den Hinterrädern liegt. Untersteuern bringt weniger Risiken mit sich – wenn ein Fahrer bei der Einfahrt in eine Kurve von der Ideallinie abkommt, nimmt er den Fuß vom Gas und lenkt nochmals ein. Untersteuern bedeutet meist Zeitverlust, Übersteuern bringt die Gefahr eines Drehers oder Schlimmeres mit sich. Trotzdem ziehen die meisten Fahrer ein übersteuertes Fahrzeug vor.

Die wahren Meister finden hier einen goldenen Mittelweg. Der Fahrstil der ganz Großen sieht daher oft wenig eindrucksvoll aus. Puristen wissen das zu schätzen: der saubere Fahrstil ist meistens auch schnell. Stewart, Lauda, Prost, Piquet und Senna sind Beispiele hierfür. Man höre Jackie Stewart: »Ein Formel 1-Wagen ist wie ein Vollblutpferd mit all seiner Sensibilität, mit all seinen Launen. Um aus ihm das Beste herauszuholen, muß man ihn liebkosen, ihn mit Gefühl behandeln. In den Kurven etwa bewegt er sich buchstäblich auf den Zehen, berührt kaum den Asphalt; wenn man dann mit Gewalt vorgeht, entgleitet er einem. Man muß ihn streicheln, sanft, sehr sanft, damit er gehorcht. Man visiert den Scheitelpunkt an, und selbst wenn der Wagen die richtige Fahrtrichtung hat und die Kurve noch zwanzig, dreißig Meter entfernt ist, muß man höllisch aufpassen, denn er driftet und driftet immer mehr, je weiter man sich dem Scheitelpunkt nähert. Man hat einen gewissen Rhythmus, den man beibehalten muß. Und genauso behutsam steuert man wieder aus der Kurve heraus. Man darf sich nicht sagen: So, das wäre geschafft, jetzt trete ich aufs Gas und fahre wie ich will. Nein, die Geschwindigkeit, mit der man aus der Kurve herauskommt, ist sehr wichtig, deshalb muß man das Gleichmaß, den Rhythmus festhalten. Man muß dem Wagen die Gelegenheit geben, seine Aufgabe zu vollenden.«

Auch Michael Schumacher kann saubere Runden fahren, aber er bevorzugt das »lockere Heck«, einen nervösen, gleitenden Wagen. Schumachers schnelle Runden sehen daher oft sehr spektakulär aus, was ihm viel Bewunderung eingebracht hat, denn die Mehrheit der Fans liebt, was den Fahrstil betrifft, das Spektakel, das Gleiten, Driften, Sich-quer-Stellen, das Gegensteuern, Rutschen und Bohnern.

Um bei solchen Unwägbarkeiten schnell zu sein, bedarf es einer besonderen Begabung, Berger spricht von einem »traumtänzerischen Instinkt«. Formel 1-Piloten, die einen solchen Instinkt besitzen, gehen regelmäßig übers Limit, da es ihnen gelingt, das ausbrechende Auto immer wieder einzufangen. Rennfahrer wie Peterson, Gilles Villeneuve, Arnoux, Rosberg und Mansell kämpften mit ihren Boliden, holten mehr aus ihnen heraus, als in ihnen steckte. Mit ihrer Fahrzeugbeherrschung versetzten sie als wahre Matadore das Publikum in Verzückung. Fehler wurden ihnen schnell verziehen. Alesi ist vielleicht der letzte in der Reihe der spektakulären Formel 1-Piloten.

Auch Senna verfügte über diesen Instinkt, doch nur, wenn er ihn brauchte. Das gleiche gilt für Schumacher. Doch die modernen Formel 1-Wagen mit ihren äußerst starken Bremsen und unwahrscheinlichem Abtrieb bieten kaum noch Gelegenheit für solche Husarenstücke. Und Computer registrieren nur Schnelligkeit, nicht Stil. Mit Schnelligkeit gewinnt man Rennen, mit Stil nicht.

Mit Schönheit ebensowenig, sie eignet sich jedoch hervorragend als Blickfang. Ein Lack-und-Leder-Girl auf der Nase eines Formel 1-Autos lockt eine Horde Fotografen an die Box. Fotografen sind in der Formel 1 genauso unentbehrlich wie in der Haute Couture oder der Sexindustrie. Schönheit wird im Renn-Zirkus hauptsächlich mit Frauen assoziiert, gern Boxenluder genannt. Die Ästhetik ist in der Formel 1 noch selbstverständlicher und noch schwieriger zu umschreiben als der Stil. Natürlich sind Design und Farbanstrich der Wagen für die Reklame von großer Bedeutung. Hat man kein siegreiches Auto, dann zumindest ein schönes, auffälliges, mit dem man angeben kann. Und wieviel leichter gelingt einem das, wenn man eine verführerische Schöne draufsetzt. Auf das Auto, aber nicht hinein.

Nur drei Frauen glückte es, sich einen Platz in der Formel 1 zu erobern. Die erste weibliche Rennfahrerin war Maria-Teresa De Filippis. Mit einem geliehenen Maserati startete die »Pilotino« 1958 in drei WM-Läufen. Durch die zahlreichen tödlichen Unfälle, so erklärte sie später bedauernd, sei ihr die Lust am Rennfahren vergangen.

Die einzige Frau, die einen halben WM-Punkt holte, war Lella Lombardi, die »Tigerin von Turin«, die in den Jahren 1974 bis 1976 hauptsächlich den schnelleren Autos hinterherfuhr. Während der Massenkarambolage von Montjuich steuerte sie 1975 ihren March zwischen den Trümmern hindurch und lag, als das Rennen nach dem Unfall von Rolf Stommelen frühzeitig abgebrochen wurde, an sechster Stelle. Anfang der neunziger Jahren fuhr Giovanna Amati für Brabham in der Formel 1, konnte sich jedoch nie für einen Grand Prix qualifizieren.

In der Welt des Automobils sind Frauen vor allem dazu da, sich auf der Karosserie zu räkeln, und die Formel 1 bildet in dieser Hinsicht keine Ausnahme. Stirling Moss: »Es gibt immer einen Haufen Mädchen, die auf der Rennstrecke herumhängen. Die Eindrücke und Geräusche, die das Drama eines Rennens begleiten, erregen fast alle Frauen stark. Während eines Rennens ist eine Frau empfänglicher für ein Angebot als sonst.«

Es ist ein Klischee, daß Rennwagen der Inbegriff der Männlichkeit sind und daß Frauen im Fahrerlager die Probe aufs Exempel machen, ob die Fahrer ebenso männlich wie ihre Autos sind. Letzteres stellt sich anonymen Zeugen zufolge oft genug als Enttäuschung heraus: »Sie schlafen mit dir, weil sie den Streß des Rennens loswerden wollen. Aber sie geben sich längst nicht so viel Mühe wie andere Männer, für die Sex das einzige ist, womit sie Eindruck schinden können. Nun ja, vielleicht ist Sex im Vergleich zur Formel 1 ja auch eine langweilige Sache ….«

Lange Zeit hatten Formel 1-Piloten das Image von Playboys, wie

James Hunt, Weltmeister des Jahres 1976. »Sex«, stand auf einem seiner Buttons an seinem Renn-Anzug, »ist das Frühstück für Champions.« »Frauen«, meinte Hunt, »fühlen sich zu Rennfahrern hingezogen, weil es solche Scheißkerle sind. Wenn man im Rennsport ein Wörtchen mitreden will, muß man ein Arschloch sein, und Frauen haben nun mal eine Schwäche für Kerle, die nichts taugen.«

Aus seinen Absichten machte Hunt keinen Hehl: »Was ich liebe, nehme ich mit ins Bett. Rennwagen sind zu groß, Pokale zu kalt, was bleibt da noch?«

Niki Lauda, in allem das genaue Gegenteil von Hunt, meinte, solche Eskapaden am Rennwochenende schadeten nur der Kondition: »Was wirklich an der Kondition zerrt, ist das Drumherum. Da lernt man an einer Rennstrecke eine Frau kennen, geht mit ihr essen, hinterher in eine Bar, morgens um vier Uhr kommt man erst ins Bett. Mit der eigenen Frau oder Freundin ist das was anderes. Da kann man trotz allem Sex noch immer zwölf Stunden schlafen.«

Auch in dieser Hinsicht war Lauda der Vorläufer der modernen Formel 1. Denn inzwischen hat Ecclestone auch diese Freizügigkeit reglementiert. Aus Sicherheitserwägungen erhalten viel weniger Leute Zugang zum Fahrerlager und zu den Boxen. Gar manches Boxenluder hat das Feld räumen müssen.

Eddie Irvine, laut Insidern der letzte der Playboy-Rennfahrer, beschwerte sich: »Von 1985 bis 1994 regierte Senna, danach kam Schumacher. Fünfzehn Jahre Prüderie. Solche Jungens haben überhaupt keine Lust, mal um sich zu schauen. Das halten sie für ein Zeichen von Schwäche und fehlender Professionalität. Man muß heutzutage todlangweilig sein, wenn man für einen Champion gehalten werden will.«

Natürlich gibt es die Damen noch, aber in vielen Fällen tauchen sie nur noch zu Foto-Terminen mit Fahrern, VIPs oder ganz altmodisch auf der Kühlerhaube auf. 1998 hatte Eddie Jordan sogar drei Modelle zu diesem Zweck unter Vertrag. »Wir sind ein dynamisches Rock-'n'-Roll-Team«, meinte Jordan, »und ein Rock-'n'-Roll-Team kann auf schöne Frauen nicht verzichten. Manche Leute behaupten, wir würden vom Rennen ablenken, ich bin der Überzeugung, daß wir genau das Gegenteil erreichen.«

»Seit Adam und Eva gibt es die Sehnsucht nach wohlproportionierten jungen Damen«, philosophierte Jordan weiter, »wir haben einen attraktiven Wagen, dazu gehört auch das Beiwerk.«

Das Beiwerk, das Zubehör, der Blickfang – darum geht es. Frauen in

Intermezzo: der Sinn der Formel 1

tief ausgeschnittenen Kleidern vorzugsweise in der Farbe des Sponsors auf und neben Formel 1-Rennwagen sind in gewissem Sinn die Verdoppelung, die menschliche Übersetzung der Schönheit eines Formel 1-Boliden.

Volksglaube und Legionen von Psychologen mögen immer noch davon ausgehen, daß Autos das Symbol der Männlichkeit sind – noch einmal Stirling Moss: »Der Wagen ist das männliche Glied, das ist doch sonnenklar. Er ist das dynamische Teil, das angreift, die Kurve erobert ...« – in der Welt der modernen Formel 1 verhält es sich anders. Die Formel 1-Boliden strahlen zweifellos eine gewisse Männlichkeit aus, im Motor, im Lärm, in der Leistung, doch das Design, die Kunst, all diese Pferdestärken effektiv auf die Strecke zu bringen, sind absolut weiblich.

Die Beschreibung der aerodynamischen Eleganz eines Formel 1-Autos erfordert fast lyrisch-erotische Begabung. Denn was ist Aerodynamik anderes als das Verführen von Luft? Die Geschmäcker sind verschieden, doch einer der schönsten Wagen aus der Formel 1-Geschichte war der Shadow DN1 aus dem Jahr 1973. Pechschwarz, lang und zierlich, mit flammend fließenden Linien, langen, breiten Flanken, einem sublimen Knick in der Führung des Cockpits und einer großartig betonten Airbox, die im Verein mit dem ansehnlichen Heckflügel das ätherische Fahrzeug fest an die Erde drückte.

Der Shadow DN5 von 1975 war vielleicht noch eindrucksvoller. Wiederum pechschwarz, eine Wespentaille, eine breite, verchromte Vorderradaufhängung, leicht eingeknickt wie ein Schlüsselbein, eine schmale, zart tastende Airbox hoch über dem Motor und dann an der Seite direkt vor den Kühlern der weiß-gelb-orange-rote Farbstreifen, der einen, wenn der Wagen vorbei rauschte, zu atemloser Begeisterung für das Modell hinriß. Der DN7 hatte sogar hinten einen Matra-Zwölfzylinder, was für ein Hintern ... Doch auf der Piste war er ein Reinfall.

Wunderbar war auch der Ferrari 126 CK aus dem Jahr 1981: durchlaufender Frontflügel mit einer winzigen Nase, aus dem das Cockpit unmittelbar aufstieg, die Vorderradaufhängung und dahinter wie ein weicher Bauch die Seitenkästen; ganz hinten ragten zwei kecke Schlitze für die Kühlung der Bremsscheiben hervor. Oder der Jordan 191 von 1991, in wunderbarem Grün und Blau, rundherum pralles straffes Blech, eine kokette Stupsnase und ein göttlicher Knick in der Airbox.

Sind nicht auch beim Stierkampf die Matadore – echte, mutige, begehrte Männer – gekleidet wie anmutige Frauen, mit ihren goldbestickten Jäckchen, den Borten und Rüschen, den Ballettschuhen und als Gipfel dem rosa Trikot? Auch Formel 1-Piloten tragen adrette Overalls und elegante, bunte Schuhe, doch dies ist sozusagen nur ihre Unterkleidung. Senna meinte einmal, daß er in seinen Wagen hineingleite wie in einen Mantel, er zog sich seinen Wagen an.

Und was soll man von all den euphorischen Augenblicken halten, da Mensch und Maschine eins werden? Schon seit Urzeiten ist bekannt, daß solche Erlebnisse einhergehen mit, ja gelenkt werden von einer großen sexuellen Energie. Arie Luyendijk, der erfolgreichste niederländische Rennfahrer, allerdings nicht in der Formel 1, sondern in der amerikanischen IndyCar-Serie – er gewann zweimal die 500 Meilen von Indianapolis und ist in den USA das Sexidol zahlloser Frauen und Männer –, gestand einmal, daß er jedes Mal, wenn er aus der Box fahre, seufze: »Mein Gott, was ist Rennfahren doch geil.«

Niki Lauda hält das alles für Unsinn: »Ich habe allen Grund, Autos zu mögen, fühle mich aber weit weg davon, in den Umgang mit Autos irgendetwas Tiefsinniges hinein zu interpretieren. Es gibt zwar richtig geile Schüsseln, das gebe ich gerne zu, aber das hat weder mit Erotik noch mit verlängertem Ego zu tun. Die alarmierende Schönheit eines Daytona-Hintern oder der Moment, wenn ein Neunelfer anschiebt oder ein 550er-Ferrari einlenkt, sind tolle Erlebnisse mit Maschinen, nicht mehr, nicht weniger.«

Die Show

Laudas Meinung spiegelt die moderne Formel 1 wider: ein nüchternes, auf Resultate ausgerichtetes Geschäft, in dem Werte wie Sportlichkeit, Heroik und Romantik im Grunde lebende Fossilien sind.

Dennoch werden die wahren Heroen noch immer an diesen Werten gemessen, und deshalb ist es in der heutigen Formel 1 wahrscheinlich so schwer, neue Helden hervorzubringen. Als Ende 1997 und Anfang 1998 die Grand-Prix-Siege all zu auffällig untereinander verteilt wurden, protestierte die FIA sofort: der Kampf müsse hart und fair bleiben. Doch die Formel 1 ist immer seltener ein Kampf zwischen Fahrern, sondern mehr und mehr eine Angelegenheit großer Sponsoren, die etwas für ihr gutes Geld verlangen, das heißt: eine ausgeglichene, spannende, gut orchestrierte Show wollen.

Intermezzo: der Sinn der Formel 1

So wie die Corrida ist der Rennsport fast logisch und notwendig aus einer sich erneuernden Kultur entstanden, in diesem Fall aus der motorisierten Kultur des zwanzigsten Jahrhunderts. Doch seitdem Autos Allgemeingut geworden sind und der Rausch der Geschwindigkeit inzwischen auf der Datenautobahn stattfindet, haben sich Funktion und Inhalt des Rennsports verändert.

Der französische Geschwindigkeitsphilosoph Paul Virilio hat es recht radikal ausgedrückt. Das zwanzigste Jahrhundert habe sein eigenes Geschwindigkeitssymbol schon wieder hinter sich gelassen, denn Formel 1-Rennen würden eigentlich nur noch für Fernsehübertragungen, für ein Spektakel veranstaltet, wobei das Rennen auf einen Geschwindigkeitsring reduziert werde. Das Autodrom werde so zu einer Manege, in der Rennwagen ihre Runden drehen wie früher die Zirkuspferde.

Die gleichen Argumente werden immer wieder auch von Gegnern des Stierkampfs ins Feld geführt. Er sei eine seelenlose, sinnentleerte Show geworden, eine grausame Folklore, die nur noch für eine Handvoll gestörter Fanatiker und sensationslüsterner Touristen aufgeführt werde.

So schlimm wird es, was die Formel 1 betrifft, nicht kommen. Die noch junge Tradition, die Verbundenheit mit der motorisierten Kultur und die High-Tech-Aura dieses Sports flößen immer noch genügend Respekt ein. Aber ganz undenkbar ist es nicht, wenn die Mobilität in den nächsten Jahrhunderten sich drastisch ändert, daß die Formel 1 als ein unverstandenes und verketzertes Relikt übrigbleibt, so wie der moderne Stierkampf.

Nürburgring 1975. Niki Lauda ist gerade als erster unter sieben Minuten geblieben. Die alte Nordschleife, 22,8 Kilometer, 89 Links-, 85 Rechtskurven. Lauda braucht 6 Minuten und 58,2 Sekunden, eine Durchschnittsgeschwindigkeit von 196,383 km/h.

Als Lauda aus seinem Ferrari klettert, wird er dem Schriftsteller Peter Handke vorgestellt.

»Waren Sie schon einmal bei einem Autorennen?« fragt Lauda.

Handke schüttelt den Kopf. »Ich habe nicht einmal einen Führerschein.«

Lauda führt den Schriftsteller herum, berichtet ihm von seinen Erfahrungen, was bei einem Rennen vor sich geht. Schließlich fragt er: »Worauf führen *Sie* diese Faszination zurück?« Handke guckt auf seinen Bleistift. »Vielleicht suchen all diese Menschen eine verlorene Religion.«

… Teil 4 – Großmächte

Ferrari versus McLaren: 1998–2000

Es ist wieder soweit. Zandvoort, 6. August 2000. Feststimmung. Die Fahnen wehen im milden Seewind: Ferrari, Jos the Boss, West-Mercedes, Ferrari, Ferrari. Eine bunte Prozession von Fans zieht zur Rennstrecke in den Dünen. Und diesmal bin ich nicht mehr allein. Zum ersten Mal ist mein Sohn dabei. Er ist sechs Jahre alt. »Es sind ja fast nur Jungens hier!« meint er überrascht. 60000 werden es sein, die zum zehnten Marlboro Masters herbeigeströmt sind. Natürlich wollen sie die Dutch Touring Car Championship, die Formel Ford 2000 und das Formel 3-Rennen erleben, aber was sie vor allem hergelockt hat, sind die zehn, elf Runden des Formel 1-Boliden. Letztes Jahr konnte man schon Ferraris bewundern, aber heute wird einer der besten Fahrer der heutigen Generation am Steuer eines Rennautos aus Maranello sitzen: Michael Schumacher. Und das muß man einfach erlebt haben.

Mein Sohn springt vor mir her. Wir kommen zu den Buden, er weiß schon längst, was er will: die V-Kappe, die rote Schirmmütze mit dem Logo der »Deutschen Vermögensberatung«, die Schumacher bei Interviews und Pressekonferenzen trägt. Dafür wird es aber auch Zeit, denn Schumacher verdient bei Ferrari ein Vermögen. Betrug seine Jahresgage 1996 noch 25 Millionen Dollar pro Jahr, so verlängerte Schumacher seinen Vertrag bis 2002 für sage und schreibe 40 Millionen Dollar. »Für einen Sieg zahlt man nie zu viel«, verkündete Enzo Ferrari einmal, aber ob der Commendatore dabei an solche astronomischen Summen dachte ... Und dann schon so lange ohne Erfolg. Denn Schumacher mag bereits 21 Siege für Ferrari eingefahren haben – der eine noch glänzender als der andere –, der Titel ist ihm bereits drei Mal durch die Finger geschlüpft, und auch dieses Jahr droht eine Enttäuschung. Deshalb will mein Sohn eine V-Kappe, damit das Blatt sich wendet, und deshalb bin ich fest entschlossen, auch wenn es mich ein Vermögen kostet, ihm eine solche Mütze zu kaufen.

Mythos versus Firma

Nachdem sich Schumacher 1996 und 1997 dem Williams-Team geschlagen geben mußte, hatte er es in den folgenden Jahren mit McLaren aufzunehmen. Drei Saisons lang entwickelte sich der Kampf um den Weltmeistertitel zu einem nervenaufreibenden Zweikampf zwischen den beiden Gegenpolen in der Formel 1, was Charakter, Technik, Budget und Tradition betrifft: dem Zweikampf zwischen McLaren und Ferrari, zwischen Mika Häkkinen und Michael Schumacher.

Beide Rennställe waren am Ende des zwanzigsten Jahrhunderts die Großmächte auf der Piste. Beide Rennställe verfügten über einen riesigen Etat von rund 250 Millionen Mark. Williams, die Nummer drei, brachte es auf 180 Millionen, Minardi am unteren Ende der Leiter mußte mit etwa 30 Millionen auskommen. Groß waren Ferrari und McLaren auch im Erfolg. In den drei Saisons heimsten die beiden Teams 45 der 49 möglichen Grand-Prix-Siege ein, über drei Viertel der Podiumsplätze und etwa siebzig Prozent der Gesamtpunktzahl. Auch in der Motorsportgeschichte sind sie eine Klasse für sich. Auf dem Kurs von Sepang beim letzten Rennen der Saison 2000 ging Ferrari zum 636. Mal an den Start eines Formel 1-Rennens. Die Scuderia gewann insgesamt 135 Mal. McLaren erlebte seinen 509. Grand Prix, von denen es 130 gewonnen hat. Die Erfolgsbilanz von Williams betrug 103 Siege von 428 Grand Prix.

Ferrari und McLaren sind die beiden Gegenpole in der Formel 1-Geschichte. Mit seiner ehrwürdigen Tradition stellt Ferrari für viele das Herz der Formel 1 dar. Ferrari ist ein Mythos. Auch demjenigen, dem der Rennsport ein Buch mit sieben Siegeln ist, ist der Name Ferrari ein Begriff.

Der Mythos beginnt mit dem Commendatore selbst. Enzo Ferrari hatte als einfacher Mechaniker bei Alfa Romeo angefangen. 1937 gründete er seine eigene Rennabteilung, und 1946 begann er mit einem eigenen Team, der Scuderia Ferrari. Maranello, das Mekka für jeden Formel 1-Freak, war ein typisch italienisches Wespennest voller Intrigen und Ränkespiele. In seinem abgedunkelten Arbeitszimmer, in der vor dem Bild seines jung verstorbenen Sohns Dino immer eine Kerze brannte, empfing Enzo Ferrari bis ins hohe Alter seine Auserkorenen, um sie nach kurzem Palaver über Salär und Kontrakte dem Mythos einzuverleiben. Nicht selten trug er dann Jahre später ihre Porträts in ein Nebenzimmer, wenn sie in einem seiner Rennautos verunglückt waren. Ein trauriges Mausoleum: Ascari, Carini, Castelotti, Musso, Collins, von Trips, Bandini, Giunti, Villeneuve ...

Jeder Rennfahrer träumt davon, einmal für Ferrari zu fahren. »Mit keinem Auto ist das Siegen schöner«, weiß Berger. Auch Senna geriet 1987 in Versuchung, aber er stellte zu hohe Forderungen. »Senna und Ferrari ist eine verbotene Liebe«, brummte der alte Enzo. Senna wußte, wie viel es ihn kosten würde, den lahmenden Rennstall wieder auf die Beine zu bringen, er ging lieber zu McLaren.

Der Mythos wankte. 1979 hatte Jody Scheckter zum letzten Mal den Weltmeistertitel für Ferrari geholt. Alboreto und Berger fuhren zwar Siege ein, zu einem Titel reichte es jedoch nicht. Ferrari blieb hinter den weitsichtigen Strategen von McLaren und Williams zurück und verschlief die technische Entwicklung. Für kurze Zeit ließen Mansell und Prost die vergangene Glorie wieder aufleben. Prost hatte in der Saison 1990 sogar Aussicht auf die Weltmeisterschaft, bis ihn in Japan Senna – in einem McLaren – von der Piste schoß.

Nach dem Tod des Commendatore ging ein Großteil von Ferrari in die Hände von FIAT über. Im Team-Management ging es drunter und drüber, bis schließlich Luca di Montezemolo Ferrari-Chef wurde, der in der Ära Niki Lauda Rennleiter gewesen war. Er holte Lauda als Berater zurück, verpflichtete Jean Todt als Sportdirektor, und allmählich fing auch Ferrari an, sich zu einem modernen High-Tech-Team zu entwickeln. Mehr Business, weniger Mythos. Alesi mußte Schumacher das Feld räumen, dessen Salär ein Vielfaches von dem betrug, was Senna einst verlangt hatte. Der Commendatore hätte dies wahrscheinlich nie geduldet. 1997 wechselte Marlboro als Sponsor von McLaren zu Ferrari – ein Sponsor, der nichts mit dem Autorennsport zu tun hatte. Enzo Ferrari hätte sich im Grab umgedreht. Doch mit dem Geld wurden auf Drängen Schumachers die Konstrukteure Ross Brawn und Rory Byrne von Benetton weggelockt. Mit der Troika Todt-Brawn-Schumacher war Ferrari endgültig der neuen Sachlichkeit verfallen.

»Lange Zeit«, schreibt Berger in seinen Erinnerungen, »war Ferrari von beidem etwas: der süße Wahnsinn, der uns antörnt, und zugleich der klinisch-nüchterne Zugang zur ausgereiztesten Technologie ihrer Zeit.« Doch die Entwicklung war nicht rückgängig zu machen, nur die Krönung ließ auf sich warten. Und ein Titel war absolut notwendig, sollte der Mythos in seiner neuen Gestalt überleben.

Wie anders und trotzdem vergleichbar ist die Geschichte von McLaren.

Wenn Ferrari das Herz der Formel 1 ist, dann ist McLaren ihr Gehirn. Kein Mythos, sondern eine Firma. Die Pionierzeit, in der Nuvolari und Fangio im Polohemd das Bild des Rennsports bestimmten, hat McLaren nicht mitgemacht. Der Neuseeländer Bruce McLaren, selbst aktiver Rennfahrer, gründete 1963 den Rennstall und baute 1966 sein erstes Formel 1-Auto. Leider war er auch der erste, glücklicherweise aber bisher einzige, der in einem McLaren tödlich verunglückte. Am 2. Juni 1970 flog Bruce McLaren bei Testfahrten auf dem englischen Kurs Goodwood in einem neuen Can-Am-Wagen gegen ein Streckenposten-Häuschen, nachdem sich wahrscheinlich ein Teil der Heckverkleidung gelöst hatte. Zum Zeitpunkt des Unfalls befand er sich mutterseelenallein auf der Strecke.

McLarens rechte Hand Teddy Mayer führte die Geschäfte weiter und war Mitte der siebziger Jahre mit Fittipaldi und Hunt erfolgreich. Doch mit der Einführung des Flügelwagens und der Turbo-Autos geriet McLaren ins Hintertreffen, bis zu dem Zeitpunkt, da Ron Dennis das Heft in die Hand nahm.

Ron Dennis begann genauso wie Enzo Ferrari als Bastler. Bei Brabham war er noch der Mechaniker von Jochen Rindt gewesen. Doch im Unterschied zu Enzo Ferrari, der stolz auf seinen Ehrentitel »Il Ingegnere« war, will Dennis an jene Zeit nicht mehr erinnert werden. Für Dennis zählt nur der Sieg, das Prestige, der Status. Der Marmorfußboden, den er 1998 bei verschiedenen Grand Prix in der Box auslegen ließ, spricht Bände.

Ron Dennis kehrte mit eisernem Besen, drängte Teddy Mayer aus dem Team, gab seinem sympathischen Formel 1-Piloten John Watson den Laufpaß und startete eine unvergleichliche Erfolgsserie. Zunächst mit Lauda, Porsche und Prost. Das Geld kam hauptsächlich von Marlboro und von TAG, der Elektronikfirma des arabischen Multimillionärs Mansour Ojjeh, dem Großaktionär des Teams. Auf Porsche und Lauda folgten Honda und Ayrton Senna. Viermal in Folge gewann McLaren die Weltmeisterschaft.

Perfektionismus, Erfolg und Sachlichkeit, das ist das Image von McLaren. Es wurde zum neuen Standard in der Formel 1. An Geld war kein Mangel: Bei ihren berühmten, harten Vertragsverhandlungen warfen Dennis und Senna einmal eine Münze, um über eine halbe Million zu entscheiden. Dennis: »Unsere Partnerschaft ist zu wichtig, als daß wir sie durch so etwas Nebensächliches wie Geld aufs Spiel setzen dürften.«

Doch als Honda die Formel 1 verließ, brachen magere Jahre an. McLaren mußte sich auf die Suche nach einem neuen, zuverlässigen

Motorenlieferanten machen, seit der Turbo-Ära die wichtigste Voraussetzung für einen Erfolg. Senna, verwöhnt und ungeduldig, wechselte zu Williams, weil er nur in einem Wagen fahren wollte, mit dem er den Titel holen konnte. Eine schmerzliche Trennung, die Ron Dennis jedoch verständnisvoll kommentierte: »Ich verstehe Ayrton besser als wer auch immer. Natürlich kann man sentimental über Loyalität und die gute alte Zeit reden, aber so ist das Geschäft. Es geht ums Siegen. Und Siegen bedeutet alles für Ayrton.«

Mit Ford und Peugeot machte McLaren eine Krise durch. Erst die Zusammenarbeit 1995 mit Mercedes-Benz versprach bessere Zeiten. Allerdings nicht mit Nigel Mansell. Das Comeback des »Löwen« scheiterte an einem zu eng konstruierten Cockpit! Mansell und McLaren: eine gleichermaßen verbotene Liebe wie die zwischen Senna und Ferrari.

Mit Mercedes und dem loyalen Häkkinen fand McLaren langsam den Weg zurück zur Spitze, wenn sich auch Sponsor Marlboro Ende 1996 Richtung Ferrari verabschiedete. Eine günstige Gelegenheit, die Boliden silbergrau zu lackieren wie die legendären Silberpfeile von Mercedes, die in den frühen fünfziger Jahren so unbesiegbar waren. 1997 stellten sich die ersten Siege ein, im Jahr darauf war McLaren wieder ein seriöser Titelanwärter mit zwei potentiellen Titelkandidaten.

Mika Häkkinen und David Coulthard waren 1998 bereits im dritten Jahr Teamkollegen, und sie sollten es über das Jahr 2000 hinaus bleiben, länger als je ein Gespann in der Formel 1-Geschichte. Beim Auftakt in Melbourne waren die Silberpfeile im Qualifikationstraining so überlegen, daß die McLaren-Piloten auf Drängen der Teamleitung eine Absprache trafen: Wer zuerst um die erste Kurve fährt, der darf auch gewinnen. Eine riskante Vereinbarung, wie die Geschichte lehrt. Doch als exzellenter Starter meinte Coulthard, sich auf das Risiko einlassen zu können. Doch es war Häkkinen, der den besten Start erwischte. »Wir standen zu lange still, ich wurde etwas zu ungeduldig«, meinte Coulthard später. Und so ging Häkkinen als erster durch die Kurve. Mitte des Rennens rief das Team Häkkinen aus Versehen an die Box, wodurch nun Coulthard an der Spitze lag. Ron Dennis erinnerte ihn per Funk an die Verabredung. Loyal ließ der Schotte den Finnen vorbei. Zweimal hintereinander hatte Häkkinen auf Anweisung von Dennis den Sieg geschenkt bekommen.

Publikum, Medien und Rennleitung murrten: Man habe ein Anrecht auf einen fairen Wettkampf. Erschrocken sprach sich die FIA sogar gegen die Stallorder aus. Unsinnig, wenn man bedenkt, daß Teamstrategie und Stallorder so alt wie der Rennsport selbst sind. 1959 übergab der junge Ferrari-Pilot Peter Collins, der selbst noch Chancen auf den Titel hatte, in Monza seinem Teamkollegen Fangio seinen Wagen, als dieser nach einem Defekt ausgeschieden war. Fangio belegte noch den zweiten Platz und wurde Weltmeister. Seine Zeit komme noch, meinte Collins. Zwei Jahre später verunglückte er tödlich auf dem Nürburgring, ohne je Weltmeister geworden zu sein.

Noblesse lohnt sich nicht in der Formel 1. Coulthards Fairneß war denn auch der Anfang seines Endes. Er ist ohne Zweifel einer der Allerschnellsten unter den Formel 1-Piloten, einer der Elegantesten, aber ihm fehlt das letzte Quäntchen Siegeswillen. Das belegt auch seine Unbeständigkeit. In dem einen Rennen ist er uneinholbar, im anderen nahezu unsichtbar. Er besitzt nicht das Temperament, immer die Nummer eins sein zu wollen. Coulthard ist ein phantastischer Fahrer, aber die Stallorder von Ron Dennis in Jerez und Melbourne hat den Sieger in ihm im Keim erstickt.

Mika Häkkinen: Ein Naturtalent

»Es gibt bei uns nur eine Stallorder, wenn es nötig ist«, meint Ron Dennis, gibt aber zu, daß seine Beziehung zu Häkkinen enger ist als die zu Coulthard, »wegen Mikas Treue, die er uns auch in den mageren Jahren gehalten hat, und natürlich wegen seines fast tödlichen Unfalls in Adelaide.«

Häkkinen und McLaren wuchsen in diesem Jahr fast so eng zusammen wie McLaren und Senna zehn Jahre zuvor. Doch ansonsten gibt es kaum Ähnlichkeiten zwischen beiden Fahrern. Senna verrückte Grenzen in der Formel 1, Häkkinen nicht. Häkkinen ist das Beispiel eines Naturtalents gleichsam im Rohzustand. Seine Lebensgeschichte ist ein Beweis dafür.

Als Fünfjähriger saß Mika bereits in einem Go-Kart, überschlug sich zwar schon in der ersten Runde, war aber trotzdem versessen darauf, weiterzumachen. Vater Häkkinen mußte in den Wochenenden als Taxifahrer hinzuverdienen, um Mikas Kart-Abenteuer finanzieren zu können. Die Meisterschaften ließen nicht lange auf sich warten. 1987 beeindruckte er bei einem Marlboro-Talentsichtungs-Test in Donington auch Ron Dennis. Seine Konkurrenten waren unter anderem Eddie Irvine, Mark Blundell, Jean Alesi, Gianni Morbidelli, Roland Ratzenberger und Martin Donnelly. Zur Belohnung durfte Häkkinen 1988 an der Opel-Lotus-Meisterschaft teilnehmen, und er gewann.

Im Jahr darauf fuhr er in der Formel 3, der ersten Rennklasse, in der man seinen Verstand gebrauchen muß, und zum ersten Mal wurde Häkkinen nicht Meister.

Dennoch erkannten alle Fachleute sein außergewöhnliches Talent. Man verglich ihn mit Ronnie Peterson: »In einem guten Wagen ist Mika äußerst schnell, er ist jedoch nicht in der Lage, die Gründe dafür zu erfassen. Wie Peterson will er es zwar wissen, aber ihm fehlen die technischen Kenntnisse, um die unzähligen Details zu analysieren.«

Im folgenden Jahr wurde Häkkinen, mit einem besseren Wagen, zwar Meister, aber die Geschichten, die man sich über ihn erzählt, sind nicht ohne. Sein Teamchef Dick Bennets, durch seine Jahre mit Senna etwas verwöhnt, bat Häkkinen einmal, nachdem dieser im Training die schnellste Runde gefahren war, seine Eindrücke auf einer Übersicht des Kurses zu notieren. Hier habe ich untersteuert, dort übersteuert usw. »Nach einer Viertelstunde kam ich zurück. Nichts. Er sah den Sinn nicht ein. Er war doch der Schnellste, warum dann die ganze Mühe?«

1990 fuhr Häkkinen in Silverstone zum ersten Mal in einem Formel 1-Auto, einem Benetton. »Ich war absolut nicht nervös. Ich war zufrieden. Endlich war ich in einem Rennwagen, der sich wie ein richtig schneller Wagen verhielt. Man brauchte schnelle Reaktionen, mußte spät bremsen und erst später in die Kurven einlenken. All das gab es hier, und genau das brauchte ich. Davon hatte ich so lange geträumt. Jetzt war der Traum Wirklichkeit geworden. Ich wollte so schnell fahren wie noch nie jemand vor mir.«

Nach zwei Lehrjahren bei Lotus ging Häkkinen aufs Ganze: Er wurde Testfahrer bei McLaren. Kurz sah es danach aus, als hätte er sich selbst aufs Abstellgleis manövriert, doch als Michael Andretti desillusioniert nach Amerika zurückflog, kam Häkkinens große Chance. Für die drei letzten Rennen der Saison durfte er sich als zweiter Mann hinter Senna versuchen, und prompt qualifizierte er sich in Portugal vor seinem großen Teamkollegen. »Er konnte es nicht ausstehen«, erinnert sich der Finne, »er studierte die ausgedruckten Telemetrie-Daten und konnte nicht verstehen, warum dieser Häkkinen an einigen Stellen schneller gewesen war.«

Häkkinen war die große Sensation, wenn er auch im Rennen selbst ausschied. »Es wäre nichts passiert, wenn da nicht ein Loch im Gras gewesen wäre.«

Langsam aber sicher arbeitete sich Häkkinen mit McLaren und Mercedes an die Spitze. Bis Adelaide 1995. Beim Freitagstraining vor dem Großen Preis von Australien kam sein McLaren auf der Geraden vor der »Brewery Bend« durch einen Defekt des linken Hinterrades bei Tempo 250 km/h von der Strecke, flog durch die Luft und krachte gegen einen Reifenstapel. Häkkinens Helm schlug so hart auf das Lenkrad, daß es brach, sein Kopf wurde einige Male hin und her geschleudert, dann fiel er zur Seite.

Rasche Hilfe rettete Häkkinen das Leben. Ärzte und Sanitäter hoben ihn vorsichtig aus dem Wrack. Durch den Aufprall hatte Häkkinen sich vollkommen verkrampft, er hielt den Mund fest geschlossen, die Luftröhre war voll Blut. Durch einen Luftröhrenschnitt und das Einführen einer Röhre konnte er rechtzeitig wieder mit Sauerstoff versorgt werden, so daß Hirnschädigungen verhindert werden konnten.

Häkkinen hatte Glück gehabt. Er kam mit äußeren Kopfverletzungen davon. Seine Genesung dauerte Monate, aber an einem kalten Februartag stieg er wieder ins Cockpit. »Bevor ich in den Wagen stieg, war ich ziemlich entspannt. Dann merkte ich, daß die Mechaniker um den Wagen herumstanden und es absolut still war. Das ist ziemlich ungewöhnlich, weil meistens immer irgendetwas in der Formel 1 passiert. Doch es war absolut still. Ich setzte meinen Helm auf, zog die Handschuhe an und wurde ein wenig nervös. Als ich in den Wagen stieg und die Gurte straff zog, dachte ich an das, was passiert war. Nervosität ist nicht das richtige Wort. Ich konnte meine Gefühle nicht richtig ordnen. Als der Motor ansprang, klang es großartig. Ich legte den ersten Gang ein, fuhr aus der Boxengasse, und alles änderte sich auf einmal. Es war phantastisch. Das Geräusch des Wagens war toll. Der Wagen fühlte sich gut an, und ich hatte alles im Griff. Ich hatte Spaß, ich liebte es und fühlte mich absolut nicht mehr ängstlich.«

Als wäre nichts geschehen, stand Häkkinen 1996 beim ersten Rennen der neuen Saison in Melbourne wieder am Start. »Der Unfall hat meine Ansicht über das Rennfahren nicht geändert.« 1996 war das Jahr des Aufbaus. In der Saison 1997 sollte die Ernte eingefahren werden. Als Coulthard den Auftakt in Melbourne gewann, freute Häkkinen sich noch mehr über den Sieg als der Schotte selbst. Er stürzte sich auf ihn, hob ihn hoch und vollführte einen etwas mühsamen Tanz. Dieses in der Formel 1 durchaus unorthodoxe Verhalten verschaffte ihm viele Fans. Er hat etwas Menschliches, das viele anspricht.

Gleichermaßen menschlich wie einnehmend war Häkkinens Pechsträhne in der Saison 1997. In Silverstone, auf dem A1-Ring und dem Nürburgring schien Häkkinen einem ungefährdeten Sieg entgegenzufahren, doch jedesmal ließ ihn die Technik im Stich. Schwarzseher verglichen den Finnen bereits mit Chris Amon, dem legendären Pechvogel aus den sechziger und siebziger Jahren, der in zahllosen Rennen an der Spitze lag, jedoch nie einen Grand Prix gewann. Doch sehr viel Pech sei auf die Dauer kein Pech mehr, meinte Niki Lauda: »Es gibt kein Glück. Pech gibt es auch nicht. Es gibt weder Pech noch Glück. Ich kann zweimal *Glück* und zweimal *Pech* haben, aber dreimal schon nicht mehr. Dann macht man etwas falsch.«

Dieses typische Lauda-Axiom deckt Häkkinens Schwäche auf. 1998 hatte der Finne zweimal Pech: in San Marino und in Kanada gab das Getriebe den Geist auf. Beim dritten Mal war es jedoch kein Pech mehr. Während Schumacher in Ungarn den beiden McLaren mit einer ausgefuchsten Tankstop-Strategie den Schneid abkaufte, hatte Häkkinen auf einmal Probleme mit der Steuerung. Der Stabilisator war gebrochen. Pech? Senna, berichtete Berger, »drehte einen Stabi zehnmal hin und her, bevor er ihn einbauen ließ«. Kein Pech.

Die zweite Saisonhälfte 1998 machte auf eklatante Weise deutlich, wie viel McLaren in seinen goldenen Jahren dem Perfektionismus eines Senna zu verdanken hatte. In Monza fiel Häkkinen mit einem rätselhaften Problem zurück: eine falsche Spannung in dem ersten Satz Reifen hatte die Bremsen überstrapaziert, die letzten Runden fuhr Häkkinen ohne Bremskraft in den Vorderrädern, und das auf dem Kurs von Monza mit seinen Schikanen und Abschnitten, wo Spitzengeschwindigkeiten von um die 350 km/h erreicht werden. Mit seinem Naturtalent rettete Häkkinen zwar noch einen vierten Platz, Senna hätte es jedoch nie so weit kommen lassen. Die mangelnde Zuverlässigkeit könne McLaren durchaus den Titel kosten, sinnierte Ron Dennis. Doch Häkkinen machte sich keine Sorgen: »Zuverlässigkeit ist eines der Dinge, über die man sich keine Gedanken machen sollte. Wenn etwas schief geht, geht es halt schief. Sollen sich andere damit abquälen.«

Genau wegen dieser lakonischen Einstellung, die einem Naturtalent eigen ist, wird Häkkinen sich nie unter die Lauda, Prost, Senna, Schumacher einreihen. Sie macht ihn zwar zu einem liebenswerten Menschen, nicht aber zu einem legendären Rennfahrer.

Unter Druck: Schumacher und Häkkinen

Häkkinens Erfolg war vor allem der Erfolg von McLaren. Bei Schumacher und Ferrari verhielt es sich genau umgekehrt. Auch dies hätte der alte Enzo nie toleriert. »Wenn Schumacher nicht Weltmeister wird, liegt es an uns«, meinten Ross Brawn und Jean Todt jedoch. Der Druck war groß. Nach dem Grand Prix von Monaco 1998 hatte Häkkinen in der WM-Wertung einen Vorsprung von 22 Punkten. Nicht zu übersehen war auch, daß McLaren über den schnelleren Wagen verfügte. Doch »Schumacher ist noch gefährlich, wenn er in einem Kinderwagen sitzt«, wußte Frank Williams aus eigener Erfahrung. Und Schumacher konterte mit drei Siegen in Folge, am Limit und drüber fahrend, aber nicht ohne Karambolagen und Kontroversen.

In Argentinien bugsierte Schumacher Coulthard bei einem zweifelhaften Überholmanöver von der Piste, in Kanada ließ er beim Verlassen der Boxengasse dem heranrasenden Frentzen nur den Ausweg ins Kiesbett. »Wenn ich ihn behindert habe, tut mir das aufrichtig leid«, lautete sein Understatement des Jahres. Die Presse prägte einen neuen Ehrentitel: der rote Baron. In England brachte Schumacher das Kunststück fertig, eine Stop-and-go-Strafe nach der letzten Runde in der Boxengasse abzusitzen! Der Kampf um den Titel blieb offen. Auch unter Belastung einen kühlen Kopf zu bewahren, sei nun gerade Schumachers Stärke, hieß es. Aber stimmte das? Oder beging Schumacher nicht vielmehr doch einige Fehler, die ihn am Ende der Saison den Titel gekostet haben?

In Monaco verschenkte er sechs Punkte. An dritter Stelle liegend attackierte er Alexander Wurz, obwohl dieser noch an die Box mußte. Rad an Rad schossen sie durch die Loews-Kurve und hinunter zur Rechtskurve Portier, Wurz auf der Innenseite – kurz berührten sich die Wagen –, Wurz fuhr eine zu weite Linie, Schumacher schlüpfte vorbei – wieder eine Berührung. Brillant, aber unnötig. Mit einer verbogenen Spurstange mußte Schumacher an die Boxen. »Ein ganz normaler Rennunfall«, meinte er, »ich mache Alexander keine Vorwürfe.« Vorwürfe hagelte es allerdings nach einer ähnlichen Fehlkalkulation beim spektakulärsten Rennen des Jahres, dem Großen Preis von Belgien in Spa-Francorchamps. Regen, Gischt und Nebel wie üblich. Im Jahr zuvor war das Rennen unter ähnlichen Verhältnissen hinter einem Safety-Car gestartet worden. Schumacher hatte auf Intermediates, Regenreifen mit wenig Profil, das Rennen gewonnen. Diesmal hatten alle Intermediates aufziehen lassen, die Rennleitung verzichtete jedoch auf eine Safety-Car-Phase, eine falsche Entscheidung, wie sich herausstellen sollte.

Häkkinen, Schumacher und Villeneuve kommen gut weg und biegen als erste in die La-Source-Haarnadelkurve ein, wonach es hinuntergeht zur Eau-Rouge-Kurve. Hinter ihnen kommt es jedoch zu einer Massenkarambolage, in die zwölf Wagen verwickelt sind. Nur eine Handvoll Fahrer kommt mit heiler Haut davon. Vielleicht hat es in der La-Source-Kurve angefangen, als Irvine und Coulthard einander touchieren, der Schotte zwar weiterfahren kann, jedoch weit hinausgetragen wird und sich dann im leichten Knick vor der Senke dreht. Der McLaren schießt schräg über die Piste, schlägt gegen die Mauer und wird zurückgeschleudert.

Wurz, Barrichello und Diniz führen eine Art Rugby-Scrum aus. Trulli gesellt sich zu ihnen, jemand fährt auf Johnny Herbert auf und bringt seinen Sauber zum Kreiseln. Salo schiebt Irvine gegen Coulthards McLaren. Panis und Takagi rutschen vereint in den Blechhaufen, und schließlich kollidiert Rosset noch mit Panis und Barrichello. Chassisteile fliegen durch die Luft, Räder und Flügel. Wie durch ein Wunder wird niemand verletzt. Die Benzinleitungen schließen sich vorschriftsmäßig; der ganze Schrotthaufen rutscht hilflos hinab, übers Gras oder gegen die Leitplanken. Zehn Sekunden hat es gedauert, aus dem Nebel taucht mit Blinklichtern der Mercedes von Professor Sid Watkins auf. Die rote Flagge wird geschwenkt.

Keine Verletzungen – Kohlefaser-Chassis, Billard-Situation. Einige Fahrer rennen bereits zu den Boxen und ihren Reserve-Autos. Barrichello hält sich den Ellbogen. »Vor zwanzig Jahren«, meint Wurz, »hätte man für den Neustart elf neue Fahrer gebraucht.«

Mit zwölf beschädigten Autos ist Spa 1998 die größte Massenkollision in der Formel 1-Geschichte. 1978 in Monza, 1987 in Zeltweg und 1994 auf dem Hockenheimring waren zehn Wagen auf der Strecke geblieben. »Wie geht es?« fragt Salo Coulthard. »Prima, alles o. k.«, antwortet der Schotte. Erst hinterher gesteht er, minutenlang nicht gewußt zu haben, auf welcher Rennstrecke er sich befand.

Beim Neustart schlüpft der Jordan von Damon Hill zwischen den beiden McLaren hindurch und steuert als erster die La-Source-Kurve an. Häkkinen und Schumacher folgen, Coulthard fällt zurück. Häkkinen fährt innen, läßt aber nur wenig Platz für Schumacher, der kein Haarbreit nachgibt, die Räder verhaken sich, und in dem Moment gibt Schumacher Gas. Das rechte Hinterrad des Ferrari touchiert den linken Vorderreifen des McLaren, der sich sofort um seine eigene Achse dreht. Im gleichen Augenblick kommt das restliche Fahrerfeld aus der Haarnadelkurve herausgeschossen. Rechts ist eine Lücke, aber nicht für alle. Herbert befreit Häkkinens McLaren von seinem linken Vorderrad. Aus für Häkkinen.

Ron Dennis ist außer sich. »Ich will nicht Öl ins Feuer gießen, aber alle konnten sehen, was passiert ist.« Dennis unterstellt Schumacher Absicht. Ross Brawn verteidigt seinen Fahrer: »Häkkinen tat sicher nicht alles, um innen zu bleiben, er versuchte, Schumacher gegen die Mauer zu drücken. McLaren wußte, daß es für sie schwierig werden würde, wir waren schneller. Aber es ist schief gegangen, wer andern eine Grube gräbt ...«

Hill liegt acht Runden lang in Führung, dann reicht es Schumacher. Deutlich schneller segelt er durch die Blanchimont-Kurve, setzt seinen Ferrari selbstbewußt neben den Jordan und bremst gerade genug, um schnell, aber tadellos durch die Bus-Stop-Schikane an Hill vorbeizuziehen.

Der Regen nimmt zu. Irvine dreht sich, Coulthard muß nach einer Kollision mit Wurz aufs Gras ausweichen und fährt ohne eine Chance hinterher. Ein Fahrer nach dem anderen kommt an die Boxen, um auf Regenreifen zu wechseln.

Schumacher liegt unangefochten an der Spitze. Regen, Spa, der Ausfall von Häkkinen, Coulthard zurückgefallen – alles sieht günstig aus für Schumacher. Durch die zehn Punkte würde er sogar die Führung in der WM-Wertung übernehmen.

Die 25. Runde. Schumacher schickt sich an, Coulthard zu überrunden, der es langsam angehen läßt, die Situation für zu gefährlich hält und über Funk um den Einsatz des Safety-Car gebeten hat. Schumacher jedoch läßt es nicht ruhig angehen, und das ist sein Fehler.

Auf der Kemmel-Geraden hat er Coulthard im Visier, sie fahren durch Les Combes, Malmédy, der Ferrari nähert sich. Schumacher schüttelt die Faust und erklärt später: »Coulthard fuhr auf einmal erheblich langsamer. Er wartete auf mich.«

Coulthard: »Das Team hatte mir mitgeteilt, daß er im Anmarsch sei und daß ich ihn einfach vorbeilassen sollte. Ich bin nicht von meiner Linie abgewichen. Ich winkte nicht, ich bremste auch nicht. Die Stewards können unsere Telemetrie-Daten überprüfen. Ferrari kann zwar behaupten, wir hätten das und das getan, aber das ist völliger Unsinn.«

Nach der Rivage-Haarnadelkurve ist Schumachers Sicht knapp hinter Coulthard gering, oder besser: gleich null. Wie Schemen rasen die Wagen durch den Nebel hinab zur Linksbiegung Pouhon. Coulthard hält sich ganz rechts. »Ich beschleunigte, aber nicht mit Vollgas. Ich erwartete, daß er mich in Pouhon überholen, nicht daß er auf mich auffahren würde.«

Der Aufprall ist hart. Schumacher fährt glücklicherweise nicht über den Hinterreifen des McLaren, wie es Pironi in Hockenheim 1982 bei Alain Prost getan hatte, doch das rechte Vorderrad hat sich gelöst, die Aufhängung ist beschädigt. Aus für Schumacher, oder nicht? Auf drei Rädern rast er weiter, ganz im Stil von Gilles Villeneuve. Wütend hämmert er aufs Lenkrad.

In der Boxengasse ist alles in heller Aufregung, als der Deutsche und hinter ihm der verdatterte Coulthard herankommen. Beide Wagen biegen sofort in die Garage ein. Schumacher springt aus dem Cockpit, und man ahnt, was kommen wird. Vor Wut schäumend rennt er, den Helm noch in der Hand, zum McLaren-Lager. Ein Ferrari-Mitarbeiter versucht ihn aufzuhalten, Schumacher stößt ihn zur Seite.

Coulthard steht in der Garage, umringt von Mechanikern. 1987 kam es hier in Spa zwischen Mansell und Senna beinahe zu einem Handgemenge. »Wolltest Du mich verdammt nochmal umbringen?« schreit er dem Schotten zu, bevor ihn seine Crew zurückreißt. Neben dem stoischen Jean Todt marschiert er zur Ferrari-Box zurück. »Wir waren dabei, die Führung in der WM-Wertung zu übernehmen«, erklärte Schumacher später. »Wir waren heute die Schnellsten. Daß ein Formel 1-Pilot bei Tempo 200 vom Gas geht, finde ich bedenklich. So etwas macht man nicht. Ich hatte überhaupt nicht die Absicht, ihn da zu überholen. Ich kann nur annehmen, daß er mit Absicht bremste.«

Coulthard: »Schumachers Verhalten ist bedenklich. Es ist nicht das erste Mal, daß er in einen solchen Vorfall verwickelt ist. Ich würde nie einen Gegner absichtlich gefährden, geschweige denn ermorden. Schumachers Verhalten in der Box ist unakzeptabel, widerlich. Mir Absicht zu unterstellen, zeugt von Paranoia. Er sollte sich schleunigst Hilfe suchen, um sich beherrschen zu lernen.«

Außenstehende ergreifen Partei für Coulthard, den fairen Sportsmann. Schumacher habe, obwohl er souverän in Führung lag und Häkkinen ausgefallen war, einfach zu viel riskiert, zehn Punkte verschenkt.

Nur Eddie Irvine verteidigt Schumacher: »Wenn Michael jedes Mal bei schlechten Sichtverhältnissen vom Gas gehen würde, würde er nicht an der Spitze, sondern hinterher fahren.« Aber an Absicht seitens Coulthard glaubt auch Irivine nicht: »Das ist nicht seine Art. Kein einziger Rennfahrer würde übrigens so etwas machen.« Kein einziger? Irvine hat die Vergangenheit seines Teamkollegen vergessen. Damon Hill nicht: »Einem anderen die Schuld zu geben, ist eine Taktik, die Schumacher schon öfter angewandt hat, wenn er einen Fehler gemacht hat. Er zeigt auf den Unschuldigen, um von seinem eigenen Versagen abzulenken.«

Hill! Plötzlich liegt Hill wieder in Führung. Und an der Box traut Eddie Jordan seinen Augen nicht, denn hinter Hill fährt der zweite Jordan mit Ralf Schumacher! In den letzten enervierenden Runden befürchtet nicht nur der abgehärtete Hill-Fan, sondern auch Hill selbst das Schlimmste. Als Ralf bedrohlich näher kommt, meldet Hill sich über Funk bei Jordan: »Wir können es ausfechten, dann fliegen wir vielleicht beide raus. Du kannst ihm auch sagen, er soll sich zurückhalten, dann gibt es einen Doppelsieg. Du hast die Wahl.« Jordan gibt Ralf die Anweisung, Hill nicht anzugreifen. Doch hinter Ralf lauert noch Alesi.

Alle gönnen Eddie Jordan den Sieg. Sogar Ron Dennis kommt einige Runden vor Schluß ins Jordan-Lager, um zu gratulieren. Acht Saisons haben sie darauf warten müssen, 126 Grand Prix. Ende 1991 stand das Team am Rande des Konkurses, hätte nicht Ecclestone ausgeholfen. Danach ging es mit einem großen Sponsor und guten Motoren aufwärts, und Jordan hatte immer eine gute Nase für Talente. Er entdeckte Alesi und Frentzen, holte Irvine zur Formel 1, Barrichello, Zanardi, Michael Schumacher. Er köderte Fisichella und Ralf Schumacher, Stück für Stück talentierte Rennfahrer, in deren Verträgen stattliche Ablösesummen festgelegt waren. Und jetzt mit dem erfahrenen Hill am Steuer scheint sich endlich auch der Erfolg einzustellen.

Die letzte Runde. Noch glaubt man es nicht. Man sieht Hills Jordan in der Stavelot-Kurve und in der Blanchimont-Kurve driften, und die Schikane hätte Hill eine Runde zuvor fast verfehlt ... Aber Hill gewinnt vor Ralf Schumacher. Eddie Jordan ist völlig aus dem Häuschen, führt einen Freudentanz auf. Jordan ist unleugbar auf dem Weg zur absoluten Spitze.

Finale

Nach Schumachers Triumph in Monza und Häkkinens Retourkutsche auf dem Nürburgring beträgt der Abstand vor dem letzten Rennen nur vier Punkte zugunsten des Finnen.

Suzuka. Schumacher sichert sich die Pole-Position. Neben ihm steht Häkkinen. Ferrari, McLaren. Acht Jahre zuvor standen Prost und Senna hier ebenfalls in der ersten Startreihe – Ferrari, McLaren –, nach fünfzehn Sekunden war der Kampf damals entschieden. Einführungsrunde. Herzklopfen. Zweiundzwanzig Wagen rollen zur Startaufstellung. Die fünf Ampeln springen nacheinander auf rot, als alle leuchten, schwenkt Jarno Trulli im Prost mit den Armen, gelbe Flaggen, orange Lichter blinken über den roten: der Start wird abgebrochen. Das Reglement besagt, daß ein Fahrer, der einen Startabbruch verursacht, ganz am Ende des Feldes Aufstellung nehmen muß.

Erneut gehen die Wagen in die Einführungsrunde. Schumacher voran, durch die S-Kurven, hinauf zur Dunlop-Kurve, durch die Degner-Kurve, unter der Brücke hindurch, durch die Haarnadel und rechts Richtung Spoon-Kurve. Schumacher fährt weit voraus, ungewöhnlich weit sogar.

Ganz allein taucht er beim Übergang auf, ist schon bei der 130R-Kurve, dann erst sieht man den Wagen von Häkkinen. Schumacher ist viel zu weit voraus, das bedeutet, daß er gleich recht lange auf seinem Startplatz warten muß, der Motor wird wärmer, kann überhitzen, ausgehen. Doch »Mister Perfect« wird schon wissen, was er tut.

Schumacher drosselt das Tempo, kommt aber immer noch weit vor Häkkinen und den anderen zur Startaufstellung, er nimmt seinen Platz ein, wartet, schaut in die Rückspiegel und hofft, daß alle sich etwas beeilen. Doch genau in dem Moment, da der letzte, Trulli, zum Stehen kommt, hüpft der Ferrari ein paar Zentimenter nach vorne, der Motor stirbt ab. Gelbe Flaggen.

Schumacher hebt die Hand. Er ist noch keinen einzigen Meter gefahren. Die Weltmeisterschaft ist entschieden.

Wieder rennen die Mechniker aus den Boxen. Hat Schumacher einen Fehler gemacht? Ist er in der Einführungsrunde zu schnell gefahren? Niemand hält dies für möglich.

Ross Brawn berichtet, Schumacher sei absichtlich so schnell gefahren, weil der Ferrari-Motor zu warm geworden sei, das neue Kupplungssystem habe nicht mehr richtig funktioniert, Schumacher habe versucht, den Motor zu kühlen. Es fällt auf, wie sehr das Ferrari-Team sich anstrengt, Schumacher zu entlasten. Vor zwanzig Jahren stand in Niki Laudas Vertrag, er dürfe nie dem Wagen schuld geben, sogar nach seinem Unfall auf dem Nürburgring mußte er schweigen.

Aber Schumacher ist wie auch immer zu schnell gefahren, mußte daher die Motordrehzahl so niedrig wie möglich halten, zu niedrig, der Motor starb ab. Genau das gleiche passierte Eingeweihten zufolge auch Nigel Mansell 1991 in Kanada, als er auf dem Weg zum Sieg in der letzten Runde seinen Fans zuwinkte und der Motor ausging. Ein Vergleich mit Mansell? Macht der so souveräne streßfeste Schumacher nun zum dritten Mal in einem für die Weltmeisterschaft entscheidenden Rennen einen kapitalen Fehler?

Doch ganz ist der Kampf noch nicht entschieden. Der Ferrari ist noch im Rennen. Und solange ein Schumacher fährt, hat er noch nicht verloren.

Der dritte Start verläuft reibungslos. Häkkinen setzt sich an die Spitze, vor Irvine, Frentzen und Coulthard. Noch vor der ersten Kurve überholt Schumacher fünf Vorderleute. Nach einer Runde liegt er bereits auf Platz zwölf, in der nächsten Runde geht er an Panis und Alesi vorbei. Die meisten Fahrer schauen mehr in den Rückspiegel als auf die Piste. Niemand will in die Geschichte eingehen als der Tölpel, der Schumacher um den Titel gebracht hat. Spektakulär zwängt Schumacher sich in der Haarnadelkurve an Fisichella vorbei. Der nächste ist Wurz. Mit Wurz hat Schumacher noch ein Hühnchen zu rupfen, aber er hat keine Zeit, sich darüber Gedanken zu machen, und passiert ihn auf dem Anstieg zu den S-Kurven, dort, wo man eigentlich nicht überholen kann, aber Wurz läßt diesmal genügend Platz.

Häkkinen baut inzwischen an der Spitze seinen Vorsprung aus, aber alle Augen sind auf Schumacher gerichtet. Mit Bruder Ralf hatte Schumacher sich in Österreich ein paar Runden lang einen spannendes Duell geliefert, aber heute steht zu viel auf dem Spiel: Michael darf vorbei. Er ist jetzt Siebter nach fünf Runden, und vor ihm liegt Damon Hill.

Wie bei Wurz versucht es Schumacher sofort nach den S-Kurven, doch Hill macht sich so breit wie möglich. In der Haarnadelkurve wählt Schumacher die Innenseite, doch Hill läßt keine Lücke. Auch vor der Schikane kommt Schumacher nicht nah genug an den Jordan heran. Schumacher ist wütend: »Natürlich, Hill ist ein Rennfahrer, er macht seine Arbeit. Doch der hat mehr in die Rückspiegel als nach vorn geschaut.« Ralf pflichtet seinem Bruder bei: »Per Funk forderte Eddie Jordan Damon wiederholt auf, Platz zu machen. Aber er reagierte nicht. Damons Haß auf Michael muß gewaltig sein.«

Hill: »Ich bin zu nichts verpflichtet.«

Natürlich bekam Schumacher hier die Rechnung präsentiert. Und vor Hill erwartet ihn noch Villeneuve – Jerez 1997 – und davor Coulthard – Spa und Argentinien 1998 – und davor Frentzen mit der Quittung aus Kanada.

Doch in dem Moment, da Häkkinen uneinholbar zu entschwinden droht, spielt Schumacher seinen stärksten Trumpf aus: die Boxenstops. Hill ist der erste, und als sieben Runden später alle an den Boxen gewesen sind, ist Schumacher an allen vorbei: Hill, Villeneuve, Frentzen und Coulthard. Unglaublich.

Der Rückstand auf Häkkinen beträgt achtundzwanzig Sekunden. Zwischen ihnen fährt nur noch sein Teamkollege Irvine. Wenn Häkkinen jetzt wegen technischer Probleme ausfällt ... Daß auch Schumacher Pech haben könnte, damit rechnet niemand.

In der 31. Runde fährt Schumacher über Trümmerteile, die nach einem Crash auf der Fahrbahn liegengeblieben sind, und bei Tempo 300 km/h explodiert der rechte Hinterreifen des Ferrari. Schumacher gelingt es, seinen Wagen einzufangen und hinter der nächsten Kurve im Gras abzustellen. Das Rennen ist für ihn vorbei.

Mit hängendem Kopf setzt Schumacher sich auf eine Mauer an der Strecke. Auf dem großen Schirm hinter ihm sehen die Zuschauer, wie Häkkinen zu seinem zweiten Tankstop an die Boxen kommt. Singend über den Bordfunk fährt er wieder auf die Piste. Ron Dennis mahnt zur Ruhe.

Der Kampf ist entschieden. Desillusioniert sitzt Jean Todt vor dem Monitor auf der Boxenmauer. »Statistisch gesehen war dies trotzdem die beste Saison in der Geschichte von Ferrari«, murmelt Ross Brawn, in der Garage tröstet Ferrari-Chef di Montezemolo die Mechaniker. Wieder einmal triumphiert die Tragik über die Technokratie. »Nächstes Jahr«, ruft di Montezemolo verbissen, »nächstes Jahr gewinnen wir!«

Zandvoort 2000. In Zandvoort hofft man, einmal wieder einen Grand Prix auf der auf Formel 1-Format verlängerten Strecke austragen zu dürfen. Aber noch fehlt eine neue Tribüne – die alte wurde abgerissen –, so daß sich die Zuschauer auf einem Sandhaufen niederlassen müssen. Mein Sohn, die V-Kappe auf dem Kopf, will lieber an der gegenüberliegenden Seite bei der Gerlach-Kurve oben auf der Düne stehen.

Wir verfolgen das etwas langweilige Formel 3-Rennen. Ich zeige ihm einen weißen Wagen, der an sechster und später an fünfter Stelle liegt: »Das ist Tomas Scheckter, der Sohn des Rennfahrers Jody Scheckter, der vor 21 Jahren als letzter Fahrer für Ferrari den Weltmeistertitel geholt hat.« Ein paar Wochen später testet Tomas Scheckter zum ersten Mal einen Jaguar Formel 1-Wagen. Jody steht auf der Boxenmauer: »Mein Gott, wenn ich sehe, wie schnell die fahren, würde ich ihn am liebsten wieder da raus holen ... Aber ich fürchte, dafür ist es nun zu spät.«

Nach dem Formel 3-Rennen beobachten wir die Hubschrauber, die landen und aufsteigen. In einem von ihnen sitzt Schumacher, der aus Mugello kommt, wo er heute Testfahrten absolviert hat. Am Abend wird er wieder bei Frau und Kindern in Genf sein. Die Hubschrauber rufen in mir die Erinnerung an Silverstone 1999 wach und an die Tragödie von Imola 1994 ...

Unfälle und Patzer

Die Saison 1999 wurde zu einer Neuauflage der Kraftprobe zwischen Ferrari und McLaren. Während der Vorbereitung scheute man weder Kosten noch Mühen. Wie hart der Kampf war, zeigte sich in Monaco.

Weil ein Überholmanöver in Monaco nahezu unmöglich ist, kommt der Qualifikation von je her eine ganz besondere Bedeutung zu. Sowohl im Freien Training am Donnerstag, wie im Qualifying am Samstag hatten die Ferrari von Schumacher und Irvine die Nase vorn, bis sich Häkkinen in der letzten Minute des Qualifkationstrainings mit einer phantastischen Runde die Pole-Position sicherte. Es ist inzwischen genügsam bekannt, daß Häkkinen gerade dann, wenn es darauf ankommt, bis zum Limit und drüber hinaus zu fahren versteht; er selbst ist nicht besonders froh darüber: »Man fährt in solchen Momenten wie ein Idiot am Limit. Man probiert, den Wagen unter Kontrolle zu halten, aber das gelingt eigentlich nicht. Es ist sehr gefährlich. Ich fahre eigentlich nicht gern so.« Später stellte sich heraus, daß McLaren den Reifendruck unter die kritische Grenze hatte sinken lassen, das bedeutete zwar mehr Bodenhaftung, erhöhte allerdings auch das Risiko eines Reifenplatzers.

Da der Start in Monaco ganz besonders wichtig ist, war Schumacher am freien Freitag nach Fiorano, der Teststrecke von Ferrari geflogen, um dort das Starten zu üben (in Monaco ist das verboten). Und es half. Schumacher ließ Häkkinen stehen, fuhr als erster durch die Sainte Dévote-Kurve und ward fortan von seinen Gegnern nicht mehr gesehen. Dank einer brillanten Boxenstrategie sorgte Irvine sogar für einen Doppelerfolg. Triumphierend fuhren die beiden »Roten« einträchtig nebeneinander am Hafen entlang. Die Saison 1999 schien das Jahr von Ferrari zu werden.

Doch dann kam Silverstone. Nach einigen weniger guten Ergebnissen hatte Schumacher die WM-Führung an Häkkinen abgeben müssen. Der Druck wurde immer stärker. Nebeneinander standen sie in der ersten Startreihe. Schumacher kam schlecht weg, lag hinter Häkkinen, Coulthard und Irvine an vierter Stelle. Doch mitten im Starterfeld kamen zwei Wagen nicht von der Stelle. Während Streckenposten die Autos beiseite schoben, raste das Feld durch Copse und Becketts. Die Rennleitung beschloß, sicherheitshalber das Rennen abzubrechen: rote Flagge. Die Meute stürmte mit Tempo 250, 300 km/h über den Hangar Straight. Die meisten Teams hatten sofort ihren Fahrern den Abruch des Rennens signalisiert, alle fuhren vorsichtig. Alle außer Schumacher. Als einziger erhielt er die Meldung nicht. Vertraute der Stratege Ross Brawn der Intuition und Abgeklärtheit des Deutschen? Schumacher attackierte wild. Vor der Stowe-Rechtskurve versuchte er seinen Teamkollegen Irvine auszubremsen. Irvine traute seinen Augen nicht: »In dem Moment, als ich auf die Bremsen stieg, kam Michael mit blockierten Rädern wie ein Verrückter an mir vorbeigesaust. Er hätte mich beinahe touchiert und flog dann ins Kiesbett ...« Mit durchdrehenden Hinterrädern schlug Schumacher frontal gegen die Reifenstapel vor einem Erdwall. Der Aufprall war gewaltig. Als der Staub sich verzog, stand der Ferrari bis zum Lenkrad zwischen den Reifen. Schumacher bewegte sich, warf das Steuer aus dem Cockpit und richtete sich auf, um aus dem Wagen zu steigen. Alles schien in Ordnung zu sein. Doch dann blieb er stecken, konnte anscheinend nicht weiter. Seine Körpersprache verriet Schmerz. Die Streckenposten waren sofort zur Stelle und hoben den Fahrer heraus. Man legte ihn neben den Ferrari auf den Boden. Die Stimmung schlug plötzlich um. Was sich da abspielte, erinnerte zu sehr an Imola 1994. Das Schicksal hatte den Allerbesten getroffen, und das beunruhigte. Sid Watkins, der als einer der ersten am Unfallort eingetroffen war, berichtete, Schumacher sei gleich zur Sache gekommen: »Professor, mein Bein ist kaputt. Richten Sie Ferrari aus, daß sie an Irvines Auto die Bremsen checken sollen, und sagen Sie meiner Frau, daß es mir gut geht.«

Die Telemetrie wies aus, daß Schumacher bei 306 km/h auf die Bremsen getreten hatte, wobei die Bremsflüssigkeit durch ein offenes Ventil austrat. Der Wagen wurde daher kaum abgebremst. Der Ferrari bohrte sich in den Reifenstapel und wurde erst durch die Radaufhängung gestoppt, das rechte Vorderrad, das mit einem Kevlarseil am Chassis befestigt war (seit 1999 vorgeschrieben, um das unkontrollierte Herumfliegen der Räder zu verhindern) durchschlug das Chassis und brach vermutlich auch Schumachers Bein. Das hochgezogene und gepolsterte Cockpit vereitelte jedoch ernsthafte Nacken- und Kopfverletzungen. »Dieser Rand ist die beste Verbesserung auf dem Gebiet der Sicherheit seit Jahren«, konstatierte Watkins.

Natürlich beschäftigte man sich hinterher hauptsächlich mit der Frage, warum jemand vergessen hatte, die Entlüftungsschraube im hinteren Bremskreislauf festzudrehen, doch warum hatte Ferrari seine Fahrer nicht über Boxenfunk informiert, daß das Rennen abgebrochen worden war? Und warum ließ Schumacher sich auf ein so riskantes Ausbremsmanöver bereits in der ersten Runde ein? Irvine urteilte hart: »Es war eine viel zu wilde Aktion, auch ohne Bremsprobleme wäre er von der Piste geflogen.«

Während Schumacher im Hubschrauber zum Krankenhaus geflogen wurde, schien nicht nur das Rennen in Silverstone, sondern die gesamte Saison für Häkkinen nur noch ein Formsache zu sein. Doch McLaren und Mika Häkkinen waren längst nicht mehr so souverän wie in der vorhergegangenen Saison. Nach dem Neustart in Silverstone montierte das McLaren-Team bei einem Boxenstop das linke Hinterrad von Häkkinens Wagen nicht richtig. Drei Runden später schaffte es der Finne auf drei Rädern gerade noch zurück an die Boxen. Die Mißgeschicke und Patzer sollten sich in dieser Saison häufen.

In Imola führte Häkkinen souverän, als er zu weit über den Randstein geriet, ein Fehler, der jedem Rennfahrer passieren kann, einem Weltmeister jedoch nicht unterlaufen sollte. Der McLaren krachte unkontrollierbar in die Mauer. Rennen verloren. Beim Großen Preis von Österreich, dem ersten Rennen ohne Schumacher, fiel Häkkinen durch eine Kollision mit seinem Teamkollegen Coulthard weit zurück, sicherte sich jedoch durch eine bravouröse Aufholjagd noch den dritten Platz. Beim nächsten WM-Lauf in Hockenheim explodierte an Häkkinens McLaren der linke Hinterreifen, als er nach einem vermasselten Boxenstop auf der langen Geraden zum Motodrom mit über 300 km/h seinen Rückstand wieder gutzumachen versuchte. Hilflos kreiselte der Wagen über die Strecke und schlug frontal gegen einen Reifenstapel. Ein ähnlicher Unfall wie in Silverstone, doch Häkkinen hatte Glück und kam unverletzt davon. Anschuldigungen des Reifenherstellers Bridgestone, der Reifendruck des McLaren habe unter dem von Bridgestone empfohlenen gelegen, wies das Team zurück. In Spa touchierten sich die beiden McLaren kurz nach dem Start erneut. Häkkinen mußte Coulthard an sich vorbeiziehen lassen, und, da es keine Stallorder gab, sich mit dem zweiten Platz zufriedengeben, obwohl seine Aussichten auf den WM-Titel größer waren als die des Schotten. »Das hätte Coulthard den Rest gegeben«, meinte Mercedes-Sportchef Norbert Haug. Niki Lauda hielt das teaminterne Duell für einen großen Schnitzer.

Der größte Schnitzer unterläuft jedoch Häkkinen selbst, beim Großen Preis von Italien in Monza. In der dreißigsten Runde führte er mit sechs Sekunden vor Frentzen. Mit Tempo 350 km/h stürmte er auf die Goodyear-Schikane zu, eine Links-rechts-links-rechts-Kombination, vor der man innerhalb von vier Sekunden auf 100 km/h herunterbremsen muß. Geschaltet wird in einem Formel 1-Boliden schon lange nicht mehr mit einem Schaltknüppel, sondern mit Schaltwippen seitlich am Lenkrad. Die Schaltzeit beim Hochschalten beträgt fünfzehn Millisekunden, das Runterschalten wegen des automatischen Zwischengas etwas länger: fünfundzwanzig Millisekunden. Man muß ein Gespür dafür entwickeln. Zieht der Fahrer zu schnell hintereinander an der Wippe, dann interpretiert die Software das als einen Irrtum und schaltet überhaupt nicht. Häkkinen erwischte den falschen Gang.

»Nach dem Start baute ich eine gute Führung auf, und ich fühlte mich sehr sicher mit dem Wagen, als ich in Runde 29 die Schikane anfuhr. Ich nahm sie das ganze Wochenende im zweiten Gang, diesmal aber verschaltete ich mich und legte den ersten ein.« Millisekunden. Bei 135 km/h im ersten Gang blockierten die Hinterräder, der McLaren drehte sich von der Piste ins Kiesbett, der Motor starb ab. Pech gehabt. Wie hatte Niki Lauda so richtig gesagt?

Wütend warf Häkkinen das Lenkrad aus dem Cockpit, kletterte heraus, drängte sich an den herbeigeeilten Streckenposten vorbei, schmiß die Rennhandschuhe ins Gras und verschwand in einem Wäldchen. Dort sank er in sich zusammen, legte den Helm neben sich und brach in Tränen aus. Mansell hätte es nicht besser machen können. Gnadenlos registrierte die Kamera an Bord eines Hubschraubers die Szene.

Neue Namen

Durch Schumachers Ausscheiden und die Patzer von McLaren, bekamen in der Saison 1999 andere Rennfahrer eine Chance. So der »Schattenmann« Heinz-Harald Frentzen, der fleißig Punkte sammelte und durch einen makellosen Sieg in Monza mit einem Mal sogar Aussicht auf den Titel hatte. In dem gemütlichen Jordan-Team konnte sich Frentzen – der trotz seiner Schnelligkeit zu sehr Mensch ist, um ein wahrer Champion zu werden – endlich profilieren. Geschichte schrieb das Jordan-Team mit Frentzens Sieg im Rennen *vor* Silverstone: beim Großen Preis von Frankreich.

Im Qualifying regnet es stark in Magny-Cours. Barrichello und Alesi realisieren die schnellste Zeit. Am Sonntag ist es zwar trocken, aber die Voraussichten sind schlecht. Eddie Jordan schickt ein Crew-Mitglied zum nahegelegenen Flugplatz, er soll die Wetterlage im Auge behalten und Änderungen telefonisch durchgeben.

Barrichello führt nach dem Start vor Alesi, ein ungewohnter Anblick. Häkkinen, der von einem vierzehnten Platz aus ins Rennen gehen muß, macht sich auf die Verfolgungsjagd und überholt Fisichella, Trulli, Panis und sogar Schumacher. Nebeneinander rasen die Rivalen auf die Adelaide-Haarnadelkurve zu. Beide bremsen spät, Häkkinen ist auf der Außenseite schneller, kommt beinahe von der Piste, Schumacher wählt die Innenseite, ist langsamer, gleichzeitig kommen sie aus der 180-Grad-Kurve, bis Häkkinen in der nächsten Kehre den Vorteil der Innenseite nutzt. Wer hat behauptet, daß Überholen in der Formel 1 nicht mehr möglich ist?

Auch Frentzen muß Häkkinen vorbeilassen. (Währenddessen klingelt im Jordan-Lager das Telefon.) Noch eindrucksvoller ist das Duell zwischen Häkkinen und Alesi. Wieder setzt der Finne vor der Adelaide-Kurve zum Überholen an, aber Alesi bremst äußerst spät, zu spät eigentlich, und Häkkinen demzufolge noch etwas später. Beide driften geradeaus, bis über den Rand der Strecke, wo sich glücklicherweise noch ein Stück Asphalt befindet. Als beide wieder einscheren, liegt Häkkinen vorn.

Und dann bricht die Hölle los. Ein Wolkenbruch überflutet Magny-Cours. In den nächsten zwei Runden wechseln alle auf Regenreifen, aber auch das scheint nicht auszureichen. Regenspezialist Jean Alesi rutscht in der Estoril-Kurve von der Piste. Das gleiche passiert Villeneuve, Wurz und Gené, woraufhin die Rennleitung das Safety-Car auf die Strecke schickt.

Genau darauf hat das Jordan-Team gewartet. Denn wichtiger als die Reifen wird nun auf der Hälfte der Distanz der Benzinverbrauch, der bei Regen drastisch abnimmt, besonders bei dem Schneckentempo hinter dem Safety-Car. In diesem Fall wird es möglich, das Rennen mit einem einziges Boxenstop zu beenden – falls der Tank groß genug ist. Und der Jordan besitzt den größten Benzintank des ganzen Feldes: Fassungsvermögen 145 Liter. Er ist bis zum Rand gefüllt. »Ich fragte mich, wie ich das Auto bei all dem Aquaplaning auf der Strecke halten könnte. Ich hatte größte Schwierigkeiten und merkte, daß die anderen um mich herum weniger Sprit an Bord haben mußten, da sie mir anfangs ziemlich schnell davonziehen konnten.«

Die Jordan-Ingenieure rechnen fieberhaft. Ab und zu gibt es Kontakt mit dem Fahrer.

»Wieviel hab ich noch?«

»Genug. Noch ein oder zwei Runden und du hast es geschafft.«

Regen, Nebel, das Überholen ist verboten.

»Noch eine Runde.«
Die Lichter am Safety-Car blinken noch, so bald sie ausgehen, ist das Rennen wieder freigegeben.
»Du schaffst es.«
»Okay.«
Als das Safety-Car das Feld räumt, führt Barrichello vor Häkkinen. Frentzen liegt auf dritter Position, doch niemand ahnt, welchen Trumpf er noch in der Hand hat. Auf der rutschigen Piste beweist Schumacher seine Klasse. Er zieht an Frentzen und Häkkinen vorbei, der beim Versuch, Barrichello zu passieren, in der Adelaide-Kurve die Randsteine berührt und rückwärts schliddert. Nun machen Schumacher und Barrichello einander die Führung streitig. Vor der Adelaide-Haarnadelkurve schiebt sich Schumacher neben den Brasilianer, bremst, steuert als erster in die Kurve, kommt fast zum Stehen und dreht sich daher äußerst langsam aus der Kurve, so daß Barrichello, der auf der Außenseite genügend Speed macht, wieder an Schumacher vorbeiziehen kann. Zwei Runden später versucht Schumacher es erneut und diesmal kommt er vorbei. »Es war phantastisch«, meint Barrichello hinterher, »sich mit Häkkinen und Schumacher in einem fast gleichwertigen Auto messen zu können.« Aber auch er hat sich zu früh gefreut, in den Tank seines Stewart passen nur 118 Liter ... Niemand scheint Schumacher unter solchen Umständen den Sieg streitig machen zu können, bis die Elektronik verrückt spielt und ein Boxenstop ihn weit zurückwirft. Erneut übernimmt Barrichello die Führung, muß aber auf der abtrocknenden Piste Häkkinen vorbeilassen. Der Finne passiert Frentzen und Barrichello. Dann spielt Jordan seinen Trumpf aus: Sieben Runden vor Schluß müssen sowohl Häkkinen als auch Barrichello nachtanken. Frentzen bleibt auf der Piste. »Als mir meine Box das P1-Schild zeigte, wollte ich es nicht glauben. Ich schaute immer nur in den Spiegel und dachte: Wo bleibt Häkkinen?« Häkkinen holt auf, doch als es wieder zu regnen beginnt, geht er auf Nummer Sicher, die sechs Punkte sind ihm wichtiger. Eddie Jordan kann sein Glück nicht fassen. Obwohl sein Rennstall immer noch nicht über einen Werksmotor verfügt, gehört er nun zur absoluten Spitze.

Auch Rubens Barrichello hatte seinen Durchbruch in der Saison 1999. Schon in Brasilien konnte er sensationell lange mitmischen, und auch sonst tauchte er immer wieder vorne auf, doch der Stewart schied zu oft wegen technischer Mängel aus. Aber seine bemerkenswerten

Leistungen blieben nicht unbeachtet, und so wurde er gegen Ende der Saison bei Ferrari unter Vertrag genommen.

Für etwa 150 Millionen Mark übernahm Ford den Rennstall von Jackie Stewart. Natürlich war Motorenpartner Ford schon längst die treibende Kraft hinter dem Team gewesen, doch der Automobil-Gigant meinte, nun ohne Gesichtsverlust unter dem Namen seiner Tochtergesellschaft Jaguar in die Formel 1 einsteigen zu können. Es ist ein neuer Trend. Große Automobilkonzerne betrachten die Formel 1 als Chance, sich auf dem Markt der Edelkarossen zu profilieren. Schritt für Schritt vergrößern sie ihren Einfluß auf die Teams. BMW vertrieb die Sponsoren bei Williams, um sich (fast ausschließlich) die Werbeflächen auf den Boliden zu sichern, Honda schloß einen Deal mit BAR, und seitdem wollen die Gerüchte über eine völlige Übernahme nicht verstummen. Toyota sicherte sich durch eine Kaution von hundert Millionen Dollar die letzten beiden freien Plätze, Renault wird zu Benetton zurückkehren und in ein paar Jahren – falls erfolgreich – unter eigenem Namen starten. Mercedes, das diese Entwicklung faktisch ausgelöst hat, ist bereits einen Schritt weiter: Es erwarb 40 Prozent der Anteile der TAG-McLaren-Gruppe – Kosten: siebenhundert Millionen – und kündigte an, das Sportcoupé Mercedes 300 SLR in der neu geplanten McLaren-Fabrik bauen zu lassen. Die alten Rennstallbesitzer beobachten diese Entwicklung mit Argusaugen. Eddie Jordan schlug ein Übernahme-Angebot von Honda aus: »Ich will mein eigenes Team allein führen, denn wenn es irgendwann nichts mehr zu gewinnen gibt, dann ziehen sich die Autowerke zurück, und was bleibt dann von den Teams übrig?« Jackie Stewart hatte bei der Übernahme durch Jaguar nur einen Wunsch: »Ich hoffe, daß das Team noch ein Rennen unter unserem Namen gewinnt ...«

1999 war jedoch vor allem die Saison von Eddie Irvine. In Australien gewann er nach dem Ausfall der Titelanwärter bereits den Auftakt. Die gesamte Formel 1 gönnte dem Iren diesen Sieg. Drei Jahre lang hatte er sich als zuverlässiger Wasserträger für Michael Schumacher erwiesen. Ungestüm, romantisch, nicht schnell und ehrgeizig genug, um sich gegen die Rangordnung aufzulehnen, aber mit genügend Selbstvertrauen, um nicht an Schumachers Charisma zu zerbrechen. Regelmäßig lobte Irvine Schumacher über den grünen Klee, hielt sich brav an die Stallorder, murrte nicht und ließ es sich in der Zwischenzeit bei Ferrari wohlgehen. Aber er war sich seiner Möglichkeiten durchaus bewußt, noch im Winter hatte er Journalisten zugeflüstert, Schumacher könnte sich ja ein Bein brechen ... Solche Bemerkungen paßten zur lakonischen Art des Iren. Viele sahen in ihm den letzten Rennfahrer-Playboy mit dem Image eines Lebensgenießers, eines Schürzenjägers. Niki Lauda meinte, Irvine sei der ideale Rennfahrertyp, wenn er nur besser rennfahren würde. Aber ein wildes Leben verträgt sich seit den Tagen Laudas nun einmal nicht mehr mit der professionellen Monomanie eines Formel 1-Piloten.

1999 wurde es jedoch ernst. Durch Schumachers Unfall, die Patzer von McLaren und dadurch, daß Irvine regelmäßig punktete und sogar gewann, führte er nach dem Großen Preis von Deutschland auf einmal in der WM-Wertung. Man kratzte sich hinter den Ohren, sogar in Deutschland titelten die Zeitungen: »Wieviel Schumi braucht Ferrari?« Auch in Italien begann man an Schumachers Wert zu zweifeln. Und als sich auch noch herausstellte, daß der Deutsche mehrere Grand Prix würde aussetzen müssen und die Chance auf den Titel in weite Ferne gerückt war, hob die italienische Presse Irvine in den Himmel.

FIAT-Chef Agnelli höchstpersönlich machte den Anfang: »Ich finde es großartig, daß er so durch und durch irisch ist, so romantisch. Darin ähnelt er uns Italienern.« »Wir haben uns wie Soldaten verhalten«, schrieb eine Zeitung, »wir folgten der Logik einer Fabrik anstatt unserem Gefühl. Irvine ist echt, wenn er gewinnt, ist es ein Sieg des Volkes. Wird Schumacher, wenn er zurückkommt, sein Auto dort wiederfinden, wo er es abgestellt hat?« Irvine witterte Morgenluft: »Sobald Michael wieder da ist, wird er für mich fahren müssen.«

Aber in Belgien und Ungarn, Rennstrecken, auf denen Schumacher mit Ferrari so erfolgreich gewesen war, fing sich McLaren wieder, und Irvine konnte nicht mithalten. Jean Todt, dessen Position ebenfalls gefährdet war, wußte es schon seit langem: »Irvine braucht Schumacher als Referenzpunkt. Er fährt mit Michael als Teamkollegen besser als ohne.«

Schließlich trug auch Ferrari selbst sein Scherflein zur chaotischen Saison bei. Als in Magny-Cours der Himmel seine Schleusen öffnete, war Irvine einer der ersten, der an die Boxen fuhr, obwohl das Team Schumacher erwartete. Blitzschnell holte man Irvines Reifen, aber als man die Heizdecken abnahm, waren es Trockenreifen. »Das passiert uns nicht noch einmal«, versicherte Ross Brawn, »in Zukunft werden wir die Decken mit verschiedenen Farben markieren.« Doch zwei

Monate später auf dem Nürburgring ging es wieder schief. Nach einem typischen Eifel-Regenguß kam Irvine an die Boxen, gab aber über Funk zu verstehen, daß man Trockenreifen aufziehen solle. Kein Problem, die Decken waren ja gekennzeichnet. Irvine stoppte, die Reifen wurden abgenommen, der Tankschlauch saß auf, alles ging gut, neue Reifen waren montiert, die Mechaniker hoben die Hand ... nur das rechte Hinterrad fehlte. Dreihundert Millionen Fernsehzuschauer, ein Budget von 250 Millionen Mark, eine Religion in Italien, ein Ferrari auf drei Rädern ... Der fehlende Reifen wurde noch herbeigeschafft, aber durch einen Boxenstop von einer halben Minute hatte Irvine eine gute Plazierung verspielt.

Der Große Preis von Europa auf dem Nürburgring war typisch für die Saison 1999. Comedy Capers. Zuerst überschlug sich Pedro Diniz in der ersten Runde, der Überrollbügel seines Sauber brach ab, der Brasilianer steckte mit dem Helm im Kies. Wie durch ein Wunder blieb er unverletzt, er streckte den Daumen in die Höhe, als man ihn in den Krankenwagen schob. Formel 1 Anno 1999.

Anschließend kam Häkkinen nach einigen Regentropfen an die Boxen, zu früh, wie sich herausstellte, denn die Strecke trocknete rasch wieder ab. Jetzt führte Frentzen, bei einem Sieg hätte er im Stand um den WM-Titel mit Häkkinen gleichziehen können, aber dann streikte sein Motor. Dann vielleicht Coulthard – er könnte mit einem Sieg auf zwei Punkte herankommen. Beim nächsten Regenguß rutschte Coulthard über eine weiße Begrenzungslinie aus; Coulthard wird nie Weltmeister. Nun lag Ralf Schumacher in Führung, der durch konstante Leistungen im schwachen Williams 1999 auf sich aufmerksam gemacht hatte. Auf Trockenreifen trotzte er dem Regen. Doch bei seinem letzten Boxenstop zerstörte eine Schraube einen Reifen und seine Träume. Als es wieder trocken wurde, setzte sich der schnelle, talentierte Fisichella an die Spitze, drehte sich aber auf einem noch nassen Streckenabschnitt von der Piste. An den Leitplanken ließ er seinen Tränen freien Lauf. Auch Luca Badoer, an vierter Stelle liegend, mußte seine Hoffnungen begraben. Und im hinteren Feld biß Häkkinen sich an Marc Gené die Zähne aus.

Und wer führte nun? Herbert. Johnny Herbert holte sich seinen dritten Grand-Prix-Sieg, den ersten und einzigen für das Stewart-Team. Er hatte sich am besten an die Witterungsverhältnisse angepaßt und seine Boxenstops zum richtigen Zeitpunkt eingelegt. Als Jackie Stewart auf dem Siegerpodest die Trophäe für den Konstrukteurs-Sieg hochhielt, wischte sich sein Sohn Paul eine Träne aus den Augen, und er war nicht der einzige. Das war nicht irgendein beliebiger Sieg. Eine ganze Vergangenheit, ein ganzes Leben im Zeichen der Kontinuität des Rennsports wurde hier endlich belohnt ...

Finale

Zu den letzten beiden Rennen brach der Formel 1-Zirkus in den Fernen Osten auf. Häkkinen hatte in der WM-Wertung 62, Irvine 60 Punkte auf dem Konto. Eine Woche vorher erschien ein Pressebericht von Schumacher: Er sei noch nicht fit genug und werde in diesem Jahr nicht mehr an den Start gehen. Ein paar Tage später kam es zu einer längeren Unterredung mit Ferrari-Präsident Luca di Montezemolo in Maranello. Was dort besprochen wurde, wird wohl nie jemand erfahren, aber am gleichen Tag teilte Ferrari mit, Schumacher habe sich nach einem letzten Test doch entschlossen, an den beiden letzten Rennen der Saison teilzunehmen. Natürlich widerstrebte es Schumacher, Irvine dabei zu helfen, die Früchte seiner eigenen Bemühungen zu ernten. »Ich werde fahren«, erklärte Schumacher seinen Sinneswandel, »um Ferrari ein Maximum an Unterstützung im Kampf um die Weltmeisterschaft zu geben und die Wünsche des Teams und all seiner Fans zu erfüllen.« Ferrari, nicht Irvine.

Auf dem neuen Kurs von Sepang in Malaysia deklassierte Schumacher die gesamte Konkurrenz. Er sicherte sich mit mehr als einer Sekunde Vorsprung auf Irvine die Pole-Position. »Das Auto ist viel besser geworden«, meinte Ross Brawn, »neue Deflektoren, ein leichterer Motor, mehr Power.« Erklärte dies die so plötzliche Leistungssteigerung? Wie in guten alten Benetton-Zeiten begann sich wieder das Gerüchtekarussel zu drehen. Verbotene elektronische Hilfsmittel konnten zwar nicht entdeckt werden, aber sogar FIA-Boss Max Mosley mußte einräumen, die Kontrolleure seien schlichtweg überfordert.

Auch im Rennen gab Ferrari den Ton an. Schumacher ließ Irvine zweimal vorbei und wußte Häkkinen hinter sich zu halten. »Die Ferrari-Taktik war brillant, man kann ihnen keine Vorwürfe machen«, gab Häkkinen zu. Irvine strahlte über beide Backen und hatte auch gleich einen Spruch auf Lager, der zweifelsohne Schumachers Blut in Wallung gebracht hat. »Es ist phantastisch! Dieser Junge macht depressiv. Obwohl er die beste Nummer 1 ist, ist er auch die beste Nummer 2.« Doch die Ferraristi kümmerte das nicht, in Maranello läuteten die Glocken, ganz Italien jubelte, was zählte war der Doppelsieg.

Zählte nicht, wie sich zwei Stunden später zeigte. Mit den Ferraris stimmte etwas nicht. Jean Todt und Ross Brawn wurden vor die Kontroll-Kommission zitiert. Bei der technischen Überprüfung nach dem Rennen hatte man festgestellt, daß die Deflektoren nicht den Regeln entsprachen. Deflektoren, Windabweiser, »Barge-boards«: die Terminologie ist genauso häßlich und unhandlich wie die Dinger selber. Teile der seitlichen Luftleitbleche waren zehn Millimeter zu breit. Todt und Brawn räumten den Irrtum ein, sprachen aber von einem Fabrikationsfehler, der ihnen keinerlei Vorteil verschafft hätte.

Fabrikationsfehler und keinerlei Vorteil. Ferrari investiert einen Großteil seines Budgets, um jeden kleinsten Teil des Boliden in Windkanälen zu testen. Bei jedem Rennen gibt es irgendeinen neuen winzigen Knick in der Karosserie.

Beide Ferrari wurden disqualifiziert, Häkkinen zum Sieger ausgerufen. In Italien war die Hölle los. »Raus mit den Schuldigen. Im Fadenkreuz stehen Todt und Brawn und andere Techniker, die für diese Blamage verantwortlich sind. Dieser Schwachsinn ist nicht zu ertragen.« Jean Todt war bereit, seinen Hut zu nehmen, doch di Montezemolo lehnte dies kategorisch ab.

Ferrari erhob Einspruch, und die FIA kündigte an, noch vor dem Grand Prix von Japan eine Entscheidung zu fällen. In der Presse rätselte man darüber, ob die Kontrolleure der FIA gezielt Tipps erhalten hätten. Jo Bauer, der technische Delegierte der FIA, der die Ferraris in Malaysia überprüfte, meinte: »Entsprechende Andeutungen wurden gemacht.« McLaren? McLaren schwieg. »Es ist merkwürdig, daß Ferrari in Sepang das ganze Feld deklassierte, sie hatten bestimmt noch ganz was anderes zu verbergen«, vermutete der Ex-Rennfahrer Jochen Mass.

Dann meldete sich das Orakel Bernie Ecclestone zu Wort: »Vielleicht sollten wir es mit den Millimeter-Regeln nicht auf die Spitze treiben.« Nachtigall, ick hör' dir trapsen. McLaren und Stewart protestierten, man müsse sich strikt an das Reglement halten, aber es war abzusehen, daß die Einschaltquote über Millimeter und Tausendstel Sekunden bestimmen würde.

Eine Woche später hob die FIA die Disqualifikation tatsächlich wieder auf. Aus dem richtigen Blickwinkel betrachtet, standen die Windabweiser nur noch fünf Millimeter ab, und das lag innerhalb der Toleranzgrenze. »Peinlich, aber fair«, erklärte Mosley ungerührt. Niki Lauda bezeichnete die Entscheidung als einen katastrophalen Irrtum. Ferrari habe die Regelwidrigkeit selbst zugegeben. Die Weltmeisterschaft sei zu einer Farce geworden, der Image-Schaden für die Formel 1 unermeßlich.

Aber die Weltmeisterschaft war wieder spannend. Die Show ging der ersehnten Apotheose entgegen. Ferrari oder McLaren.

Wieder stehen Schumacher und Häkkinen in der ersten Startreihe nebeneinander. Ein Zusammenstoß wäre diesmal zum Vorteil von Ferrari, von Irvine. Aber Insider glauben nicht, daß Schumacher seinem Teamkollegen zu helfen bereit ist. Schumacher erwischt einen schlechten Start, und Häkkinen fährt einen ungefährdeten Sieg heraus. Im entscheidenden Augenblick ist der Finne voll und ganz da, ohne Probleme, ohne Pech. »Warum«, seufzt er, »war das nicht das ganze Jahr über so?« Vielleicht braucht auch Häkkinen Schumacher als Bezugspunkt, vielleicht ist er mit Schumacher besser als ohne ihn.

Ferrari holt sich zwar den Konstrukteurs-Titel, aber das ist nur ein schwacher Trost für die Tifosi, die früh am Morgen in Italien auf großen Leinwänden das Rennen in Japan verfolgen. Zum dritten Mal innerhalb von drei Jahren lösen sich ihre Hoffnungen während des letzten Saisonlaufs in Nichts auf.

Glück. Das Dröhnen geht mir durch Mark und Bein, als in der Ferne ein Ferrari V10 anspringt. Vom Sandhügel den Boxen gegenüber schallt ein gewaltiges Gehupe herüber. Mein Sohn und ich stehen oben auf einer Düne bei der Slotemaker-Kurve. »Da kommt er, Junge, jetzt kannst du dich auf was gefaßt machen.«

Der Ferrari verläßt die Boxengasse, wir hören ihn durch die Tarzan-Kurve rauschen, durch die Gerlach-Kurve, Hugenholtz und dann hinauf zum »Hunzerug«, da ist er! Der Ferrari schießt vorbei. Der Lärm schmerzt in den Ohren. Schumacher gleitet in die »Scheivlak« und verschwindet aus unserem Gesichtsfeld.

Hinter den Dünen rast er weiter durch die Marlboro-Kurve und entfernt sich von der Stelle, wo ich als elfjähriger Junge am Zaun stand, dort, wo Roger Williamson ... Doch da ist Schumacher schon wieder.

Mein Sohn jubelt, als der Ferrari vorbeibraust. Er hat sich vor drei

Jahren selbst für Ferrari entschieden. »Der Rote! Der Rote ist auch dabei!« Später habe ich ihm erzählt, daß der Fahrer Schumacher heißt. Er hat geweint, als Schumacher 1997 in Jerez neben der Piste landete, er war untröstlich, als Schumacher 1998 in Suzuka den Motor seines Ferrari absaufen ließ. »Er kann doch wieder mitmachen?« fragte er entsetzt nach dem Rennen in Silverstone ein Jahr später. Er weiß, daß ich nicht mit ihm juble, daß ich eingefleischter Hill-Fan bin. Doch 1999 fuhr Damon Hill in Suzuka sein letztes Rennen und nahm Abschied vom Rennsport. Glücklicherweise, denn die gesamte Saison war ein einziges Fiasko gewesen. Er konnte sich nicht mehr motivieren. »Für wen bist du jetzt?« fragt mich mein Sohn ab und zu. Ich weiß es nicht, entscheide mich manchmal für irgendeinen, Villeneuve, Trulli. Ich muß vorläufig auf einen Helden verzichten.

Wieder nähert sich der Ferrari. Langsam geht mein Sohn hinunter zum Zaun, auf einem schmalen Weg zwischen den Leuten durch. Ich lasse ihn gewähren. Ich weiß, warum er es tut. Um den Ferrari aus nächster Nähe zu sehen, zu fühlen, beinahe zu berühren. Da ist er wieder, donnert über den Hunzerug, federt kurz hoch, sinkt wieder zurück, ganz nah ist er, fast streift er die Leitplanke und schießt dann hoch zur Scheivlak.

Am Schluß der Demonstration schlendre auch ich hinunter. Schumacher kommt zum letzten Mal vorbei. Nebeneinander lehnen wir am Sicherheitszaun.

»Cool, oder?«

»Yes!«

»Und jetzt noch Weltmeister.«

Ein guter Anfang

Nun ja, Weltmeister ... Es fing so vielversprechend an. Während der ersten drei Rennen der Saison 2000 erwies der McLaren sich zwar noch immer als das schnellere Auto, aber Ferrari hatte mächtig aufgeholt, der Wagen war zuverlässiger geworden, hinzu kam eine ausgefeilte Boxenstop-Strategie. Und so gewann Schumacher dreimal in Folge, während Häkkinen zweimal mit Motorschaden ausfiel und sich das dritte Mal in einem direkten Duell geschlagen geben mußte: In Imola brachten Schumachers fabelhaft schnelle Boxenstops den Sieg.

Es war ein Auftakt nach Maß und entsprach ganz den Vorgaben, die sich Schumacher gesetzt hatte: Von Anfang an dabei sein, Häkkinen und McLaren unter Druck setzen. Und es zeigte sich schon sehr bald, daß sich der Finne nicht wohl fühlte in seiner Haut. »Der Druck, immer gewinnen zu müssen, ist die Hölle«, räumte er ein. »Häkkinen fehlt die Motivation, er ist satt«, lästerten die Zeitungen. Und Niki Lauda empfahl dem McLaren-Piloten, den Rennstall zu wechseln. Es konnte nicht ausbleiben, daß man auch Häkkinens angehende Vaterschaft für die Mißerfolge verantwortlich machte.

Häkkinens Teamkollege Coulthard witterte seine Chance. Er fuhr stärker, konstanter als in den vorangehenden Jahren, und mit einem Sieg in England stoppte er den Vormarsch von Ferrari. Seinen zweiten Saisonerfolg feierte er in Monaco, wo er von Trullis und Schumachers Ausfällen profitierte. »Ich habe überhaupt kein Mitleid mit Schumacher«, meinte der Schotte, »ich habe oft genug technische Probleme gehabt, es wurde höchste Zeit, daß er mal an die Reihe kam.«

Schmalspur-Psychologen meinten, Coulthards Flugzeugabsturz im Frühjahr, den er wie durch ein Wunder überlebt hatte, sei der Grund für seine Leistungssteigerung. »Natürlich will ich Weltmeister werden, ich bin hungrig in dieser Saison«, meinte Coulthard nach Monaco, aber Ron Dennis wollte sich nicht festlegen. »Es ist noch nichts entschieden.« Schumacher, der Coulthards Achillesferse kannte, streute Salz in die Wunde: »Sicher hätte ich zehn Punkte holen können. Aber auch Mika ist nicht vorne.« Die ständigen Wortgefechte zwischen Schumacher und Coulthard hatten zweifellos ihren Ursprung in der Kollision beim Großen Preis von Belgien 1998. Auf die Frage, was er von Schumachers Sticheleien halte, antwortete der Schotte: »Leider bin ich nicht intelligent genug, um alles zu begreifen.« Mika Häkkinen hielt es für Zeitverschwendung, sich mit diesem Gezanke zu befassen. Das machte ihn zwar zu einer etwas farblosen Figur, aber, so meinte Ron Dennis: »Außerhalb des Autos ist Mika nicht so gut. Er kommt nicht gut rüber. Weltmeister wird man aber auf der Piste.«

Das wußte auch Michael Schumacher. In Kanada gelang es Coulthards Mechanikern nicht, den Wagen rechtzeitig für die Einführungsrunde fertig zu machen, durch die fällige Stop-and-go-Zeitstrafe von zehn Sekunden verspielte er jede Aussicht auf einen der vorderen Plätze, und als auch Häkkinen bei einsetzendem Regen über die Piste schlidderte, war der Weg frei für Schumacher. Teamkollege Rubens Barrichello, obwohl schneller unterwegs, hielt sich brav an die Stallorder.

Held des Rennens war jedoch Jos Verstappen. Nach enttäuschenden Jahren bei Tyrrell schien sich seine Formel 1-Karriere dem Ende zuzuneigen. Für eine halbe Saison fuhr er 1998 noch bei Stewart, dessen allzu väterliche Einstellung ihm jedoch nicht lag. Wieder schien man ihn abschieben zu wollen. Aber Anfang 2000 war er auf einmal wieder da: Der Houdini der Formel 1, titelten die holländischen Zeitungen. Jos war zu Arrows zurückgekehrt. Und in Montreal zeigte Jos im Regen, was in ihm steckt. Er ließ Wurz, immerhin nicht irgendwer, und Trulli in seinem potentiell schnelleren Wagen ohne Pardon stehen, und erstmals seit Argentinien 1996 fuhr Verstappen in die Punkte.

Die Saison 2000 war lang und hektisch: Von Anfang März bis Ende Oktober fand alle zwei Wochen ein Rennen statt. Mitte der Saison lag Schumacher in der WM-Wertung mit 22 Punkten vor Coulthard und 24 vor Häkkinen klar in Führung. Aber dann häuften sich einmal mehr die unvermeidlichen Kontroversen um den Deutschen.

In Frankreich kam Schumacher, wie so oft in der Saison, schlecht vom Start weg, zog dann, um seinen Gegnern den Weg zu versperren, sofort nach links. Coulthard mußte Gas zurücknehmen, um einen Zusammenstoß zu verhindern. Mit einem gleichen Manöver hatte Schumacher sich bereits in Imola unbeliebt gemacht. Auch während des Rennverlaufs in Magny-Cours blockierte Schumacher Coulthard auf jede Weise. Aufgebracht meinte dieser: »Man sollte überlegen, ob es wirklich fair ist, daß ein Fahrer, der überholen will, so an den Rand gedrängt wird, daß er sein Überholmanöver abbrechen muß. Jeder Fahrer riskiert sein Leben, und er muß sich daher auf die anderen verlassen können. Sonst kommt es zu einer Kollision, und wie die ausgeht, bestimmt Gott.« Schumacher nahm es gelassen: »Ich verteidigte einfach meine Linie. Coulthard hat immer etwas zu nörgeln, er versucht mich andauernd an den Pranger zu stellen.«

Doch Schumachers Manöver waren auch den anderen nicht entgangen. Vor allem Irvine regte sich auf: »Einige haben keine Meinung und der Rest ... nun, die leben eigentlich gar nicht. Ich glaube, daß man immer alles irgendwann zurückbekommt. Und eines Tages wird er am Start dafür bezahlen.« Und auch Villeneuve hielt mit seiner Meinung nicht hinterm Berg: »Es gibt einen unter uns, der beim Start noch immer in die Spur des anderen kreuzt. Aber solange er nicht bestraft wird und damit weitermacht, wird er diese Praxis wohl nicht ändern. Warum sollte er auch.« Jeder hatte seine Gründe, sein Mütchen an Schumacher zu kühlen. Schumacher spielte den Unschuldigen: »Ich kämpfe nach den Regeln, hart, aber fair. Wir fahren hier Formel 1 und spielen nicht die nette Familie beim Kaffeekränzchen.«

Beim Großen Preis von Österreich in Zeltweg stand Schumacher erneut im Mittelpunkt eines umstrittenen Starts. In der ersten Kurve wurde er von Zonta gerammt, noch einige andere Fahrer waren in den Unfall verwickelt. Schumacher versuchte einen Rennabbruch zu erzwingen, indem er seinen Wagen quer auf die Piste stellte. Streckenposten waren jedoch rasch zur Stelle und schoben das havarierte Auto zur Seite. »Ricardo hat seine Fähigkeiten über-, seinen Speed aber unterschätzt, jedoch bin ich sicher, daß er keine bösen Absichten hatte. In der Vergangenheit habe auch ich selbst solche Fehler begangen, und Ricardo wird sicher dazu stehen.« Zonta und Trulli waren jedoch ganz anderer Ansicht. In der ersten Kurve hätten die beiden Ferraris nicht aufgepaßt, Barrichello habe Schumacher Platz machen wollen. Für Coulthard war die Sache klar: »Ich habe zwar nichts gesehen, aber ich bin mir sicher, daß es Schumachers Schuld war.«

Beim nächsten Rennen auf dem Hockenheimring hielten die Zuschauer auf den Tribünen im Motodrom den Atem an, als die roten Lichter ausgingen. Coulthard und Schumacher standen nebeneinander in der ersten Startreihe. Wieder kam Schumacher schlecht weg, und Coulthard beschloß, es ihm mit gleicher Münze heimzuzahlen. Er zog den Wagen sofort nach links, und als Häkkinen nach einem Blitzstart rechts an ihm vorbeizog, mußte Schumacher so weit ausweichen, daß für den hinter ihm fahrenden Fisichella kein Platz mehr war. Aus für Schumacher. In der Boxengasse diskutierten die beiden noch lange über die Schuldfrage. »Ein gewöhnlicher Rennunfall«, urteilte die Rennleitung, aber Fisichella wies darauf hin, daß nicht er von seiner Linie abgewichen war.

Die beiden McLaren schienen zum dritten Mal in Folge auf dem Weg zu einem Doppelerfolg. Hinter ihnen kämpften sich Barrichello und Frentzen auf den vierten beziehungsweise sechsten Platz vor, der Rückstand auf die Führenden war jedoch zu groß, bis plötzlich ein Mann in einem Regencape zwischen den Bäumen auftauchte und über die Fahrbahn lief. Die Rennleitung schickte das Safety-Car auf die Strecke und verhaftete den Mann. Er wollte mit dieser Aktion dagegen protestieren, daß er seinen Job bei Mercedes-Benz verloren hatte. Es kostete seinen ehemaligen Arbeitgeber auf jeden Fall den Sieg. Denn nachdem durch die Safety-Car-Phase der Vorsprung von Coulthard und Häkkinen dahin war, begann es zu regnen. Zehn Runden vor Schluß wollte Häkkinen keinerlei Risiko eingehen und wechselte, wie Coulthard einige Runden später, auf Regenreifen. Barrichello, der nun das Feld anführte, beschloß, nicht auf die Ratschläge seines Teams zu hören und auf profillosen Reifen weiterzufahren.

Zehn bange Runden. Doch die McLaren kamen nicht mehr an ihn heran. Barrichello fuhr wie Ayrton Senna in seinen besten Tagen. Im Stile seines Freundes und großen Vorbilds erkämpfte Barrichello sich seinen ersten Grand-Prix-Sieg. Niemand, der es dem kleinen Brasilianer nicht gönnte. Als die allbekannte brasilianische Nationalhymne wieder vom Podium ertönte und Barrichello linkisch die Flagge schwenkte und den Tränen freien Lauf ließ, fühlte jeder Formel 1-Fan die Nähe von Ayrton Senna. Senna, der einmal weinend am Krankenbett von Barrichello gestanden hatte, als dieser am schwarzen Wochenende von Imola schwer verunglückt war. »Ayrton hat mir in meinem Leben seit 1984 unglaublich viel geholfen«, meinte der Sieger nach dem Rennen, »vielleicht hat er mich vom Himmel aus geleitet.« Mit einem Kloß im Hals versuche ich meinem Sohn zu erklären, wer Senna war, der mit dem gelben Helm, fast immer der Schnellste im Training, er fuhr auch im Regen so gut und geriet von der Strecke und starb, als du erst ein halbes Jahr alt warst ... Die Formel 1 war also doch noch mehr als nur knallhartes Geschäft und High-Tech-Raserei.

Eine Woche nach Hockenheim fährt Schumacher vor begeistertem und dankbarem Publikum durch die Dünen von Zandvoort. Doch Witzbolde haben über der Tarzankurve ein Transparent aufgehängt: »Achtung Startkurve!« Zwei Rennen hintereinander ist Schumacher über die erste Runde nicht hinausgekommen. Der Deutsche scheint den Faden verloren zu haben, Häkkinen holt auf. Würde ihm zum vierten Mal in Folge der Titel durch die Lappen gehen? Als er eine letzte Ehrenrunde fährt und in Gesellschaft eines Rally-Fahrers und eines Motorradrennfahrers den Hunzerug herunterkommt in Richtung Slotemaker-Kurve, da möchte ich ihm zurufen: Du, Schumi, tu's für meinen Sohn, mit seiner V-Kappe, er hat so lange warten müssen, sein Mäulchen klebt vom vielen Eis, tu's ihm zuliebe ...

Tränen in Monza

Doch es kommt noch schlimmer. In Ungarn sind es Häkkinen und Schumacher, die nebeneinander auf die erste Kurve zurasen, der Finne eine Nasenlänge hinter dem Deutschen, doch auf der Innenseite. Fast wäre es zu einer Kollision gekommen, als Schumacher Häkkinen nach innen drängt, dieser aber nicht nachgibt. Dann aber hält Schumacher sich zurück, untypisch, aber verständlich. Da Überholen auf dem Hungaro-Ring noch schwieriger ist als in Monaco, fährt Häkkinen einen ungefährdeten Sieg heraus und übernimmt damit die Führung in der Formel 1-Weltmeisterschaft.

Es folgt der Große Preis von Belgien in Spa-Francorchamps, den Schumacher bereits viermal gewinnen konnte. Doch in der Saison 2000 muß er sich einem überlegenen Mika Häkkinen geschlagen geben.

Ferrari steckt in der Krise. Im Qualifying reicht es für Schumacher sogar nur für die viertbeste Zeit hinter Häkkinen, Jarno Trulli und Jenson Button im BMW-Williams. Beide Fahrer haben sich als zukünftige Weltmeister profiliert. Vor allem Button ist ein Ereignis. Zu Beginn der Saison zweifelte man noch, ob er nicht zu unerfahren für die Formel 1 sei. Der neunzehnjährige Brite mußte sich sogar vor der FIA einem Test unterziehen. Doch der Jungstar belehrt im Verlauf der Saison alle Skeptiker – auch im eigenen Team – eines Besseren. Beim Training in Spa verpaßt Button zweimal beinahe die La-Source-Kurve. Seinen wütenden Ingenieuren antwortet Button kühl, er könne durchaus auf siebzig Metern von Tempo 300 auf Null herunterbremsen. Das Schild stehe nicht an der richtigen Stelle. Die Rennleitung muß einräumen, daß die Distanz falsch angezeigt wurde. Als Button sich als dritter qualifiziert, meint Frank Williams lachend: »Nicht schlecht für einen Schuljungen.« Doch Williams Freude ist nicht ganz aufrichtig: Am Ende der Saison wird Button seinen Platz im Cockpit an den IndyCar-Meister Montoya abtreten müssen.

Im Rennen schubsen sich die beiden Jungwölfe von der Piste, noch sind es die heutigen Champions, die um den Sieg kämpfen. Lange Zeit liegt Häkkinen komfortabel in Führung, in der zwölften Runde leistet er sich jedoch wieder einen für ihn typischen Fehler. Ohne ersichtlichen Grund dreht er sich im Stavelot-Sektor, und Schumacher zieht an ihm vorbei. Es sieht nach einem fünften Sieg für Schumacher in Spa-Francorchamps aus, aber nach der zweiten Serie Boxenstops verringert

Häkkinen den Rückstand zusehends. Doch nah an den Gegner heranzufahren ist eine Sache, ihn in der Formel 1 zu überholen ein zweites. Sechs Runden vor Schluß hängt der McLaren am Getriebe des Ferrari. Durch die La-Source-Kurve, hinab und mit Vollgas durch die Eau-Rouge-Kurve, dann wieder hügelauf über die lange Kemmel-Gerade. Tempo 280, dann 330 km/h. Plötzlich schießt Häkkinen aus dem Windschatten des Ferrari hervor, aber Schumacher reagiert sofort, schließt die Tür und steuert vor Häkkinen in die Les-Combes-Kurve. Die Zuschauer halten den Atem an. Alle wissen, was auf dem Spiel steht, alle kennen Schumachers knallharte Renntaktik. Einmal blockierte er Hill rundenlang, indem er im Zickzack über die Kemmel-Gerade fuhr. Wieder kommt Häkkinen sehr nahe heran. Vier Runden vor Schluß rasen beide die Eau Rouge hinauf. Vor ihnen fährt Ricardo Zonta. Er blickt in die Rückspiegel, er wird sie wahrscheinlich kurz vor Les Combes vorbeilassen. Häkkinens McLaren verschwindet völlig hinter dem Ferrari von Schumacher. Zonta räumte später ein, Häkkinen überhaupt nicht gesehen zu haben. Les Combes kommt in Sicht. Zonta hält die Mitte der Fahrbahn. Links ist am meisten Platz, und Schumacher entscheidet sich für diese Linie, im gleichen Augenblick taucht Häkkinen hinter ihm auf und zieht rechts sowohl an Zonta als auch an Schumacher vorbei. Millimeterarbeit. Häkkinen fährt mit zwei Rädern über das Gras, aber es gelingt ihm, als erster in die Kurve einzubiegen. Brillant und riskant. Zonta hätte keinen Zentimeter nach rechts ausweichen dürfen.

Schumachers Traum von einem WM-Titel für Ferrari scheint in weite Ferne gerückt, einem Titel-Hattrick Häkkinens nichts mehr im Wege zu stehen. Sein Überholmanöver sorgt noch wochenlang für Gesprächsstoff. Vom Überholmanöver des Jahres, ja der gesamten Formel 1-Geschichte ist die Rede. Man stellt sogar die Frage, die man noch ein paar Monaten zuvor nie gestellt hätte, wer von beiden, Häkkinen oder Schumacher, nun eigentlich der bessere Fahrer sei. Drei Titel in Folge – das ist etwas, was nur Fangio fertiggebracht hatte. Und er siegte gleich viermal hintereinander!

Drei Rennen lang hatte Schumacher keine Punkte geholt, dann war er zweimal fair von seinem größten Rivalen geschlagen worden. Es waren Schumacher und das Ferrari-Team, die nun unter Druck standen. Und ausgerechnet jetzt zog die Formel 1-Karawane nach Monza, zum Großen Preis von Italien.

Und das ausgerechnet am 10. September. Am 10. September 1961 verunglückte Ferrari-Titelkandidat Wolfgang Graf Berghe von Trips im Entscheidungsrennen in Monza tödlich und mit ihm dreizehn Zuschauer. Genau siebzehn Jahre später war Monza erneut Schauplatz eines tödlichen Unfalls. Bei der Massenkollision in der ersten Schikane zog Ronnie Peterson sich tödliche Verletzungen zu.

Zweiundzwanzig Jahre später. Und ausgerechnet für dieses Jahr haben die Organisatoren die erste Schikane gründlich umbauen lassen. Zur Unzufriedenheit der Fahrer, die sich Sorgen machen über die viel zu enge erste Kurve.

Ferrari ist wieder auf die Siegerstraße zurückgekehrt. Schumacher und Barrichello stehen auf den beiden ersten Startplätzen. Dies wird das Rennen der Wahrheit.

Das Feld kommt ohne Zwischenfälle durch die erste Kurve. Nur ein paar Wagen müssen über den Rasen ausweichen, nur Salo und Irvine kollidieren, wobei Irvine spektakulär die Styropor-Absperrung durchbricht.

Zu diesem Zeitpunkt biegt Schumacher vor beiden McLaren, Barrichello und den beiden Jordan-Piloten in die Curva Grande ein. Zehn Sekunden später ist die Piste mit Trümmern übersät. Bei der Anfahrt auf die Roggia-Schikane schert Barrichello mit Tempo 330 km/h nach links aus und versucht Trulli auszubremsen. Frentzen setzt sich sofort hinter den Brasilianer. Nach dem Rennen warf der eine dem anderen vor, viel zu früh beziehungsweise viel zu spät gebremst zu haben. Die Rennleitung urteilte: ein normaler Rennunfall. Und was für einer! Frentzen fährt auf den Jordan seines Teamkollegen Trulli auf. Beide Wagen stellen sich quer, Frentzen touchiert Barrichello, Trulli Coulthards McLaren. Das restliche heranrasende Feld sucht sich verzweifelt einen Weg zwischen den Hindernissen hindurch. Der Arrows von Pedro de la Rosa wird vom Heck des Jaguar von Johnny Herbert in die Luft katapultiert, überschlägt sich mehrmals und verfehlt nur um einen halben Meter Barrichellos Ferrari im Kiesbett. Nur knapp entgeht Monza einer weiteren Tragödie.

Doch das Schicksal schlägt erneut zu. Ein herumfliegendes Rad von Frentzens Wagen trifft einen neben der Piste stehenden Streckenposten. Der 30jährige Paolo Ghislimberti stirbt kurz nach dem Rennen in einem Krankenhaus. Streckenposten müssen besser geschützt werden, wird es heißen, aber vorerst ändert sich nichts.

Elf Runden fährt der Rest des Feldes hinter dem Safety-Car. Kurz bevor das Rennen wieder freigegeben wird, bremst Schumacher mitten auf dem rechten Stück vor der Parabolica-Kurve. Um eine Kollision zu vermeiden – Überholen ist verboten –, müssen die hinteren Fahrer sich über die ganze Bahnbreite verteilen. Für den unerfahrenen Button bleibt kein Platz mehr, er kracht in die Leitplanken. Schumacher und kein Ende. Aber Ferraris Hoffnungsträger liegt in Führung, und obwohl Häkkinen einundvierzig Runden lang alles versucht, gibt Schumacher sie bis zum Schluß nicht mehr ab.

Die Zuschauer verfallen in eine ungeheure Euphorie. Zehntausende Tifosi stürmen auf die Piste. Euphorisch umarmt Schumacher seine Mechaniker im Parc Fermé. Auf dem Siegerpodest steht er vor jubelnden, tanzenden, Fahnen schwingenden Fans. Monza, Ferrari. Der Mythos. Es ist ein unvergleichliches Schauspiel. Nicht nur wegen der Toten ist die Formel 1 mehr als ein gewöhnlicher Sport, mehr als Geschäft, hier ist sie fast eine Religion ...

Das Blatt hat sich gewendet. Schumacher weiß es. Er bleibt sehr lange auf dem Podium, spritzt noch Champagner über seine Crew und die Menge und verschwindet zur Pressekonferenz – für gewöhlich eine ziemlich nichtssagende Pflichtübung. Doch als der Interviewer Schumacher fragt, wie er sich fühle, nun, da er mit seinem 41. Grand-Prix-Sieg in der ewigen Bestenliste gleichauf mit Ayrton Senna liege, knickt der ansonsten so knitterfrei strahlende Deutsche in sich zusammen und bricht in Tränen aus. Sprachlos sitzen die Zuschauer in aller Welt vor dem Bildschirm: den Jungen von Fünfzehn, man hatte ihn vergessen. »Ich konnte einfach nicht anders. Dieser Triumph, gleichzeitig diese schreckliche Erinnerung an den Tod von Ayrton Senna.« Häkkinen und Bruder Ralf legen eine Hand auf Schumachers Schulter. Auch Häkkinen hat es die Sprache verschlagen, und wie ein Roboter – »this is live-television« – wendet sich der Interviewer an Ralf, der, neben seinem noch immer schluchzenden Bruder, Belanglosigkeiten von sich gibt.

Es war der Druck, der Druck von fünf Jahren, von vier Jahren Kampf um den Titel, der Druck der letzten fünf verlorenen Rennen. Schumacher wußte, daß er den Siegeszug des McLaren-Teams gestoppt hatte, daß der Titel ausgerechnet auf dem heiligen Boden von Monza wieder näher gerückt war. Aus der Euphorie erwacht, dämmerte es ihm, daß er auf dem besten Weg war, zu einer absoluten Legende zu werden, nur noch vergleichbar mit den Allergrößten wie Fangio, Senna und Prost.

Das Finale

Die letzten drei Grand Prix der Saison 2000 wurden außerhalb von Europa ausgetragen: Indianapolis, Suzuka, Kuala Lumpur. Zum ersten Mal seit 1991 fand wieder ein Rennen in den Vereinigten Staaten statt, und zwar im Herzen des amerikanischen Motorsports, auf dem Indianapolis Motor Speedway. In den fünfziger Jahren zählten die Indy 500 noch mit für die Weltmeisterschaft der Formel 1, so daß in vollständigen Statistiken allerlei obskure Amerikaner auftauchen, doch gehörte das Rennen nie ganz dazu. Seit 1960 gingen die IndyCar-Serie und die Formel 1 ihre eigenen Wege. Sehr zum Mißvergnügen der CART-Traditionalisten öffnete der Präsident der Rennstrecke Tony George in den neunziger Jahren die Motor Speedway auch für andere Rennklassen. Es wurde ein neuer Kurs angelegt, der teils über das »Oval«, die Steilkurve, und teils über das »Infield« führt. Der Infield-Abschnitt ist kurvenreich und langsam, der Oval-Teil äußerst schnell: eine weite Kurve mit einem leichten Gefälle und einer langen Geraden, zusammen 1,8 Kilometer, das heißt etwa 21 Sekunden Vollgas. Vor allem die Steilkurve flößte den Fahrern anfänglich Respekt ein. Wie würde die Abnutzung der Reifen sein, würden die Radaufhängungen es aushalten? Tempo 320 km/h, dicht an einer Betonmauer entlang, war ziemlich aufsehenerregend. »Schnell«, spottete Villeneuve, »was heißt schnell? Bei der Indy 500 rast man dort mit 380 km/h durch. Das ist schnell.« Die meisten Fahrer waren nach den ersten Trainingseinheiten etwas enttäuscht von der »Kurve 13«. Schumacher: »Die Steilkurve ist nicht ganz so aufregend, wie es vielleicht von außen erscheint und wie im Vorfeld überall berichtet wurde. Im Kurveneingang haben wir relativ wenig Geschwindigkeit, daher ist die Passage auch nicht sehr gefährlich.« Und Frentzen: »Schafft man mit einer Hand am Steuer.«

In einer beeindruckenden Arena vor 250 000 Zuschauern beginnt das Rennen mit einem Fehlstart von Coulthard, der sich vor Schumacher an die Spitze setzt. Da Coulthard weiß, daß ihn eine Zeitstrafe erwartet, blockiert er den Deutschen, um Häkkinen die Gelegenheit zu geben, näher heranzukommen. Ungeduldig entschließt Schumacher sich zu einem gewagten Überholmanöver. Am Ende des Hochgeschwindigkeits-Abschnitts setzt er seinen Ferrari auf der Außenseite neben den McLaren. Beide bremsen sehr spät vor der folgenden Rechts-Links-Kombination. Coulthard drängt den Ferrari nach außen, die Wagen touchieren sich leicht, aber Schumacher ist vor der Linkskehre noch schnell genug und zieht vorbei. »Coulthard wußte, daß er eine Strafe wegen des Frühstarts bekommen würde. Sein Plan war, mich aufzuhalten, so daß Mika Häkkinen aufschließen konnte. Das ist auch gelungen. Die zwei sind Teamkollegen, das ist schon okay. Andererseits ist er in die WM nicht mehr involviert, meiner Meinung nach hat er zu viel Widerstand gezeigt, mich sogar ganz leicht berührt. Ich bin mir nicht sicher, ob das richtig ist oder nicht, aber er wollte halt etwas für das Team tun.« Coulthard verteidigt sich: »Michael sagt, daß ich ihn beim Überholmanöver nach außen gedrängt habe, aber das stimmt nicht. Als er neben mir war, hätte ich ihn ganz leicht ins Gras schubsen können, aber das wollte ich nicht, so etwas werde ich nie tun.«

Nachdem Coulthard seine Zeitstrafe abgesessen hat, scheint Schumacher das Rennen zu kontrollieren, bis Häkkinen auf einmal näherkommt. Pro Runde verringert er seinen Rückstand um einige Zehntelsekunden. Die Ferrari-Fans werden schon nervös, jeder erinnert sich an das Duell in Spa-Francorchamps. Doch dann ist es vorbei. Mit rauchendem, brennendem Motor rollt der McLaren in die Boxengasse. Es ist lange her, daß ein Motorschaden Häkkinen zur Aufgabe zwang, und er kommt zu einem höchst unglücklichen Zeitpunkt. Relativ ungefährdet fahren Schumacher und Barrichello einen Doppelsieg heraus, obwohl die Fans noch eine Schrecksekunde überstehen müssen, als Schumacher sich kurz vor Schluß noch einen Dreher leistet.

Mit acht Punkten Vorsprung hat Schumacher wieder die Führung in der WM-Wertung übernommen. Sogar wenn Häkkinen beide noch ausstehenden Rennen gewinnen sollte, würden Schumacher zwei zweite Plätze zum Titelgewinn reichen, doch schon vor dem Großen Preis von Japan meinte der Ferrari-Pilot, durch Schaden klug geworden, daß er es lieber nicht auf das allerletzte Rennen ankommen lassen wolle. »Ich werde einfach jede Kurve drei Meter später anbremsen«, verriet Titelverteidiger Häkkinen sein Geheimrezept für Suzuka. »Wenn du drei Meter später bremst, dann bremse ich halt fünf Meter später«, konterte Schumacher. Der McLaren-Mercedes-Pilot antwortete: »Dann sehen wir uns im Kies wieder.« Dieses freundschaftliche Geplänkel ließ keine Erinnerung an Suzuka 1990 aufkommen, als Senna vorsätzlich Alain Prost von der Piste schoß und sich den Weltmeistertitel holte.

Zum dritten Mal in Folge stehen Schumacher und Häkkinen nebeneinander in der ersten Startreihe. Und wieder verpatzt Schumacher den Start. Und wieder versucht er, Häkkinen den Weg abzuschneiden, doch der Finne ist schneller und setzt sich an die Spitze. In einem faszinierenden Duell treiben die beiden Kontrahenten einander zu immer schnelleren Rundenzeiten. Es geht um Zehntelsekunden, um das Überrunden von Nachzüglern, um perfekte, gut getimte Boxenstops. Sowohl Schumacher als auch Häkkinen haben sich für zwei Boxenstops entschieden. Nach der ersten Serie verteidigt Häkkinen seine Führung mit 2,4 Sekunden. Dann wird Häkkinen von langsameren Fahrern etwas aufgehalten, und es setzt leichter Nieselregen ein. Ideale Bedingungen für Schumacher. In der 37. Runde legt Häkkinen seinen zweiten Boxenstop ein. Schumacher, der weiß, daß er drei Runden länger draußen bleiben kann, fährt eine schnelle Runde nach der anderen, während Häkkinen mit seinem schweren, vollgetankten Wagen Schwierigkeiten auf der nassen Piste hat. Sechs Sekunden brauchen die Mechaniker, um Schumachers Ferrari zu betanken und die Reifen zu wechseln. Häkkinen fährt in diesem Moment nach der 130R-Kurve auf die Schikane zu. Als Schumacher die Box verläßt, erkundigt er sich über Funk bei Ross Brawn:

»Sag mir, wo Mika ist!«

Und während er sich mit dem eingeschalteten Geschwindigkeitsbegrenzer über die Boxengasse quält, hört Schumacher Brawn rufen:

»Es ist o. k. ... es ist o. k.«

Schumacher kann es nicht glauben, aber als er wieder auf die Strecke zurückkehrt, ruft Brawn:

»Es sieht verdammt gut aus!«

Dann sieht Schumacher Häkkinen im Rückspiegel auf der Geraden und weiß, daß er den Titel in der Tasche hat. »Auch deshalb«, erklärte Schumacher später, »weil Ross mich auf gebrauchten Reifen fahren ließ. Ich hatte so sofort mehr Grip, Mika war ohne Chancen.« Noch dreizehn Runden. Doch der Ferrari F1-2000 hält. Mercedes-Sportchef Norbert Haug meinte: »Es hätte vieles besser laufen können und müssen. Wir waren technisch nicht so zuverlässig wie in den letzten Jahren, und auch die Strategie hat sich manchmal als falsch erwiesen. Aber wir haben zweimal erreicht, was Schumacher und Ferrari seit fünf Jahren versuchen. Wir führen im Duell mit Ferrari immer noch 2:1. Im nächsten Jahr kommen wir zurück.«

Prächtig ist der Augenblick, da Schumacher über die Ziellinie fährt. Tränen bei den Mechanikern, bei Jean Todt, bei Schumacher im Cockpit. Weltmeister. Fünf Jahre hat es gedauert, zweimal hat er knapp verloren, einmal ist er fast tödlich verunglückt.

Einundzwanzig Jahre hat Ferrari auf den Titel warten müssen. Jody Scheckter, lange Zeit der letzte Ferrari-Weltmeister, trägt es mit Fassung. »Natürlich habe ich jedes Mal, wenn Michael den Titel verspielte, mit einem Glas Champagner gefeiert. Das kann nun beim Flirt mit Frauen ganz schön schwierig werden, wenn ich nicht mehr mit dem letzten Titel prahlen kann.«

»Ferrari hätte sich schon viel früher den Titel holen können – mit mir«, meinte Prost mit Leichenbittermiene. »Ich habe 1990 durch Hinterzimmer-Politik verloren.« Armer Alain, noch immer ein schlechter Verlierer. Und er weiß, daß Schumacher drauf und dran ist, auch ihn in der Statistik zu überholen. Wenn Schumacher in Malaysia gewinnt, ist er nur noch acht Grand-Prix-Siege von Prosts Rekord von 51 Siegen entfernt. Und auch der vierte Weltmeistertitel liegt in greifbarer Nähe.

Häkkinen erweist sich als besserer Verlierer. »Ich akzeptiere, daß nun mal Michael Schumacher an der Reihe war. Er hat es auch von Grund auf verdient. Ich finde, es wäre seiner Arbeit für den Titel abträglich, wenn ich jetzt mit dem großen Jammern und Ausredensuchen anfangen würde.«

Häkkinen sei der netteste WM-Gegner, den er je gehabt habe, revanchiert sich Schumacher, und der stärkste.

Noch mehr Lob zollt Schumacher Ross Brawn: »Er ist der Meistermacher. Das ist zwar ein bißchen unfair gegenüber dem Rest der Crew, aber er hat in entscheidenden Augenblicken die richtige Entscheidung getroffen. Er ist einfach der Chef des Teams.«

Auf die Frage, wie er sich nach seinem Titelgewinn fühle, antwortet Schumacher. »Ich fühle mich ähnlich wie beim Sieg in Monza, aber es sollte niemand erwarten, daß ich jetzt wieder in Tränen ausbreche. Ich war mit Ferrari zuvor dreimal knapp dran und bin dreimal nur knapp gescheitert. Das hat natürlich ganz spezielle Emotionen ausgelöst. Von daher kann man diesen Titel eigentlich nicht mit den beiden anderen vergleichen. Zudem mußte Ferrari 21 Jahre auf diesen WM-Sieg warten. Dieser Titel glückte mir mit Ferrari – und Ferrari ist nicht Benetton, wenn ich das mit Verlaub so sagen darf. Die Geschichte von Benetton ist nicht so groß wie die von Ferrari. Von daher bedeutet mir dieser Titel viel mehr. Es ist schwer, die richtigen Worte zu finden, für das, was ich in diesem Augenblick fühle. Es ist großartig, vor allem, wenn ich mir vorstelle, was jetzt in Italien los ist.«

Übers Telefon informiert Ferrari-Chef Luca di Montezemolo Schumacher über den Zustand in Maranello. In Suzuka war er nicht dabei: »Ich wollte dem Team kein Unglück bringen.« Er rufe an, weil er in einer Stunde wohl schon zu betrunken dafür sei. Fünfzehntausend Ferraristi haben auf der Piazza Libertà in Maranello auf einer riesigen Leinwand das Rennen verfolgt, unter ihnen Leute, die noch von Enzo persönlich angestellt wurden. Die Euphorie ist grenzenlos. Die Glocken läuten, in den Weinkellern wird Rosso di Maranello ausgeteilt.

Endlich hat Ferrari auch im digitalen Techno- und Business-Zeitalter gesiegt. Ob dies der schönste Tag in seinem Leben sei, wird di Montezemolo gefragt. »Na ja, ich bin auch Vater ...«

Mein Sohn sitzt schon in der Küche an seinem verspäteten Frühstück. Für ihn ist alles ganz selbstverständlich. Es war nicht mehr als recht und billig. Gleich gehen wir Oma und Opa besuchen. Aber natürlich mit der V-Kappe.

Virtual Reality

Sobald ich wieder an den Boxen bin, lasse ich neue Reifen montieren und stelle sowohl vorne wie hinten ein Prozent mehr Flügel ein, verringere die Schaltwege des fünften und sechsten Gangs, und schon kann es wieder losgehen. Es geht bestimmt noch eine halbe Sekunde, wenn nicht noch schneller, zumindest wenn ich ungeschoren durch die Schikanen komme.

Computersimulation. Auch ich besitze sie inzwischen, nachdem mich Freunde und Verwandte, denen ich lange genug mit meiner Besessenheit auf die Nerven gegangen bin, dazu gedrängt haben. »Virtual Reality – das ist absolut was für dich.«

Es stimmt. Und ich kann es nicht leiden. Ich, der ich immer voller Verachtung auf Computer herabgesehen habe, auf »ihre unbegrenzten Möglichkeiten« – die neuen Kleider des Kaisers –, auch ich bin schließlich darauf reingefallen. Wenn ich es auch weiterhin für Bauernfängerei halte, so kann das digitale Kasperletheater durchaus ein mit der Wirklichkeit vergleichbares Gefühl vermitteln. Allerdings gelingt das nur, wenn man selbst eine Leidenschaft, einen gewissen Fanatismus mitbringt. Ein gruseliger Gedanke, wenn man sich vorstellt, wie viele Menschen Spielen wie Doom, Carmageddon oder Holocaust frönen.

Es begann, als ich an einem Dienstagnachmittag auf dem Kurs von Monza übte. Ich hatte gerade erst angefangen und kam mit dem Ding – ich hatte einen Ferrari ausgewählt – durch keine Kurve. Immer wieder kam ich weit ab, drehte mich und landete auf dem Rasen oder im Kiesbett. Nach einigen vorsichtigen Runden ohne größere Unfälle fuhr ich zurück an die Boxen, wählte das Setup-Menü und montierte mehr Flügel. Ohne große Hoffnung fuhr ich wieder auf die Strecke, schlängelte mich durch die Schikanen und gab Gas.

Curva Grande, Tempo 280, 290, Rechtskehre, fünfter, sechster Gang, rechts Leitplanken und Bäume, links der Schlund eines riesigen Kiesbetts. Doch dann fühle ich auf einmal, daß die Reifen Grip haben, ich fühle, wie der Wagen am Boden klebt. Es ist keine Einbildung, ich fühle es auch in meinen Schultern, meinem Rücken, Hintern, am ganzen Körper. Wie ein Magnet sause ich über den Asphalt.

Fassungslos merke ich, wie der Ferrari auch die Lesmo-Kurven wie auf Schienen nimmt, die zweite Kehre sogar ohne daß ich bremse, es ist genauso, wie Rennfahrer eine »flying lap« beschreiben, so als schwebe man. Wenn die Hinterräder die Randsteine berühren, wird der Wagen etwas durchgerüttelt, gerade genug, um zu wissen, daß man noch von dieser Welt ist.

Das Auto fährt perfekt. Ich habe die Sicherheit, daß es nicht von der Piste fliegt, wie hoch die Geschwindigkeit auch ist. Monza ist zu einem Gefühl geworden. Das fließende Durchfahren der Ascari-Kurve, während das Heck ausbricht, und ich gegensteure, um das schreckliche und zugleich herrliche Driften zu korrigieren und auf der Ideallinie die folgende Gerade anzupeilen.

Erst im Kiesbett neben der Parabolica komme ich wieder zur Besinnung. Diese Kurve kann man offensichtlich nicht am Limit nehmen. Glücklicherweise ist der Schwierigkeitsgrad »Unzerstörbarkeit« aktiviert, sonst würde ich jetzt wie Jochen Rindt in einem Wrack verbluten. Automatisch stellt der Computer meinen Ferrari wieder in die richtige Richtung.

Bedeppert schleiche ich zurück zu den Boxen. Bin ich wirklich mit siebenhundert PS, perfektem Grip und um die 320 km/h über den Kurs von Monza gesaust? Oder war es nur Einbildung?

Seit jenem Tag bin ich auf allen Rennstrecken auf der Suche nach dieser Schwerelosigkeit, doch sogar in Monza finde ich sie nur noch selten. Vielleicht ist es bereits Routine geworden, denn inzwischen sind alle Strecken in meinen Muskeln und Nerven gespeichert; jede Bewegung, jeder Bremspunkt, jeder Millimeter Randstein.

Und dann Monaco. Die Fahrt durch das Labyrinth ist wirklich überwältigend. Beängstigend ist die Hatz durch den »Schützengraben« beim Schwimmbad, das Touchieren der Leitplanken, die tückischen Zebrastreifen vor Rascasse. Bei den Bäumen über Start und Ziel kann man etwas verschnaufen, doch dann muß man sich schon wieder auf das Nadelöhr konzentrieren: Sainte Dévote. Paß auf vor den weißen Linien, denke ich noch, als es steil bergauf geht zu Beau Rivage, überall Stimmen, Worte von Fahrern, Kollegen: Irgendwie ist der kummulierte

Wahnsinn schon vorprogrammiert, du hast ihn im Bauch. Schneller, Papa! Manchmal sah ich zwei oder drei McLaren vor mir. Ich bin kurz vorm Hyperventilieren, als ich mit dem klassischen Ausbrems-Manöver vor der Mirabeau-Kurve beginne. Pervers. Man muß hier und da die Leitplanke glatthobeln. Plötzlich bemerkte ich, daß ich das Auto nicht mehr bewußt fuhr. Ich sah viel mehr als wahrscheinlich die Absicht war. Man fährt in solchen Momenten wie ein Idiot am Limit. Man probiert, den Wagen unter Kontrolle zu halten, aber das gelingt eigentlich nicht. Ich mache Alexander keine Vorwürfe.

Am Ausgang der Portier-Kurve denke ich immer an Senna, wie sein Wagen dort 1988 an der Leitplanke stand. Tunnel. Halbdunkel, und jedesmal hoffe ich sie zu sehen, hoffe ich, sie eingeholt zu haben, wenn ich wieder aus dem Tunnel herauskomme: Stewart und Peterson im Tyrrell und im Lotus, wie sie über die Hafenstraße Richtung Tabac-Linkskurve rasen.

Es wird in nicht allzu ferner Zukunft möglich sein, gegen die früheren Helden anzutreten. Das Walhalla der Formel 1 (Systemvoraussetzungen: 8 MB RAM; VGA, 2-fach CD-ROM-Laufwerk) bietet dem echten Liebhaber die Chance, sein eigenes Feld zusammenzustellen: Clark gegen Senna, Peterson gegen Häkkinen, Lauda gegen Schumacher, Gilles gegen Jacques, und natürlich kann man auch selbst ins Cockpit steigen, um sich mit Stewart, Prost oder Rindt zu messen.

Wahrscheinlich wird bald auch die Multi-Death-Version herauskommen, mit der man das Inferno von Lauda miterleben kann oder den Bruchteil der Sekunde, in der Gilles Villeneuve in Zolder die falsche Entscheidung traf, und die schrecklichen Augenblicke in der Tamburello-Kurve, bis die Radaufhängung das Fernsehbild schwärzte ... Gestalte selbst die schönsten Unfälle, lautet bereits der Werbespruch auf meiner CD, und zweifellos bastelt schon ein Klub digitaler Fanatiker an der Massenkollision von Spa 1998, so daß man auch diese bald aus dem Blickwinkel aller zwölf Beteiligten nachvollziehen kann. Den Möglichkeiten sind keine Grenzen gesetzt.

Vorläufig bleibe ich bei meiner einfachen Rennsimulation. Etwas mehr oder weniger Flügel, ein paar Runden ausprobieren, neue Reifen montieren, die Bremsbalance einstellen. An die erweiterten Einstellungsmöglichkeiten wie Stoßdämpfer, Federung und die Anti-Schlupf-Regelung wage ich mich nicht. Es genügt mir so, wie es ist.

Monza, Startaufstellung. Langsam, quälend langsam komme ich aus der Parabolica-Kurve. O Gott, dieser gigantische Platz im staubigen Goldglanz des Septembers und die Hitze der Wagen. Die Fahrer lassen das Visier herunter, die Hunderttausende auf der Tribüne sind aufgestanden, um ja nichts zu verpassen. Zuhause kleben die Zuschauer fast am Fernseher. In dem Programm kommt all das nicht vor, aber ich sehe es, so wie ich gleich das gefilterte Licht sehen werde und die davonwirbelnden Blätter bei der Curva del Serraglio. Ich nehme den Startplatz ein, die Tafel mit meiner Startnummer verschwindet aus dem Bild. Ich stehe in der dritten Startreihe hinter Coulthard und Irvine, neben mir Hill, und im Spiegel sehe ich Villeneuve, Fisichella. Wenn sie wüßten, daß ich nicht einmal einen Führerschein habe.

Kleines Glossar

Aerodynamik – Nach Niki Lauda die »goldene Geheimwissenschaft des Rennsports«. Durch verschiedene Hilfsmittel (Flügel, Nase, Diffusor, Form des Chassis) versuchen die Konstrukteure, den Luftstrom entlang, über und unter den Wagen zu leiten, um einen möglichst hohen Abtrieb zu erzeugen. Techniker behaupten, ein moderner Formel 1-Wagen könne mit einer Kraft, die mehr als doppelt so groß wie sein eigenes Gewicht sei, auf die Piste gedrückt werden.
Auslaufzonen – Sturzräume hinter den Kurven. Fliegen die Autos von der Strecke, verlangsamt sich ihre Geschwindigkeit durch den Untergrund Sand, Kies oder Gras.
Boxen (pits) – Die Garagen, in denen die Autos vorbereitet werden. Der englische Begriff stammt aus dem Jahr 1908, als Mechaniker beim Großen Preis von Frankreich in Kuhlen (pits) neben der Strecke biwakierten.
Boxenstop – Boxenstops zum Reifenwechsel sind seit 1983 gebräuchlich. Nachtanken ist seit 1994 erlaubt und wegen des beschränkten Fassungsvermögens der Tanks mehr oder weniger notwendig.
Die Fahrer werden über Bordfunk und durch eine Tafel benachrichtigt, wenn sie die Box ansteuern sollen.
In der Boxengasse dürfen maximal 80 km/h gefahren werden (die Fahrer verfügen im Cockpit über einen Geschwindigkeitsbegrenzer). Etwa 20 Mechaniker arbeiten an dem Wagen. Die Zeit fürs Tanken und den Wechsel aller vier Räder beträgt zwischen sieben bis zwölf Sekunden (je nachdem, wieviel Benzin getankt wird). Von der Einfahrt bis zum Verlassen der Boxengasse vergehen zwanzig bis dreißig Sekunden, abhängig von der Länge und dem Schwierigkeitsgrad der Zufahrt.
Boxenstop-Strategie – In der heutigen Formel 1 sind Boxenstops eine Möglichkeit, Gegner zu überholen. Mit Hilfe des Computers und durch genaue Einschätzung der Rennstrecke bestimmen die Teams vor dem Rennen, wie viele Boxenstops nötig sind. Weniger Benzin bedeutet mehr Schnelligkeit, aber auch mehr Tankstops. Ideal ist es, wenn man auf den letzten, schnellsten Runden relativ freie Fahrt hat und die Boxen ansteuert, bevor man auf Nachzügler trifft.
Bremsen – 1958 wurde die Bremsscheibe eingeführt. Lange Zeit war sie aus Stahl, 1978 verwendete Brabham als erster Karbon als Material für Bremsscheiben und -beläge, die heute zum Standard in der Formel 1 geworden

sind. Die Bremskraft hat sich enorm vergrößert, Negativbeschleunigungen von 4,5 g sind keine Ausnahmen.

Elektronik – Ende der achtziger Jahre wurden immer mehr elektronische Hilfsmittel in den Formel 1-Wagen eingebaut, unter anderem eine aktive Radaufhängung, die automatisch den Abstand des Boliden zum Asphalt steuerte und damit für optimale Bodenhaftung sorgte; Traktionskontrolle gegen das Durchdrehen der Räder; elektronisches Gaspedal und ABS. Das Fahren wurde komfortabler, schneller und vor allem laufend vom Computer korrigiert. Zu viel Gefahr, zu wenig Mensch, urteilte die FIA Anfang der neunziger Jahre und verbot diese Hilfsmittel.

FIA – Fédération Internationale de l'Automobile, höchstes Organ des Automobilsports.

FISA – Die Fédération Internationale du Sport Automobile (Internationale Automobilsportbehörde) mit Sitz in Paris ist eine Unterorganisation der FIA.

Flaggen – Die Flaggensignale werden von den Streckenposten während des Rennens in verschiedenen Farben gezeigt. Sie weisen die Fahrer auf verschiedene Situationen und Gefahren hin.

gelbe Flagge (still gehalten): Normal weiter fahren. Nicht überholen. Gefahr neben der Strecke.
gelbe Flagge (geschwenkt): Langsamer fahren. Nicht überholen. Hindernis auf der Strecke.
gelb-rot gestreifte Flagge: Öl oder Wasser auf der Strecke.
grüne Flagge: Nach einer mit gelben Flaggen signalisierten Gefahrensituation gezeigt: Alles klar!
blaue Flagge (still gehalten): Ein schnelleres Auto folgt.
blaue Flagge (geschwenkt): Ein schnelleres Auto will überholen – Weg dringend frei machen.
weiße Flagge: Langsames Fahrzeug auf der Strecke (Unfallwagen).
rote Flagge: das Rennen wird abgebrochen.
scharze Flagge (mit Startnummer): zeigt einem Fahrer an, daß er wegen eines Regelverstoßes disqualifiziert wurde.
schwarz-weiß karierte Flagge: das Rennen ist zu Ende.

Die ersten beiden Flaggensignale (rot und gelb) wurden bereits 1899 verwendet.

Seit 1998 werden auch Lichtsignale zusammen mit Flaggen eingesetzt, die auch auf dem Display im Cockpit erscheinen.

FOCA – Formula One Constructors Association, Vereinigung der Formel 1-Konstrukteure, seit den achtziger Jahren die mächtigste Organistion der Formel 1. Aus der FOCA ging wie selbstverständlich die FOA hervor, die Formula One Administration, geführt vom alleinigen Herrscher Bernie Ecclestone. In ihren Händen liegt die gesamte Organisation des Formel 1-Zirkus. Sie sorgt unter anderem für den Transport und vor allem für die Vermarktung der Fernseh- und Rundfunkrechte.

Formel 3 und Formel 3000 – Die zwei wichtigsten unteren Motorsport-Kategorien. Hier wachsen die Talente heran, in leichteren Wagen, die über weniger Leistung verfügen und über weniger Elektronik. Alle Fahrer haben nur das eine Ziel vor Augen: die Formel 1. Die Konkurrenz ist mörderisch.

g-Kräfte – Das ›g‹ ist ein physikalisches Maß für die Größe der Erdbeschleunigung. Wird in der Formel 1 verwendet, um die Stärke der Fliehkräfte auszudrücken. Auf Rennfahrer wirken ähnliche Kräfte wie auf Jet-Piloten. Bei 3g hat der Fahrer das Dreifache seines eigenen Körpergewichts zu tragen. Die Fliehkräfte wirken in alle Richtungen. Vor allem die Nackenmuskulatur der Fahrer wird stark strapaziert.

GPDA – Grand Prix Drivers Association, die Fahrervereinigung, Gewerkschaft der Formel 1-Fahrer.

Grand Prix – Der erste Grand Prix wurde 1906 in Frankreich auf der Rennstrecke in der Nähe von Le Mans ausgetragen. Es siegte der Ungar Ferenc Szisz in einem Renault.

IndyCars – Eine amerikanische Rennserie, die nichts mit der Formel 1 zu tun hat. IndyCars sind schwerer, stärker und kommen auf den typischen Rundkursen, den »Ovals«, am besten zur Geltung. Manch abgedankter Formel 1-Fahrer hat den Sprung zu den IndyCars gemacht, umgekehrt kommt dies weniger oft vor und meist ohne großen Erfolg. Ausnahme: Jacques Villeneuve.

Kiesbett – siehe Auslaufzonen.

Kohlefaser – Auch Karbonfiber genannt. Bis zu Beginn der achtziger Jahre wurden Formel 1-Boliden aus Aluminium gebaut. Kohlefaser ist ein leichter, extrem belastbarer und sehr teurer Verbundfaser-Werkstoff aus der Raumfahrttechnik. Als erster experimentierte Brabham mit dem neuen Material. 1981 entwarf John Barnard das erste Chassis für McLaren. Viele Fahrer haben ihr Leben der Belastbarkeit ihres Kohlefaser-Chassis zu verdanken.

Das einteilige Chassis (Monocoque) wird in Spezialöfen gebacken. Zubehörteile werden von den größeren Rennställen in Schichtarbeit produziert.

Kontrolle – Während des Trainings werden die Wagen nach dem Zufallsprinzip unter die Lupe genommen, gemessen und gewogen. Nach dem Rennen werden die Wagen noch einmal gründlich überprüft. Regelmäßig werden Benzinproben entnommen.

Overall – Alle Fahrer tragen »feuerfeste« Anzüge. Ein zwei- bis vierlagiges Nomex-Material garantiert, daß Rennfahrer mindestens zwölf Sekunden lang vor ernsthaften Verbrennungen geschützt sind. Auch die Mechaniker an den Boxen tragen solche Anzüge, zumal seit dem Unfall von Jos Verstappen 1994 in Hockenheim.

Paddock – Platz hinter der Boxengasse, den Rennställen und ihren Gästen vorbehalten, wo üblicherweise die Trucks und Motorhomes der Teams stehen.

Parc fermé – Der überwachte Platz, auf dem die Wagen nach Beendigung eines Rennens sofort geparkt werden müssen. Erst nach technischer Überprüfung durch die Rennkommissare können die Autos wieder abgeholt werden.

Pole-Position – Wer am Samstagnachmittag während des Qualifying die schnellste Zeit erzielt, darf am Sonntag von der vordersten Position aus starten.

Kleines Glossar

Randsteine – Rot-weiß angestrichene Betonplatten, die als seitliche Streckenbegrenzung, insbesondere in Kurven, dem Zweck dienen, die Wagen zu verlangsamen, und die verhindern sollen, daß die Fahrer die Kurven abkürzen.

Reifen – Reifen unterscheiden sich im Profil und in der Gummi-Mischung. Es gibt harte, weiche und sehr weiche Reifen; je weicher die Reifen, desto besser die Bodenhaftung, aber desto größer der Verschleiß. Das Profil hängt von den Wetterverhältnissen ab: Viel Regen erfordert »full-wet-wheather-tyres«, Reifen mit viel Profil, um das Wasser abzuführen. Regnet es nur wenig, werden »Intermediates« montiert, Reifen mit wenig Profil. Auf trockener Strecke wird auf Reifen gefahren, die kaum Profil besitzen.

Zwischen 1971 und 1997 wurde auf sogenannten Slicks, profillosen Reifen, gefahren. Sie sind heute verboten.

Formel 1-Reifen haben eine hohe Betriebstemperatur, sie werden deshalb mit Heizdecken vorgewärmt.

Rennen – Am frühen Sonntagnachmittag, in der Regel um 14.00 Uhr, ist der Start eines Rennens. Die Renndistanz beträgt etwa 300 Kilometer, die maximale Renndauer darf zwei Stunden nicht übersteigen.

Rennstrecken – Die meisten Länder haben einen festen Grand-Prix-Kurs; in einigen Ländern mehr als einen.

Australien:	Albert Park – Melbourne
	Adelaide (bis 1995)
Brasilien:	Interlagos – São Paulo
	Jacarepagua – Rio de Janeiro (bis 1989)
San Marino:	Imola
Spanien:	Circuito de Catalunya – Barcelona
	Jerez de la Frontera
	Jarama – Madrid (bis 1981)
	Montjuich (bis 1975)
Monaco:	Monaco
Kanada:	Circuit Gilles Villeneuve – Montreal
	Mosport (bis 1977)
Frankreich:	Magny-Cours
	Paul Ricard (bis 1990)
	Dijon-Prenois (bis 1984)
	Reims (bis 1966)
	Rouen-Les Essarts (bis 1968)
Großbritannien:	Silverstone
	Brands Hatch (bis 1986)
	Donington (nur 1993)
Deutschland:	Hockenheim
	Nürburgring (bis 1976)
Luxemburg:	Nürburgring (Südschleife)
Ungarn:	Hungaroring – Budapest
Belgien:	Spa-Francorchamps (bis 1970, seit 1983)
	Zolder (bis 1984)

	Nivelles (1972, 1974)
Italien:	Monza
Österreich:	Zeltweg/A1-Ring (bis 1987, seit 1997)
Japan:	Suzuka
	Fuji International Speedway (1976 und 1977)
Malaysia:	Kuala Lumpur
USA:	Watkins Glen (bis 1980)
	Long Beach (bis 1983)
	Dallas (1984)
	Detroit (bis 1988)
	Phoenix (bis 1991)
	Indianapolis (seit 2000)

Nicht mehr auf dem Grand-Prix-Kalender stehen:

Argentinien:	Buenos Aires (bis 1998)
Portugal:	Estoril (bis 1996)
Südafrika:	Kyalami (bis 1985, und 1992, 1993)
Pazifik:	Aida (Japan, 1994 und 1995)
Mexiko:	Mexiko City (bis 1992)
Niederlande:	Zandvoort (bis 1985)

Safety-Car – In Gefahrensituationen kann die Rennleitung beschließen, das Safety-Car auf die Strecke zu schicken. Die Fahrer müssen sich dahinter einreihen, sie dürfen nicht überholen. Eine Runde, bevor das Safety-Car wieder an die Box fährt, werden die Blinklichter abgeschaltet, um die Fahrer darüber zu informieren. Der Zeitabstand der Fahrer wird nicht berücksichtigt, wohl Überrundungen.

Schikane – Kurve in der Form eines schmalen Z, meist direkt vor eine schnellen Kurve, so daß die Fahrer gezwungen werden, die Geschwindigkeit zu drosseln.

Stop-and-go-Strafe – Bei Regelverstößen oder verantwortungslosem Fahrverhalten können Fahrer dadurch bestraft werden, daß sie an der Box eine Zeitstrafe von 10 Sekunden absitzen müssen, ohne daß während der Zeit an dem Wagen gearbeitet werden darf.

Teams – Nachstehend alle heutigen Formel 1-Teams (Rennstall, Motormarke, Team-Chef, -Manager oder Besitzer).

Ferrari (Jean Todt)
McLaren-Mercedes (Ron Dennis)
Williams-BMW (Frank Williams, Patrick Head)
Benetton-Renault (Flavio Briatore)
Jordan-Honda (Eddie Jordan)
BAR-Honda (Jacques Pollock)
Sauber-Petronas (Peter Sauber)
Jaguar (Bobby Rahal)

Prost-Ferrari (Alain Prost)
Arrows-AMT (Tom Walkinshaw)
Minardi-Supertec (Giancarlo Minardi)

Einige ruhmreiche Teams sind inzwischen aus der Formel 1 verschwunden: Lotus, Tyrrell, Brabham, BRM, Renault, Alfa Romeo, Ligier, March, Shadow, Wolf, Hesketh und Penske.

Telemetrie – Die verschiedensten Meßdaten werden vom Auto in die Boxen weitergeleitet und dort analysiert, auch während des Rennens. Eventuelle Probleme können so rasch aufgespürt werden. Die Telemetrie wird auch verwendet, um die Leistungen der Fahrer zu analysieren.

Testen – Vor allem im Winter, aber auch das ganze Jahr über werden die Autos auf den von der FIA genehmigten Rennstrecken getestet. Meist testen mehrere Teams gleichzeitig, um sich die Kosten zu teilen. Die meisten Teams verfügen über einen eigenen Testfahrer.

Training – Ein Grand-Prix-Wochenende besteht aus verschiedenen Abschnitten. Am Freitag und am Samstagmorgen gibt es je zwei Trainingseinheiten (Freies Training), deren Zeiten keinen Einfluß auf die Startaufstellung haben. Am Samstagmorgen entscheiden die Teams, welche Reifen sie für das restliche Wochenende verwenden. Am Samstagnachmittag findet das Zeittraining (Qualifying) statt, das über die Startaufstellung entscheidet. Es dauert eine Stunde, die Piloten dürfen maximal zwölf Runden fahren. Am Sonntagmorgen findet noch ein halbstündiges Training (Warm-Up) statt.

Turbo-Motor – 1977 führte Renault den Turbo-Motor in die Formel 1 ein. Von den ausströmenden Auspuffgasen angetrieben, pressen Turbinen die Luft, die zum Motor fließt, zusammen. Dies sorgt für eine verbesserte Verbrennung und somit für mehr Leistung. Ab 1983 fuhren so gut wie alle Teams mit dem Turbo-Motor; 1987 suchte die FIA die Leistungsexplosion zu bremsen, indem sie Ventile vorschrieb. 1989 wurde die Turbo-Technik definitiv verboten.

Überholen – Ein kritischer Punkt in der modernen Formel 1. Die enorme Bodenhaftung moderner Formel 1-Boliden und die kräftigen Bremsen haben dazu beigetragen, daß seit einigen Jahren die Zahl der Überholmanöver drastisch sinkt.

Fahrer sollten einander nicht blockieren, das Abweichen von der Linie ist verpönt. In Kurven gibt es jedoch verschiedene Linien, und einem Fahrer steht es frei, »die Tür zuzumachen«, das heißt, dem angreifenden Hintermann den Weg abzuschneiden. Wer als erster in eine Kurve hineinfährt, kann seine Linie frei wählen.

Nachzügler geben in der Regel ein Zeichen mit der Hand, wenn sie einem schnelleren Fahrer Platz machen wollen.

Weltmeister – 1950 Guiseppe Farina, Alfa Romeo; 1951 Juan Manuel Fangio, Alfa Romeo; 1952 Alberto Ascari, Ferrari; 1953 Ascari, Ferrari; 1954 Fangio, Maserati und Mercedes; 1955 Fangio, Mercedes; 1956 Fangio, Ferrari; 1957 Fangio, Maserati; 1958 Mike Hawthorn, Ferrari; 1959 Jack Brabham, Cooper; 1960 Brabham, Cooper; 1961 Phil Hill, Ferrari; 1962 Graham Hill,

BRM; 1963 Jim Clark, Lotus; 1964 John Surtees, Ferrari; 1965 Jim Clark, Lotus; 1966 Brabham, Brabham; 1967 Dennis Hulme, Brabham; 1968 Hill, Lotus; 1969 Jackie Stewart, Matra; 1970 Jochen Rindt, Lotus; 1971 Stewart, Tyrrell; 1972 Emerson Fittipaldi, Lotus; 1973 Stewart, Tyrrell; 1974 Fittipaldi, McLaren; 1975 Niki Lauda, Ferrari; 1976 James Hunt, McLaren; 1977 Lauda, Ferrari; 1978 Mario Andretti, Lotus; 1979 Jody Scheckter, Ferrari; 1980 Alan Jones, Williams; 1981 Nelson Piquet, Brabham; 1982 Keke Rosberg, Williams; 1983 Piquet, Brabham; 1984 Lauda, McLaren; 1985 Alain Prost, McLaren; 1986 Prost, McLaren; 1987 Piquet, Williams; 1988 Ayrton Senna, McLaren; 1989 Prost, McLaren; 1990 Senna, McLaren; 1991 Senna, McLaren; 1992 Nigel Mansell, Williams; 1993 Prost, Williams; 1994 Michael Schumacher, Benetton; 1995 Schumacher, Benetton; 1996 Damon Hill, Williams; 1997 Jacques Villeneuve, Williams; 1998 Mika Häkkinen, McLaren; 1999 Häkkinen, McLaren; 2000 Michael Schumacher, Ferrari.

Weltmeisterschaft – Die erste Marken-Weltmeisterschaft fand 1925 statt und wurde von Alfa Romeo gewonnen. Die erste Fahrer-WM wurde 1950 ausgetragen; für die Konstrukteure gibt es seit 1958 einen eigenen Titel.

WM-Punkte – Für die ersten sechs Plätze in einem Grand Prix werden Punkte nach dem Schema 10 – 6 – 4 – 3 – 2 – 1 vergeben. Bis 1990 erhielt der Sieger 9 Punkte; nur die besten elf Resultate aus sechzehn Rennen wurden gewertet.

Zeitmessung – In jedem der Rennboliden befindet sich ein Sender. Auf der Ziellinie registriert eine im Boden verlegte Antenne Durchfahrt und Geschwindigkeit jedes Wagens.

Literatur

Gerhard Berger, *Zielgerade*. In Zusammenarbeit mit Herbert Völker. Wien: Edition Autorevue, 1997.
Adriano Cimarosti, *The Complete History of Grand Prix Motor Racing*. Aurum Press, 1997.
Timothy Collings, *The New Villeneuve*. Bloomsbury, 1997.
Gerald Donaldson, *Gilles Villeneuve*. Motor Racing Publications.
Maurice Hamilton, *Frank Williams*. McMillan, 1998.
Alan Henry, *Damon Hill*. Übers. von Walther Wuttke. Königswinter, 1996.
Alan Herny, *Formula 1. Creating the Spectacle*. Hazleton, 1998.
Alan Henry, *McLaren. The Epic Years*. Haynes, 1998.
Damon Hill, *My Championship Year*. Warner Books, 1996.
Christopher Hilton, *Alain Prost. Zum Weltmeister geboren*. Übers. von Rolf Conrad. Köningswinter, 1993.
Christopher Hilton, *Ayrton Senna: hart am Rande des Genies*. Übers. von Rolf Conrad. Pfäffikon, 1991.
Christopher Hilton, *Ayrton Senna*. Übers. von Rolf Conrad. Pfäffikon, 1994.
Christopher Hilton, *Ayrton Senna: wie die Zeit vergeht*. Übers. von Martin Hartmann. Pfäffikon, 1999.
Christopher Hilton, *Michael Schumacher*. Übers. von Walther Wuttke. Aktualisierte Neuaufl. Königswinter, 1997.
Christopher Hilton, *Mika Häkkinen*. Übers. von Walther Wuttke. Königswinter, 1997.
Peter Lanz, *Niki Lauda: der Weg zum Triumph*. Frankfurt/M., 1984.
Peter Lanz, *Niki Lauda: Biographie*. München, 1983.
Niki Lauda, *Das dritte Leben*. In Zusammenarbeit mit Herbert Völker. München, 1998.
Nigel Mansell, *My Autobiography*. Collins Willow, 1995.
Jan Segers, *Senna. De rechtervoet van God*. Roularta/Fontein, 1994.
Sid Watkins, *Triumph und Tragödien in der Formel 1*. Übers. von Walther Wuttke. Königswinter, 1997.

Sehr informativ waren auch die Serie *Grand Prix Story* von Heinz Prüller und *Grand Prix* von Ulrich Schwab.

Literarische Spaziergänge mit Büchern und Autoren

Das Kundenmagazin der Aufbau-Verlage.
Kostenlos in Ihrer Buchhandlung

Aufbau-Verlag   Rütten & Loening   Aufbau Taschenbuch Verlag   Gustav Kiepenheuer   Der >Audio< Verlag

Oder direkt: Aufbau-Verlag, Postfach 193, 10105 Berlin
e-Mail: marketing@aufbau-verlag.de
www.ruetten-und-loening.de